浙江省社科规划课题成果

时代潮涌中的甬剧传承人

庄丹华 著

中国水利水电出版社
www.waterpub.com.cn

·北京·

内 容 提 要

戏曲作为非物质文化遗产，它是活态的，它的传承有赖于一代又一代传承人的继承、发展、创新和完善，其中时代、社会和文化的变迁又对它的发展产生巨大的影响。本书以近代社会转型为大背景，以甬剧一百多年来的发展历程为主线，以展现曾经活跃在上海、宁波两地的二十余位具有代表性的甬剧传承人的演艺经历、生平主要事迹和他们对剧种发展的贡献，揭示时代和社会变迁对艺人和剧种的深刻影响。从他们亲口讲述的艺术生涯和发展建议中探讨影响剧种生存和发展的深层原因，揭示剧种在传承、嬗变和创新中不断发展的奥秘，从而探寻地方剧种的发展路向，以促进其持续发展，更好地保留文化的多样性，丰富人们的精神家园。

本书可供戏曲等非物质文化遗产从业者、保护者、研究者和爱好者阅读、参考和借鉴。

图书在版编目（CIP）数据

时代潮涌中的甬剧传承人 / 庄丹华著. -- 北京：中国水利水电出版社，2018.12
 ISBN 978-7-5170-7289-8

Ⅰ．①时⋯ Ⅱ．①庄⋯ Ⅲ．①甬剧－艺术家－生平事迹－中国 Ⅳ．①K825.78

中国版本图书馆CIP数据核字(2018)第291359号

策划编辑：陈红华　　责任编辑：张玉玲　　加工编辑：张天娇　　封面设计：李　佳

书　　名	时代潮涌中的甬剧传承人 SHIDAI CHAOYONG ZHONG DE YONGJU CHUANCHENGREN
作　　者	庄丹华　著
出版发行	中国水利水电出版社 （北京市海淀区玉渊潭南路1号D座　100038） 网址：www.waterpub.com.cn E-mail：mchannel@263.net（万水） 　　　　sales@waterpub.com.cn 电话：（010）68367658（营销中心）、82562819（万水）
经　　售	全国各地新华书店和相关出版物销售网点
排　　版	北京万水电子信息有限公司
印　　刷	三河市元兴印务有限公司
规　　格	170mm×240mm　16开本　19印张　252千字
版　　次	2018年12月第1版　2018年12月第1次印刷
定　　价	105.00元

凡购买我社图书，如有缺页、倒页、脱页的，本社营销中心负责调换
版权所有·侵权必究

序

　　三年前，有位宁波的年轻学子给我打电话，希望有机会拜到我的门下做一年的访问学者。宁波是我重要的调研基地，也有很多很好的朋友，听说是宁波的大学老师来进修，我便一口应承下来。这位年轻学子就是本书的作者——庄丹华。

　　丹华来京后，一心向学，老实得就像个只会学习的小学生。过了一段时间，她告诉我非常喜欢"非遗"，并决定第二年考博。她的这个要求，倒是真有点儿叫我为难了。这倒不是说丹华不够优秀，而是说她年龄偏大了些。第一年考试没有通过，她决定第二年接着试。第二次考试，丹华名登榜首，以第一名的成绩进入面试。这一次我不再纠结。原因有二：一是丹华独占鳌头，考取了头名状元；二是丹华的戏曲专业方向有了用武之地。这个用武之地便是为期八年的"中国民间文学大系"编撰工程的启动。

　　2017年，中国文联承接了一项天字号工程，工程的目标便是利用八年时间，将中国民间文学资源从头到尾重新梳理一遍，最终做出一套一千多卷、每卷一百多万字的中国民间文学大系。在这个工程中，我既是学术委员会的副主任，也是《民间说唱卷》的主编。如果说让我负责其他卷本的主持工作，我应该能做到驾轻就熟，举重若轻，毕竟我是民间文学专业出身，年轻时我也在钟敬文、许钰先生的门下接受过很好的专业训练。但说到民间说唱，我则是个十足的外行。我记得除了给快板书大师李润杰先生的作品集写过一个序外，与民间说唱几乎就没有过什么交集。在组建《民间说唱卷》专家委员会时，我也深感到民间文学界民间说唱方面研究人才的匮乏。丹华的考入，使我眼前为之一亮，有了这么个年轻的博士帮我打下手，不是很好的一件事吗！

　　在我的学生中，丹华算得上是"带艺入行"的。至少我知道在地方戏曲研究方面，她已经写过几本书摆在那儿了。这不，刚刚入学，她的另一部书稿又摆在了我的面前，并嘱我写序。

甬剧多多少少我是知道的。这几年在宁波调研中，无论说到什么，人们都会绕到甬剧上来。甬剧是宁波的特有剧种，隶属滩簧，并以宁波方言演唱，是宁波传统文化的典型代表。2008年入选第二批国家级非物质文化遗产名录。但若深究历史，其实这个剧种的历史并不是很长，而且它的辉煌期主要集中在19世纪中叶以后，迄今只有一百多年的历史。但就在这短短的一百多年中，甬剧从简约的曲艺发展成了繁复的戏曲，从名不见经传的地方小戏，发展成了全本大戏。甬剧，也从穷乡僻壤的乡间，走到了繁花似锦的城里，并成为宁波城市发展的重要推手、宁波人休闲娱乐的重要手段和宁波城市发展的重要见证。

与许多地方曲种一样，甬剧的生生死死，是很难引起史学家们的关注的。长此以往，用不了多少年，人们就会像研究《荷马史诗》、研究恐龙一样去研究宁波的甬剧。令人高兴的是，今天终于有了这么一位年轻学子，意识到了甬剧史料的重要性。她历尽千辛，在宁波、上海、杭州等地寻觅并采访了八十多位在历史上为宁波甬剧发展作出过重要贡献的老艺人，并通过他们的嘴，把甬剧的过往用一个个鲜活的故事转述给了我们。让我们知道了甬剧的发生、发展，让我们知道了甬剧的前世今生。历史将会证明，随着时光的远去，她所进行的甬剧口述史调查，将会在宁波文化发展史研究领域、甬剧史研究领域发挥出越来越重要的作用。

因为它是一手的，因为它是唯一的。

苑利

2018年12月1日

（苑利，中国艺术研究院研究员，博士生导师，原任国际亚细亚民俗学会副会长、中方会长，现任中国农业历史学会副理事长、中国民间文艺家协会副主席，是我国从事非物质文化遗产学研究起步最早、研究成果最多的实力派学者之一。）

前　　言

　　甬剧作为滩簧戏的一种,是浙东地域文化的一个表征,鲜明生动地反映着浙东的地域文化和人情风物,蕴藏着当地人民的智慧、精神和情感。它来自民间,发端很早,但主要的发展时期在近代,尤其是19世纪中叶以后,在这风起云涌的一百多年里,甬剧的面貌发生了翻天覆地的变化,从曲艺形态过渡到戏曲艺术,从小戏到大戏,从乡村到城市,剧目日趋丰富,表演体系不断完备,并具有明显的时代特征和丰富的社会文化内涵,以反映时代热点和地域风情见长。甬剧能紧跟时代潮流,具有丰厚的历史积淀,曾经享誉全国,现在的甬剧却仅存一个正规剧团,发展进程也是起伏不定,但它一直在探索和尝试适应时代的发展方式。甬剧的产生发展历程和实践经验,也同样适用于诸多类似的地方剧种,具有一定的代表性。

　　目前,包括甬剧在内的许多濒危地方戏曲基本上都已经被列为不同级别的非物质文化遗产,作为一种综合性艺术和"活态"的文化遗产,它们是历史的见证和文化的重要载体,蕴涵着民族特有的精神价值、思维方式、想象力和文化意识,体现着民族的生命力和创造力,是民族的文化瑰宝。但是在现代文明发展的冲击下,其生存空间越来越狭窄以至于濒临失传的状态。怎样保护和利用好这些非物质文化遗产是个难题。解析甬剧的发展规律有助于破解这一难题,更好地发挥地方戏曲的作用,体现其非物质文化遗产的价值。

　　作为非物质文化遗产的戏曲是活态的,它的传承有赖于一代又一代的传承人,它的发展有赖于一代代传承人的传承、发展、创新和完善。甬剧作为国家级非物质文化遗产,其发展同样源自一代代传承人传承和创新的实践及不懈的努力。虽然甬剧发展的历史溯源较为久远,但是近一百多年是剧种发展的主要时期,时代更迭、社会变迁对剧种发展影响甚巨,所以本书就以近代社会转型为大背景，以甬剧一百多年来的发展历程为主线，以具有一定代表性的甬剧传承人为主体，以人带史，通过串联人物来构成甬剧发展历程。人物排列的先后主要按照其从事甬剧艺术的年代，同一代的适当考虑其艺术成就和社会影响力。本书重在展现在特定社会文化环境中曾经活跃在上海、宁波两地的二十余位甬剧传承人，以演员为主，兼及个别有代表性的作曲和导演，通过他们本人或相关回忆者亲口讲述他们的演艺生涯、生平主要事迹、艺术见解和对剧种发展的建议等，展示戏曲与时代、社会、人生的密切关系，进而探讨影响剧种生存和发展的深层原因，揭示剧种在传承、嬗变和创新中不断发展的奥秘，从中探寻地方剧种的发展路向，寻找其可持续发展之道。

由于本书所研究的"地方戏曲"流传地域狭窄，表演群体有限，这些地方戏曲在历史上被历代统治阶级视为"下九流"，不上案桌，不进史书，只能依靠艺人的内部传承和回忆勾勒出一部模糊的发展史，即使是到了由政府行为来组织续写历史的新中国时期，也只是运用采访得来的资料编写成戏曲历史，而且由于所处时代政治环境的影响，在资料的选用上不尽完善。口述史和口述资料在文献资料匮乏的地方戏曲研究中，成为重要的"治史之器"，而当下的采访对过往的文献及口述历史也是一个重要的补充。因此，对地方戏曲口述史料进行研究，让口述史料和原有文献互相对照、印证，可以使研究结果更具可信度和权威性。但是面对已经过世的老艺人，不同的人的回忆会带有自身认识的痕迹，于是需要从不同时代多个知情人的采访中弥补缺漏、澄清认识，并通过事实阐述留给读者自我想象和判断的空间。

对此，本人克服种种困难，进行了深入的田野调查，历时多年，足迹遍及宁波、杭州、上海及江苏相关地域，自2012年以来，以参与"甬剧老艺人抢救性保护工程"及单独访谈等方式，合作或单独采访了八十余位甬剧艺人，包括前辈老艺人、已故老艺人的亲属弟子、正活跃在舞台上的中年演员，以及风华正茂的青年演员等。同时，由于戏曲本身的特点，它是集体传承的，其中不仅包括演员，也包括编剧、作曲、导演、乐队、舞美等，一出戏的成功需要整个团队的通力合作，所以采访对象既包括具有代表性的演员，也包括在甬剧发展史上起到重要作用的作曲、导演、舞美、乐队，以及剧团主要管理者、文化部门领导等，既考虑到专业剧团，也考虑到活跃在乡间闾里的业余剧团，并与艺人们建立了长期的联系。这样的田野调查为研究提供了基本的保证，由于主旨和篇幅所限，只能在其中选取一部分不同时代、不同类别的代表性人物，但调查的全面和深入有助于作者在研究中尽量站在客观的立场，少一些偏颇和谬误。口述资料生动鲜活，从中可以发现许多过往史书中见不到的细节和内容，同时为防口述主观性差错、讹误，除了互相比照印证外，更以文献和实物进行印证、阐发，使史料更为客观真实。

本书的特色和价值主要有以下三点：

（1）秉承非物质文化遗产保护的基本理念，凸显《中华人民共和国非物质文化遗产法》和联合国教科文组织《保护非物质文化遗产公约》的基本精神，体现非物质文化遗产的基本特点。从甬剧传承人一代代的传承中可见非物质文化遗产"世代相传"的特点，以及怎样在"适应周围环境和与自然和历史的互动中被不断地再创造"，在时代变迁中顺应时势，不断创新发展，同时又恪守基本艺术规范，展现地域特色，能够为相关的社区和群体"提供认同感和持续感"，从而加强对文化多样性和人类创造力的尊重，也为自身赢得生存发展的空间。从这个过程中可以清晰地看出，独特性、活态性、传承性、流变性、综合性、地域性等特点在甬剧这一戏曲类非物质文化遗产中的体现。

（2）艺人本位视角下的微观分析，以表演艺术的演进为主要研究内容。本书以口述资料为基础，适当佐以旧有文献，从艺人的视角深入分析表演艺术，充分展现其个性化的艺术体验，展现不同时代的艺人在遵守艺术法则的同时，不断突破自身的局限，响应时代和社会的要求，应和当时当地观众的审美需求，创新和发展艺术的历程和其中的经验与教训，以及由其自身眼界、学养等方面的局限所造成的诸多遗憾及留给后人的启示与教训。

（3）文化社会学视角的宏观观照，将甬剧视作一种文化现象，将人物放在特定的时空坐标中进行观照，展现传承人在环境影响下所发生的或自觉或不得已的蜕变，以及因此对剧种发展所产生的影响，由此揭示剧种变迁的动因和规律。紧密结合时代和社会变迁的大背景，通过人物的艺术经历来感性、立体地呈现各种社会因素及其他剧种的竞争对甬剧所造成的影响，及其基本艺术元素所发生的变化，包括剧目创作情况与观众审美心理变化的关系、音乐唱腔变化与社会环境的关系、表演艺术创新与社会环境变化的关系、剧团体制变化对剧种发展的影响等。显性阐述和隐性分析相结合，从深层解析剧种在传承、嬗变和创新中屡遭挫折又不断发展的奥秘，从中探寻地方剧种的发展路向，并对甬剧及其他地方戏曲在新时代的保护、传承和现代化转型方面提出若干思考和建议。

以口述史料为基础，辅以文献资料，结合文化社会学研究方法来呈现戏曲传承人，串联剧种发展历程，透视其社会文化渊源，从而洞察其发展规律和未来走向，这也为其他地方戏曲提供了一种呈现的范式和发展的依据。而甬剧传承发展的方法及建议，同样适用于其他地方剧种。所以，对甬剧的文化社会学观照，其价值不仅在于甬剧自身的发展，还在于为其他地方戏曲提供了传承发展的范本和实践的样本。而且这种研究方式把地方戏曲放到更广阔的时空中探寻其在不同时代和社会环境中发展变迁的规律，以作为未来发展的借鉴，使研究结果更具有现实意义。这也是本人从事"基于文化社会学视角的地方戏曲口述史研究：以甬剧为个案"这一课题研究的初衷所在。

目　　录

序
前言
一个剧种的前世今生 1
第一个走进上海滩的宁波滩簧艺人——邬拾来 18
历经宁波滩簧、改良甬剧到新甬剧的艺人——金翠香 28
从戏班子到正规剧团的领军人物——王宝云 36
海派甬剧领衔者——徐凤仙、贺显民 49
从堇风甬剧团到甬剧沙龙的亲历者——柳中心 73
海派甬剧的最后一代——郑信美、蔡祥华 84
宁波新甬剧的先驱——金玉兰 97
甬剧伉俪的传承与改革——汪莉珍、李微 110
以心血铸就的演艺之路——曹定英 126
甬剧国家级代表性传承人——杨柳汀 134
"退休"不了的作曲人——戴纬 143
用心去演戏——沃幸康 151
都市戏剧的实践与探索——王锦文 162
一个甬剧世家——王霭云、王文斌、王利棠、王红刚 187
甬剧必须在传承中创新——严耀忠 202
甬剧更要让年轻观众接受——郑健、张欣溢、贺磊 212
一个"专业"的业余演员——钱后吟 224
艺在民间——业余剧团的苦与乐 239
戏曲进校园 259
非遗保护视角中的甬剧传承与发展 273
参考文献 291
后记 293

一个剧种的前世今生

田头山歌·对山歌·唱新闻

位于东海之滨的宁波,是"杏花烟雨"的江南的一部分,背山面海,降水充沛,丘陵间的平原上河网密布,桨声欸乃,稻田青青,一派标准的水乡风光。就在这秀美的水乡风光里,在这婉约纤细的情感氛围中,山歌声宛转悠扬在田间地头、渔舟水岸,为农民、樵夫、渔民等所传唱,以作为劳作及休闲时自我消遣、提精神、解疲劳的娱乐活动,这些民歌渐渐进入了地方曲艺,诸如四明南词、宁波走书、四明宣卷、"唱新闻"等,并成为甬剧等地方戏曲的一大源头。在这样的氛围里,看戏听曲也成为老百姓最大的业余爱好。

在清朝初期,包括宁波在内的浙东一带盛行着"田头山歌"和"对山歌"。它们是当地的农民在劳动中产生的,伴随着农民的生活,反映劳动的情趣,唱的内容有爱情故事、劳动情况、生活习俗等。自叹自唱的"田头山歌",曲调优美舒缓,如"山歌好唱口难开,樱桃好摘树难栽,白米饭好吃田难种,河鲫鱼好拘网难扳"就是一例。而两人对唱的"对山歌",曲调轻松愉快,充满生活气息,是一种农民自我娱乐的艺术形式,如"(男)远看高楼藏牡丹,十指尖尖最难攀,有朝一日用功到,谢落牡丹随我攀。""(女)牡丹本是花中王,我千针万线绣在花棚上,我自做牡丹自做主,你要想采牡丹是做梦。"唱山歌的人大多是青年农民和手工业生产者,时长月久,"对山歌"从四句一段的单段体发展到十几句的多段体,唱词也有故事情节了，加上滑稽的因素了；唱山歌的活动范围也广了，从田头到小镇，从这村到那村。

"对山歌"流行久了，当地一些盲艺人为谋生计，又继承它四句一段的基本形式，改革其当中两句为可作无数次反复唱的上下句"平板"，正式创造了一种新颖的说唱艺术。这种曲艺，完全以说唱当时当地发生的新闻故事为主，内容和形式比对山歌更长、更有趣味性，被称作"唱新闻"。

起初的"唱新闻"，仅敲倒笃板。后来为招徕听众，又变为每段末句伴奏小锣、小鼓。从此，盲艺人由农村走向城市，在宁波各地卖唱新闻。"唱新闻"的平板和伴奏乐器，和早期宁波滩簧完全一致。约四百年前就有的"唱新闻"，直接为宁波滩簧前身"串客班"的产生，奠定了坚实的基础。"唱新闻"的曲目受到老百姓的欢迎，这些"唱新闻"的盲艺人，足迹跑遍了宁波大小村庄和城市的街道里弄，凡是人们聚集的场所都有他们的身影。后来，"唱新闻"这种主要由盲艺人演出的曲艺形式，也有了一些亮眼的年轻人为娱乐而学唱。他们不仅能对歌，而且还能唱流行小曲，社会上流行什么，他们就学唱什么。清朝中叶，社会上流行《卖花线》《荡湖船》《童子痨》《十勿亲》《探亲家》等小曲，他们也都会唱。遇到一些有词而没曲的戏目，他们就用当时人们最熟悉的"新闻调"来即兴配曲演唱。因此，"唱新闻"比起"对山歌"来，更受老百姓欢迎，曲目更丰富，这为最早的"串客班"提供了丰富的剧目内容。

马灯班·花灯班·乱弹班·苏滩·串客

宁波地区从古至今，每逢春节各地都有马灯班演唱，大多数是由一些爱唱的农民和手工业者组织起来的，带着一些化了装、骑着假马的孩子，敲着锣鼓，到各村各户去庆贺春节，每到一处，必先唱"马灯调"。由大人敲着锣鼓，孩子边跳边唱，或者孩子跳大人唱，内容都是些吉庆的话，唱好之后由听众点唱小调，最后由听众给他们一些年糕或铜钿作为报酬。马灯班所唱的曲目有些根据"田头山歌"和"对山歌"改编而来。因为这些曲调是为了配合马灯班的歌舞表演的，经由这批伴唱伴奏艺人演唱而广泛流传开来，所以人们通称这类曲调为"马灯调"。自从宁波出现了苏滩和"串客"以后，马灯班里有些人就学会了，于是在春节马灯班演唱的节目里也就有了苏滩和"串客"，不过并不以它为主，只是作为演唱节目之一，这大约在1790年前后。

马灯班曾经有相当一段时间是业余的。由于他们演唱的曲目主要反映青年男女的爱情生活，因此很受群众特别是宁波沿海一带渔民妻子的欢迎。这些妇女的丈夫出门打渔一去便是几个月，甚至生死难定，马灯班演唱的曲目能激起她们对亲人的无限思念。这样，看马灯班演出的人越来越多，于是便陆续出现了不少规模较大的集体演出。有一些艺人在马灯班中经常演唱，便慢慢脱离他们原来从事的劳动，成为专门的演唱者，这便是最早出现的职业"串客"。到了清朝同治、光绪年间，"串客"就从马灯班内分化出来，另组专唱滩簧的花灯班，自动到城乡茶馆、酒楼进行营业演出了。这种花灯班，全年只演春台和秋台，即一月至三月、八月至十二月演戏，七月半做道场放焰口，其余时间或唱乱弹或体力劳动，但他们已经形成了职业的滩簧艺人和滩簧班子。

"串客"登上舞台，走向专业，离不开当时的知识分子。农村中有不少读书的文人，时常帮助农民写写春联与信函，他们也喜爱听"串客"歌唱，逐渐关心起"串客"的活动了。据老艺人口头片段回忆，这些读书文人帮助本村人写小曲、写唱词，有的落第秀才对清朝不满，编写了讽刺性的唱词，有的编写生活故事、现实新闻、农事风俗，这样一来，有文采，有故事，更吸引人了，这对于"串客"的发展起了很大的促进作用。在这些读书人的帮助下，逐步积累起许多折子戏：《借披风》《秋香送茶》《双磨豆腐》《后磨豆腐》《东楼会》《双落发》《打窗楼》

《呆大烧香》《卖草囤》《王老才》《绣花鞋》《开米店》《翁郎中看病》《双投河》《卖冬菜》《香佛手》《父子争风》《拜三官》等，特别是《借披风》《卖草囤》等剧目内容丰富、文采绚丽、唱词细巧。

在1821年前后（清朝道光初年），"乱弹班"艺人看见"串客班"十分兴旺，演出收入又很高，于是有一部分乱弹艺人也加入了"串客班"的演出，还带来了"乱弹班"演出中最有影响的八出折子戏，分别是《康王庙》《闹沧州》《打媳拜堂》《捉牙虫》《大补缸》《女磨豆腐》《背凳板》《四老爷翻过白米缸》。"乱弹班"艺人在剧目、表演和曲调等方面给"串客"带来较大影响，使得"串客班"有了新的发展。

宁波地少人多，为谋生计，经商者居多，他们到松江、苏州等吴语区域经商时，看到了当地的戏曲特别是苏滩（苏州滩簧）很有参考价值，不少折子戏与"串客"相接近，演唱特点也相近似，就想办法移植剧目，并把"滩簧"名称带入宁波，并移植了吴语区域的"滩簧"剧目，丰富了"串客"，如《扒垃圾》《荡湖船》《拔兰花》《卖青炭》《庵堂相会》等。

甬剧最早从曲艺形态过渡到戏曲艺术，一般认为是从宁波"串客"开始的，经历了从业余到专业的过程，其间有"花灯班"的出现、"乱弹班"的加入及文人的参与创作，并受到苏滩等滩簧戏的影响，它虽多次被官府禁演，却受到老百姓的欢迎。"串客"时期大致从清乾嘉年间开始，到1880年进入上海，正式打出"宁波滩簧"的旗号结束。

宁波滩簧·四明文戏·甬江古曲

19世纪60年代以来，上海经济的迅速发展吸引了一代代宁波人前往淘金。在近代上海居民的构成中，宁波移民最多（包括宁波老市区和周围的鄞县、镇海、慈溪、奉化、象山、定海和宁海），到清朝末年，在上海的宁波人已达 40 余万人，约占当时上海居民总数的三分之一，宁波人在沪的势力与日俱增。1880 年，上海的茶馆老板马德芳、王章才看到宁波地方的"串客戏"很受观众欢迎，而在上海做生意的人又以宁波人居多，于是，他们便邀请宁波"串客"艺人邬拾来、杜通尧、黄阿元、李阿集等来上海演出。在上海的首次公演，邬拾来等人精湛的表演艺术，使"串客戏"迅速受到上海观众的关注和热情欢迎。

"串客"艺人到上海演出不叫"串客"，而改称"宁波滩簧"。这主要是由于上海当时已有"申曲滩簧"（即今天的沪剧），另外还有江苏的"常锡滩簧"（即今天的锡剧）。这些当时刚形成不久的"滩簧"戏，大都采用"起平落"的曲式，与宁波的"串客"唱腔结构基本一致，因而"串客"艺人也入乡随俗，改名为"宁波滩簧"。"宁波滩簧"由邬拾来等人带到上海，是甬剧史上的一个里程碑，它标志着甬剧戏曲艺术开始趋于成熟，进入了一个全面发展的历史新阶段。

"宁波滩簧"在上海演出，开始上演的剧目主要还是过去的"七十二出传统小戏"。演出形式与其他"滩簧"剧种相比，显得较为陈旧。这样，"宁波滩簧"要想在上海与其他各剧种的竞争中站稳脚跟，就必须适应新环境和符合大城市观众的审美品位和欣赏习惯。为此，"宁波滩簧"艺人到上海后不久就对戏班子进行了全方位的革新，包括戏班子规模的扩大、道具装置的变化、音乐唱腔和伴奏的发展、上演剧目的固定，并逐渐形成了自己独特的"半现实半程序"的表演风格。

"宁波滩簧"在上海的演出备受欢迎，但因内容触及时弊，引起租界工部局的不满，下令禁演。1923 年，艺人筱文斌在"新世界"演《卖橄榄》时，唱了一句"犯关犯关真犯关，阿拉娘舅名叫猪头三"的帽头子，触怒舟山大老板朱葆山，朱葆山便以宁波同乡会董事的名义下令停演"宁波滩簧"。因生计所迫，"宁波滩簧"艺人便想方设法将"滩簧"改为他名继续演出。因"四明"是宁波的旧称，以前在上海就有"四明公所""四明银行"等，这些地方都是宁波商人经营的，于是由艺人倪杏生疏通，经周常如出面调停，让筱文斌把"宁波滩簧"改称为"四明文戏"，在"新世界"重新演出。

"宁波滩簧"虽改称"四明文戏"，但内容和形式都没有变化。1924年，虞洽卿在报上撰文，说四明文戏"换汤不换药"，又要禁演。后来还是倪杏生通过董新成恳求，才获准换名"甬江古曲"，在爱文义路新乐园改演《阴阳团圆》《卖肉记》《陆凤英卖身葬父》等清装、古装大戏。

1935年间，当时上海教育局又来插手，说滩簧戏妨碍风化，警察再次抓走了筱必智等人。此时"小世界"的艺人们索性停演两至三日，专门打官司。于是，在"小世界"里正式改名为"四明文戏"，不唱七十二出滩簧小戏，而都唱以二簧为主的全本大戏。另外，自从1924年出现"四明文戏"以后，"宁波滩簧"中便开始逐渐演出一些"滩簧大戏"，这类戏的主要剧目有《庵堂相会》《三县并审》《石门县》《双兰英》《顾鼎臣》《拖油瓶报恩》等。此外，由张德元、何贵宝、筱必智、王宝生、张彩花、张贵凤、张信康等人组班演出了《阴阳团圆》《陆英凤卖身葬父》《忠孝节义》《忘恩负义》《天要落雨娘要嫁》等大戏。

从1880年"串客班"进上海演出直到1924年前，"宁波滩簧"是以男小旦为主的，即"旦角"也由男人扮演，这四十多年的"宁波滩簧"演出又称"男旦"时期。在1924年前后，上海的"宁波滩簧"演出开始有了第一批女小旦。从此，"宁波滩簧"实行了男女合演。这是甬剧史上又一次重大变革。"四明文戏"时期大约从1924年女旦登台演出开始，到1938年"改良甬剧"出现结束，将近十五年时间。

改良甬剧

20世纪30年代中期，"宁波滩簧"主要演唱的还是传统的七十二出小戏，与初进上海的"越剧"和在1923年就组成"四喜剧团"的"沪剧"相比,不仅表演的内容显得陈旧、跟不上时代,而且在唱腔上也没有发展,缺少优美动听的旋律。要生存,必须从内容到形式进行全面变革。为了振兴"宁波滩簧",艺人们开始尝试突破剧目和曲调唱腔的限制,向话剧"文明戏"学习,编演"时装大戏"。1939年,金翠香召傅彩霞、项翠英、王宝云、黄君卿等,请"文明戏"编导叶峨樵任编剧,正式以"改良甬剧"的名义配置舞台布景和灯光,首演是根据京剧《清风亭》改编的《天打张继宝》,于中南饭店大获成功,这意味着甬剧开始进入改良时期。

"改良甬剧"在演出上,搞幕表戏,坚持编导制;在唱腔上,采用滩簧调,但只有上云、清板、下云、甩煞云,废止其他花腔、插曲小调,并且上、下云拖得很长,每句清板的二字间也拖得很开,旋律慢一倍以上,被称为"新基本调";在剧目上,三天上演新编时装大戏,一天仍唱滩簧老戏;在音乐上,增加凤凰箫的伴奏。改良甬剧的成功演出,从内容到形式使"宁波滩簧"面目焕然一新,从小戏嬗变成大戏,从"乡村艺术"走向了"城市艺术",逐步走上现代剧种轨道,可谓甬剧史上划时代的大事。

1941年底,徐凤仙到上海,她请王宝云任编导,偕张秀英、孙荣芳、王宝生等,演四本《金生弟》于皇宫剧场。她的班子,是当时演新戏的第二个班子。1942年,贺显民在她的班子崭露头角。他自编自演《华姐》,获得观众一致好评,赠送的花篮摆满了皇宫剧场,一直摆到弄堂口。他擅唱宣卷,把宣卷的唱腔引进滩簧,使新基本调正式定型。

1942年新年之际,由王宝云组织演出的"四明文戏"整本大戏《啼笑因缘》一炮打响,开创"宁波滩簧"改革之先河,向现代新甬剧探索跨出了一大步。

1946年,金翠香与张秀英合演《天字第一号》后,暂时脱离甬剧;金玉兰、张秀珍由宁波到上海,参加张秀英的班子,演于新乐剧场;徐凤仙的班子另演于恒雅剧场。金翠香、徐凤仙、金玉兰、张秀英，后来都是上海和宁波新甬剧重要的代表人物。这时候，"改良甬剧"达到全盛时代。

到20世纪40年代末，随着新的时代的到来，革命文艺新潮流日益高涨，而主要反映夜上海生活的"改良甬剧"，已经落在时代的后面，成了强弩之末，兴衰历时仅十年。但它奠定了"宁波滩簧"新的基调，留下一大笔新创西装旗袍戏和清装戏的艺术遗产，为后来的上海堇风甬剧团和宁波甬剧团培育了一批艺术骨干，这使改良甬剧时期成为甬剧发展史上重要的一页，也是甬剧改革、创新的重要时期。

从20世纪40年代起直到新中国成立前夕，宁波基本上没有演出过"改良甬剧"时的"新戏"，与深受海派文化浸染的上海市民阶层不同，宁波的观众仍以原有的视角和价值观欣赏传统滩簧小戏，而为符合当地观众的审美观，从上海回乡演出的艺人和当地的艺人所表演的还是包括"七十二出小戏"在内的"传统滩簧小戏"。

甬剧（1949—1972年）

1949年5月，上海解放后滩簧的演出热度开始回升。人民政府组织戏曲艺人学习中国共产党的文艺政策。同年10月，在上海军事管理委员会文艺处干部竺方渭、张菊笙的帮助下，张秀英在恒雅剧场将仅存的宁波滩簧戏班"张家班"改名为"立群甬剧团"。至此，该剧种正式定名为"甬剧"。

1949年，金玉兰从上海回甬，与沈桂椿、王文斌的"滩簧班"联合，组成宁波新中国成立后的第一个职业甬剧团——合作甬剧团，在城隍庙的民乐剧场演出。1950年5月，上海的徐凤仙、贺显民来甬，入伙"合作甬剧团"，并把剧团更名为"凤仙甬剧团"（1950年5月—1952年11月）。"凤仙甬剧团"是宁波甬剧团的前身。

1952年11月,"凤仙甬剧团"主要演员徐凤仙、贺显民、金玉兰、黄君卿等相继离团去上海。剧团只剩下王文斌、徐秋霞、沈桂椿、陈月琴和新中国成立后培养的第一批青年演员黄再生、余盛春、汪莉萍、汪莉珍、陈立鸣、苏立声等,艺术力量严重不足,人心惶惶,处境艰难。政府文化主管部门为扶持地方剧种,委派宁波市文化馆的戏改工作干部袁孝熊和陆声来团,分别担任政治指导员和业务指导员,重新改组了剧团领导班子,并选王文斌为团长、陈立鸣为副团长,正式建立了"宁波甬剧团"。"宁波甬剧团"的前身"凤仙甬剧团"虽然仅存在了三年时间,但在这三年间,该剧团积极从事甬剧的改革,为宁波"新甬剧"的兴起奠定了基础。

在"双百方针"的有力引导与政府部门的鼎力支持下,自1952年冬"宁波甬剧团"正式成立起,到1966年冬"文化大革命"开始,剧团被强制解散的十四年,是宁波甬剧艺术创造改革的活跃时期。"宁波甬剧团"还坚持创作现代戏,并逐步形成了以演现代戏为主的剧团建设新路子。1954年,"宁波甬剧团"首次上演了胡小孩的代表作《两兄弟》,取得了良好的反响,标志着"新甬剧"开始形成第一个创作和演出的高峰。1961年,现代戏《亮眼哥》的上演,被认为是"宁波甬剧团"继承传统与改革创新结合的一次成功尝试。

新中国成立以来,宁波"新甬剧"的创作演出,主要表现为两类剧目:一类是紧密配合当时政治斗争形势、中心任务、爱国主义、革命传统等内容的现代戏,是这一时期的主流;另一类是传统清装戏和一些根据民间故事编写的神话戏。

1964年4月,宁波市成立了"甬剧青年队"。青年队的演员大多来自于1959年开办的"甬剧训练班"的学生,他们大多具有较扎实的表演功底。他们在表演中采用传统甬剧的说唱方法,同时十分注重表演的舞蹈化,演出了《红珊瑚》《红色娘子军》《芦荡火种》等现代戏和《半把剪刀》《双玉蝉》等甬剧传统优秀剧目。

1966年"文化大革命"开始,"宁波甬剧团"和"甬剧青年队"停止一切活动,随后被强令解散。

"立群甬剧团"是上海新中国成立后成立的第一个职业剧团,当时由王宝云担任团长兼编导,张秀英任副团长,主要演员有张秀珍、傅彩霞、柴鸿茂、筱必智等,实行剧本制。"立群甬剧团"成立不久就开始演出现代戏,受到了上海观众的欢迎,取得了成功。

在"立群甬剧团"成功经验的影响下,上海"新甬剧"开始蓬勃发展起来。1950年4月30日,王宝云组织成立了"甬剧改进协会"。同年9月9日,王宝云脱离"立群甬剧团",与金翠香、傅彩霞、夏月仙等组成"堇风甬剧团"。同年10月,"甬剧改进协会"创办了"正风甬剧研究社",集中培训了24名演员,扩充了甬剧队伍。"堇风甬剧团"由王宝云任团长,请周廷敝、邱志政任编剧,同样实行剧本制。"堇风甬剧团"成立后演于皇后剧场,甬剧进入较大剧场演出始于此。1950年底,"立群甬剧团"改称"群力甬剧团",并补充了主要演员,由孙荣芳任团长,张秀英任副团长。

到1950年底,上海甬剧舞台呈现了"堇风"和"群力"两大剧团对峙的局面。到1953年,上海有大小甬剧团八个,"新甬剧"的发展呈现繁荣的景象。"鄞风""凤笙"剧团成立后,与"堇风"剧团形成了三足鼎立的局面,是上海新甬剧阵容的第二次大调整。三个团都实行剧本制,而且演员阵容皆相较于小剧团强大,很快显示出了创作与表演上的实力。

1949年,当美帝国主义和国民党的飞机狂轰滥炸宁波的时候,"立群甬剧团"根据这一事件创作演出了甬剧《血染家乡泪》。1950年,在上海市春节戏曲演唱竞赛中,"立群甬剧团"在恒雅剧场演出的《活宝进门》(王宝云编剧)荣获剧本一等奖,剧中演员张秀英、王宝云荣获演员二等奖。1950年,以徐凤仙、贺显民为首的"凤仙甬剧团"从上海到宁波民乐剧场演出《上海四小姐》《多情的少爷》

《金生与四姑》等时装戏和重新改编的传统戏。1951年，在上海市戏曲演唱竞赛中，"群力甬剧团"的《照妖镜》（庄志、铁马编剧）与"堇风甬剧团"的《金元宝》（李智雁、周廷黻编剧）均获得剧本一等奖，《金元宝》剧中演员王宝云获一等荣誉奖。另外，"群力甬剧团"还在龙门剧场演出了《家》《白毛女》《珊瑚泪》等现代戏，并改编演出了越剧传统名剧《梁山伯与祝英台》。1951年，"堇风甬剧团"在皇后剧场上演了由王宝云、邱志政编剧的两本《金生弟》。1951年底，周廷黻将赵树理的名作《小二黑结婚》改编成甬剧剧本，上海"堇风""群力"和宁波的"凤仙"三个剧团在中国大戏院联合公演该剧。1953年，"凤笙甬剧团"在皇后剧场首演由周廷黻编剧的《田螺姑娘》。1954年，"堇风甬剧团"在皇后剧场演出天方剧作《凤仙花》和王峰编剧的《新姐妹花》等剧目，也取得了良好的效果。同时，由张秀英任团长的"堇风"分团也在"大世界"演出一些现代戏剧目，如《翠岗红旗》《志愿军未婚妻》《罗汉钱》等。1956年，"堇风甬剧团"上演了天方整理改编的《三县并审》。

1958年，由于多种原因，上海原有的七个甬剧团与其主要演员张秀珍、张秀英、范素琴、王美云等一起统一并入"堇风甬剧团"。上海"新甬剧"阵容实现了第三次大调整，上海的甬剧团至此也仅存"堇风甬剧团"一家。新的"堇风甬剧团"行当齐全，人才济济，表现出空前的艺术水平。

1962年3月24日，"堇风甬剧团"晋京，在北京吉祥戏院演出《半把剪刀》《双玉蝉》《天要落雨娘要嫁》，中央宣传部副部长周扬、文化部副部长夏衍等领导观摩了演出，周恩来总理也观看了《半把剪刀》的演出，戏剧评论家相继发表赞评，三个剧目被称为"三大悲剧"，新华通讯社也曾播发过消息，上海各大报纸都有登载，其中上海《文汇报》发表社论《好好学习"堇风"的榜样》。这次演出使甬剧登上了全国性的舞台，产生全国性的影响，使上海的新甬剧达到鼎盛。

《半把剪刀》戏单

《天要落雨娘要嫁》说明书（含剧本）

"堇风甬剧团"还很重视培养接班人。1960年,在静安区戏曲学校内设甬剧班,由副团长张秀英任班主任,亲自给一批主要演员上课授艺。到1962年,甬剧班已培养出郑信美、蔡祥华、纪惠芬、徐敏、杨国恩等一批较有影响的青年演员。这个阶段不仅是"堇风甬剧团"的黄金时期,也是甬剧近二百年发展史上的一个高峰。

上海的甬剧发展到1963年就戛然而止了,"堇风甬剧团"的最后一场戏是《冒得官》。之后,"堇风甬剧团"全力配合开展"社会主义教育运动"。1966年,"文化大革命"开始,"堇风甬剧团"连续受到冲击,"造反派"夺取了"堇风甬剧团"的领导权,将其改名为"东方红甬剧团"。1968年12月26日,团长贺显民在残酷迫害下跳楼身亡。1972年1月4日,上海静安区革命委员会宣布撤销"东方红甬剧团"。从此,专业的甬剧团在上海不复存在了。

"文化大革命"时期,甬剧遭受了严重的摧残,剧团被解散,人员受迫害,资料全销毁,甬剧几乎灭亡绝种。

甬剧(1972年至今)

1972年初,由于广大群众强烈要求,当时的宁波市委同意在"宁波市文宣队"内筹建"甬剧队"。新成立的甬剧队演出过一些现代小戏,也排演过大型甬剧现代戏《海岛女民兵》《艳阳天》等。但由于人员、经费、当时政策等的限制,甬剧事业在当时很难有更深入的发展。

1976年,"四人帮"被粉碎后,甬剧才第二次得到解放,"宁波市甬剧团"正式挂牌。当时,剧团由江梦飞任团长,金玉兰、陈月琴、王文斌等一批主要演员也相继归队。1978年又调回来一部分老艺人,把被迫改行去"宁波地区越剧团"的29位男女演员、作曲、乐队、舞美等骨干调了回来。另外,石雪松等一批在

1972年进入"文宣队"的学员,也成为宁波市甬剧团的主要演员,于是在此基础上恢复了"宁波市甬剧团"的建制。

"宁波市甬剧团"重建后,剧团坚持"两条腿走路"和"三并举"的方针,既抓新剧目的创作,也复排了一批优秀的传统剧目。1977年到1981年,"宁波市甬剧团"先后上演了现代戏《夺印》《何陈庄》《霓虹灯下的哨兵》《枫叶红了的时候》《少奶奶的扇子》《返魂香》《茶花女》《魂断蓝桥》《魂牵万里月》等,并重新排演了《亮眼哥》《雷雨》《日出》《半把剪刀》《双玉蝉》《天要落雨娘要嫁》《啼笑因缘》等甬剧优秀剧目;此外,还上演了由胡小孩、谢柉、天方三人合作编剧的新编古装剧《三篙恨》和《泪血樱花》等新创及改编剧目。"宁波市甬剧团"在1982年演出的现代戏《浪子奇缘》,在1987年演出的《荡妇》《马马虎虎》,在1989年演出的现代大型喜剧《秀才的婚事》和现代抒情剧《爱情十字架》,都在省市乃至全国屡获大奖。

20世纪90年代是信息化时代,也是知识经济时代。随着改革开放的深入、经济的快速发展及社会经济和政治体制转型,人们的生活水平不断提高,新兴媒体和新的文化艺术样式兴起,娱乐形式日趋多样化,几乎家家户户都拥有收音机、录音机、电视机、DVD等娱乐信息设备。同时,伴随着互联网在世界范围内的普及,人们获取信息的方式和信息量极度扩展,极大地丰富和改善了人们的生活方式。然而,传统的戏曲无法抵御电影、电视、网络游戏等多种娱乐休闲方式的冲击,走进城市后的戏曲又在城市中失去观众,戏曲艺术与时代脱节,难以适应时代的要求,脱离了民间土壤的滋养也脱离了观众,戏曲事业走入低谷,只好重新回到自己的起点——农村,从而引发了严重的戏曲危机。

随着戏曲事业整体趋势的下滑,甬剧也难逃这种尴尬,甬剧市场日渐萎缩,尤其失去了很多年轻观众。而戏曲等舞台艺术必须依托于观众面对面的交流,才能激发演员的创造力。缺乏观众,成为戏曲发展的致命弱点。甬剧艺术举步维艰。

到 2000 年前后，观众越来越少，演员队伍青黄不接。就在这种困难的情况下，历史性的机遇悄悄降临。2002 年 6 月，在宁波市政府的支持下，宁波市甬剧团邀请全国顶级的编剧、导演、舞美、作曲、灯光、服装、形体设计等参与制作的《典妻》在逸夫剧院首演，获得了巨大的成功。《典妻》以其深刻的文学内涵和崭新的舞台艺术风貌引起了戏剧界的高度关注，被称为"小剧种、大转型"，"一次性完成了地方剧种由城镇文化向都市文化转型的质的飞跃"。《典妻》的成功给甬剧艺术发展带来新的希望。

《典妻》剧照

2005 年，宁波市甬剧团创排了根据瑞典作家迪伦马特的名著《老妇还乡》改编的《风雨祠堂》，2009 年 7 月，根据真人真事创作改编的现代戏《宁波大哥》首次公演，都获得很好的反响，并为地方剧种的创作与表演移植剧目和现代戏提供了新的思路。这三部大戏的成功，在一定程度上有力地提升了这一个剧种，使其整体演艺水平达到前所未有的高度，也为甬剧的现代化转型打下了基础。

2008年6月，甬剧被列入第二批国家级非物质文化遗产名录。

在这一时期，宁波市甬剧团还经历了体制和建制上的变革。2002年9月，宁波市甬剧团与宁波市小百花越剧团、宁波市歌舞团、民乐团、创作研究室、凤凰百花剧场、白云儿童艺术剧场等共同组建宁波市艺术剧院，保持事业编制，性质不变。2011年，根据国家和省市关于文化体制改革的要求，宁波市艺术剧院改建为宁波市演艺集团有限公司，逐步实行企业化转制，下辖宁波市甬剧团有限公司，以及宁波市小百花越剧团有限公司、宁波市歌舞剧团有限公司等，主要从事表演；另成立宁波市文化艺术研究院（甬剧传习中心），事业编制，主要从事剧本创作、艺术研究和甬剧传承保护等工作。2016年，甬剧传习中心从宁波市文化艺术研究院剥离，单独成立宁波市甬剧研究传习中心，甬剧团部分人员到传习中心工作，重点开展甬剧传承和研究工作。

剧团转企改制，这一转变对尚需扶持的戏曲剧团的人、财、物都产生了压力，也因缺少事业编制的招牌而对招聘新人产生影响，在戏曲整体处境不容乐观的情况下，对剧团更是个严峻的考验。而老艺人纷纷退休，新生代对戏曲感兴趣的少，人才急缺，更是剧团的心头之痛。目前宁波市甬剧团总共有23个演员，演大戏是不够的。年前虽然又招了一批小演员，但等进入剧团磨合融入起码需要四五年。好的苗子招不来，成绩好的不会来，而且演员本身对形象、嗓子、天赋又都有要求，招人很难。如何提升剧团的吸引力，提高人才培养的能力，让剧种发展处于良性状态，已是燃眉之急。

与此同时，业余甬剧团却一直活跃在以农村为主的宁波基层、农村和社区。这些业余剧团配合农村宣传工作的需要而建立，剧团数量多，活动地域广，群众基础好，也为专业剧团输送了人才。他们接地气、继承传统、勇于创新，在创、排、演方面都取得了不少成果。在这些业余甬剧团中，影响较大的有姜山甬剧团、下应众兴甬剧团、小董凤甬剧团等。例如，下应众兴甬剧团善于从生活中提炼素材，采用群众喜闻乐见的主题，推出反映新农村、新风貌的具有强烈时代精神和鲜明地域特色的好剧、好戏，而且演出风格诙谐幽默，受到观众的热烈欢迎。

从业余甬剧演出活动蓬勃发展的情况来看，在当前戏曲处于低迷状态、专业剧团孤掌难鸣的情况下，拥有深厚的群众基础和浓厚的创新意识的业余甬剧团成为了甬剧事业的重要构成部分，与专业剧团互为补充，共同推进甬剧事业的发展。

第一个走进上海滩的宁波滩簧艺人——邬拾来

戏曲作为非物质文化遗产,在所在社区及群体世代传承,并不断被再创造,它是活态的,它的发展离不开人的作用,所以谈甬剧的发展,也不能不说一说决定它发展的不同时期的传承人们。宁波滩簧能从曲艺形态过渡不久的戏曲雏形成长为成熟完备的戏曲艺术,从宁波来到上海是一个重要的举措,其中第一个带着戏班子走进上海滩的邬拾来尤其值得一提。因为时间久远,现在已无从采访了解邬拾来情况的知情人,只能从留存下来的文献及口述记录中一窥端倪。从现存最早的资料来看,油印本《甬剧史略》《甬剧探源》《上海甬剧志》中都有相关的类似记载,而且大都是根据徐凤仙、金翠香、张秀英等老艺人回忆口述整理而成,所以笔者就引用其中的记载进行阐述分析。

《上海甬剧志·概述》中有相关记载如下:

1880年(清光绪六年),宁波"串客"艺人邬拾来、杜通尧、黄阿元、李阿集等应上海茶馆老板马德芳、王章才之邀,从宁波进入上海,在小东门"凤凰台"和"白鹤台"等茶楼演唱,这支队伍要比其他滩簧剧种早入市区约二三十年。究其原因,因为早在十八世纪乾(隆)嘉(庆)年间,宁波人已大量涌入上海经商。1878年(嘉庆三年),旅沪宁波同乡会已在上海北门外购买了三十多亩土地,建立起正殿五楹的四明公所。鸦片战争后的第一任上海知县又是定海人蓝蔚雯,因而宁波人势力更与日俱增。明乎此,甬剧的早入上海就不足为怪了。

另有《上海甬剧志·人物传记》中关于邬拾来的记载如下:

邬拾来(1840—1930),演员,浙江省奉化县西坞镇庆南村人。1860年到宁

第一个走进上海滩的宁波滩簧艺人——邬拾来

波习唱"串客",专攻丑角,吸收"甬昆""调腔""乱弹"等戏曲声腔剧种的表演技巧,擅长扮小丑,善演草衣戏,是宁波滩簧进入上海最早的演员之一。

1880年,邬拾来应上海茶馆经营者马德芳和王章才的邀请,率职业"串客班"到上海演出。由于他在法租界小东门"凤凰台"和"白鹤台"两家茶馆演出获得成功,因而"串客"轰动了上海艺坛。之后,宁波各民间"串客班"也纷纷进入上海演出,形成了上海"宁波滩簧"的繁荣。

1924年,邬拾来虽已80多岁,但还为倪杏生表演的《康王庙》《扒垃圾》作示范演出,并在剧中扮演"钱阿三""乡下人"等角色,而且演得依然形神兼备、活灵活现。

由于"宁波滩簧"艺人的表演技巧是从他那里学来的,故甬剧演员称他为"拾来师公"。同年,邬拾来还加入了由薛理章组织的"梨园会",专门从事培养甬剧艺人的工作。邬拾来于1930年病逝在上海,终年90岁。

这些在《甬剧探源·关于甬剧的简史》中均有相关记载可以作为佐证:

一八八〇年左右,"串客"来到上海。据说当时上海的大流氓马德芳、王章才看到宁波地方戏受人欢迎,上海宁波人居多,可以赚钱,将拾来师公、杜通尧、李阿集等拉到上海演出,第一个班子就在法租界"凤凰台""白鹤台"演出,而后,其他"串客"班子纷纷进入上海。(注:这可以由二例作证:第一,现年七十二岁的筱翠英健在,她十一岁拜桑宝春为师,当时,她在"大世界"与筱阿友一起,曾碰到过八十多岁的拾来师公,筱翠英和拾来师公同台演出过《扒灰佬》,听拾来师公讲自己是三十多岁到上海的,对于筱翠英来说是六十年前的事,再对拾来师公讲是五十年前的事,两者相加证明已有一百多年历史;第二,今年七十五岁的吕月英亲口讲过,她在十四岁学戏时(即六十年前)在"大世界"也见到过拾来师公,见到时也有八十多岁,这二例证明"串客"在上海演出已有一百多年的历史。)至于到了上海为什么不称"串客"而要改称"宁波滩簧"呢？是否因为当时上海有本滩（沪剧），江苏一带有苏滩（苏剧）、常锡滩簧（锡剧）等称呼有关。滩簧在崛起，而且"起平落"的形式相同，因而也就随大流，正名为"宁波滩簧"了。（但是在宁波地区，多数仍称"串客"，只有少数人称"滩簧"。）

梳理这些记载，我们首先需要探讨一个问题，为什么甬剧会在这个时候进入上海，并且受到欢迎，还能得到迅速发展，这一事件后面蕴藏着什么样的时代背景？

正如其中所述"究其原因，因为早在十八世纪乾（隆）嘉（庆）年间，宁波人已大量涌入上海经商。1878年，旅沪宁波同乡会已在上海北门外购买了三十多亩土地，建立起正殿五楹的四明公所。鸦片战争后的第一任上海知县又是定海人蓝蔚雯，因而宁波人的势力更与日俱增。明乎此，甬剧的早入上海就不足为怪了。"根本原因就是这个时期宁波商帮在上海的迅速崛起。

由于宁波地少人多，自古就有崇商、重商、善商的传统习俗与社会风气，为谋生计，不避险远。鸦片战争（1840年）后至辛亥革命（1911年）前，是宁波商帮迅速发展的时期。这一时期，宁波商帮的活动地域已不限于北京，以及沿海通商大埠和长江中下游大中城市，而扩展到全国各地，包括市镇、乡村和山城，甚至远达海外，全力开拓和占领新的市场。但自1843年上海开埠后，上海以其优越的地理位置和重要的经济地位，成为宁波商人的首选之地。

从地理位置来看，由于上海有长江、黄浦江直通太湖流域，从太湖流域到黄浦江，沿长江可以上溯抵达南京、芜湖、汉口以至重庆等城市，经运河又可达杭州、嘉兴、湖州等城市，腹地广阔。无论是水路或陆路，直线距离近，交通方便，运输成本低。而且黄浦江宽而深，新式的数千吨甚至上万吨的外国货轮，可以轻易进入黄浦江十六铺码头。外商船舶蜂涌至上海港，上海港进出口贸易日益增长，逐渐成为国内外商品的主要集散地。港兴则城兴，上海迅速从一个长江口的小县城，一举发展成为长三角区域最大的国际贸易港口城市。有了物流就有了资金流，外国银行家们纷至沓来，在码头边的上海外滩建起新式银行大楼，为国际贸易等提供各种金融服务。百业亦由此兴盛。

而宁波与上海仅一江之隔，交通方便，一苇可航，宁波轮船一夜即可到达上海，人员的双向流动相当方便。宁波人可以轻易到上海，在上海的宁波人也可以轻易回宁波。重要的是，宁波与上海都是海边城市，生产生活习俗相似，语言相近，是同质文化区域板块。宁波人与上海人之间，没有什么语言、习俗上的障碍，这是宁波人活跃上海舞台的区域文化基础。开埠后的上海，国际贸易活动频繁，提供了巨大的发财空间，吸引了上海周边的大批江浙人前去"淘金"。

这时，宁波商人集会议事的上海四明公所更是人众势雄。1844年，获上海知县批准，四明公所编入官图，免纳租税。1853年，公所毁于小刀会起义战事，后集资重修。经两年营建，规模恢宏。1874年与1898年，虽两次与法租界公董局发生冲突，但最终得以保留。1903年，四明公所在上海日晖港购得三十多亩地，广构屋宇，扩充办事厅室。宁波商人原来在上海按行业分帮设立的会社，都汇集到四明公所。这时候，汇入公所的会社，有四明长生会、海味崇德会、钱业财神会、炒货馨香会、酒业济安会、木业长兴会、银楼同义堂、木商永盛社、漆业崇义会、肉庄诚仁堂、渔业同善会、石作业长寿会、柴业长兴会、车业协兴会、鞋业崇宁会、漆业同议胜会、航务联益会等一百多个会社。这是宁波商帮在上海的实力的象征。

宁波人亲邻相帮，纷纷进入上海谋生。在近代上海居民的构成中，以宁波移民为最多（包括宁波老市区和周围的鄞县、镇海、慈溪、奉化、象山、定海和宁海），到清末，在上海的宁波人已达40余万，约占当时上海居民总数的三分之一，宁波人在上海的势力与日俱增。

中国人重乡情，移民虽然为谋生、为发展远赴异乡，并接受了异乡的文化，但乡情乡思依旧，于是，持乡音土语并体现家乡风俗人情的地方戏曲成为抚慰乡思的最佳载体。在上海滩宽容的娱乐文化氛围中，多种地方戏曲包括滩簧戏纷纷落脚上海。庞大的宁波移民群体成为"串客"前往上海发展的基础。

1880年，上海的茶馆老板马德芳、王章才看到持宁波方言演出的宁波地方"串客戏"很受观众欢迎，而在上海做生意的宁波人又多，于是，他们便邀请宁波"串客"艺人邬拾来、杜通尧、黄阿元、李阿集等来上海演出。事实证明他们的判断是正确的，在上海的首次公演，通过邬拾来等人精湛的表演艺术迅速受到上海观众（事实上是在上海的宁波籍观众）的关注和热情欢迎。"串客戏"就此在上海扎根并得到迅速的发展，同时它也迅速入乡随俗，有了新的名称"宁波滩簧"。

但是，面对海派文化浸染中观众新的审美需求和更高更新的艺术欣赏能力及欣赏品味，以及上海发达的商业文化的影响和西方艺术样式的冲击，在生存危机逼迫和文化的碰撞中，初进上海滩的宁波滩簧，面对全新的环境、全新的观众和十里洋场、异彩纷呈的表演艺术，面对激烈的市场竞争，它又怎样让自己作出变革、迅速适应环境、保持良好的发展势头呢？对此，《上海甬剧志·概述》中记载如下：

"串客"进入上海后，历经"宁波滩簧""四明文戏""改良甬剧"和"新甬剧"诸多阶段，逐渐形成了一个能适应时代潮流、符合广大观众审美要求且具有独特风格的独立剧种。

邬拾来等初到上海后，演出剧目主要是由宁波带来的七十二出小戏。开始时因受条件限制，大都上演一生（花）一旦的对子戏，后来为了适应上海"十里洋场"的激烈竞争，在市场上求得生存与发展，艺人们扩大了戏班，每个班的演员至少发展"三生（花）"或"三旦"；在舞台美术方面，也改变了"一桌两椅"的简单布局，而是根据各台戏的不同剧情增添布景道具，同时也丰富了唱腔和伴奏音乐，逐步形成了自己独特的"半现实半程式"的演出风格。

而《甬剧史略·从宁波滩簧到改良甬剧》中有更详细的记载：

宁波滩簧在上海的第一次公演，通过邬拾来等人精湛的表演艺术，迅速受到上海观众的热情欢迎。大钉子、长脚阿春和小钉子、烂桃子等原在宁波的一些滩簧艺人，因在当地遭禁，先后抵沪。他们相继另组班子，或跑地场，或唱茶楼。例如烂桃子这批人，那时就参加"余庆堂滩簧班"公演。一时间，宁波滩簧云集上海，大为兴旺，在本地倒反而显得冷落了。

甬滩在全国最大的城市演出，竞争于各剧种的群芳斗艳之中。这样，为适应新环境和新观众，照搬原来"串客班"的那一套就不行了，它必须在组织班子、舞台艺术、音乐唱腔、剧目内容各方面，都作较大的改革。

他们的每台戏要演四个钟头。以前，只需两名演员再配个把音乐人员，就可以组成一个串客班，在各地城乡活跃；这时，起码要两花、两旦或三花、三旦，再加上一个搞音乐的、一个管服装的，才能组织一个正式的滩簧班子，应酬于十里洋场。甬剧肇兴于南市小东门，首先带来的是班子的扩大、演员的增多。

他们每次登台演出，中间摆一张桌子，前面放一把单背椅。如演《卖青炭》一类的戏，就将桌子移出，由"白牡丹"坐于舞台前边；演《三马浪荡》等戏，则除了摆一张桌子外，另放两把椅子，让"大红妆""小红妆"各坐一端。向京剧的舞台学习，一般不拉布景，仅放简单的舞台道具，是宁波滩簧进入上海后在舞台形式上随之而来的变化。

他们的演出仍用板胡、小锣伴奏。但小锣敲法已经定型，并有上场锣、下场锣、全锣、半全锣等不同敲法；唱一些梨园戏或个别插曲时，更用上大锣。他们主要仍用滩簧唱腔，但一是增加很多花腔，如唱"妹妹呀""哥哥呀"的讴宫类就有长腔讴宫、对讴宫、会情讴宫之分，上云类就有花中云、十八板之分，下云类就有顿板、水底板、花顿板之分；二是从一些乱弹戏中引进越来越多的"二黄（簧）"；

三是进一步形成男子扮花旦用阴阳嗓子的固定唱法。甬剧史上又称宁波滩簧进上海后为"男小旦时期",这意味着它较以前的串客时期,在音乐、唱腔上同样取得不少新的发展。

他们仍大部分上演七十二出小戏。但光演滩簧对子戏不够了,需要逐渐增演登台角色众多的梨园戏和众家戏;到本世纪二十年代,更开始上演《拖油瓶报恩》《三县并审》《石门县》等古装大戏。后两出戏都是公案大戏。《三县并审》在以后更得到剧作家的整理,成为甬剧史上著名的传统剧目。宁波滩簧进上海后,首次公演大戏,反映一个地方剧种由唱小戏到演大戏的必然趋势,是甬剧发展史的一个显著进化。

宁波滩簧由邬拾来等人带到上海,从上述各方面表明,是甬剧史上第一件划时代的大事。它取代串客时期,标志着甬剧戏曲艺术的开始成熟,正式进入一个全面发展的历史新时期。

由此来看,"宁波滩簧"艺人到上海后不久就对戏班子进行了全方位的革新,包括戏班规模的扩大、道具装置的变化、音乐唱腔和伴奏的发展、上演剧目的拓展,并逐渐形成了自己独特的"半现实半程序"的表演风格,这标志着它逐渐摆脱曲艺的痕迹,一步步走进了戏曲艺术。具体分析,它的变革主要在以下五个方面:

1. 戏班规模扩大

"宁波滩簧"进入上海后,不同于以前的小戏,现在每台戏一般都要演三四个小时,这样演员势必要增加,最少要两花、两旦或三花、三旦,再加上三个人的乐队和一个管理服装道具的,才能组织一个正式的滩簧戏班子。而以前的宁波"串客",几个演员再配个别音乐伴奏,就可以组成一个戏班子。所以,"宁波滩簧"兴起后带来的第一个变化就是戏班子扩大、演员增多。

2. 音乐唱腔和伴奏发展

"宁波滩簧"到上海演出后在伴奏方面所用的仍然是二胡和小锣，但小锣的敲法已经定型，并有上场锣、下场锣、全锣、半锣等不同的敲法。而唱一些梨园戏或个别插曲时，则加用大锣。

在演员的唱腔上，早期主要用"滩簧腔"，但又有一些变化和发展：

（1）增加了很多花腔。如唱"妹妹呀""哥哥呀"的讴宫类就有长腔讴宫、对讴宫、会情讴宫之分；上云类有花中云、十八板之分；下云类有顿板、水底板、花顿板之分。

（2）从"乱弹"戏中引进了不少"二黄（簧）"调。

（3）进一步完善男子扮花旦用阴阳嗓子的固定唱法。因此，在甬剧历史上，"宁波滩簧"在进入上海后到1924年"四明文戏"出现以前，被称为"男小旦时期"。

3. 上演剧目的拓展

"宁波滩簧"时期在上海演出的剧目，大部分还是过去宁波"串客"时期上演的七十二出小戏。但经常上演的只有二十余出，分别是《庵堂相会》《双磨豆腐》《后磨豆腐》《呆大烧香》《女告私情》《背包过门》《大闹龙舟》《大闹花灯》《白牡丹唱书》《一饭之恩》《游码头》《拜三官》《卖冬菜》《讲白话》《香佛手》《开米店》《陆卖饼》《摘石榴》《毛家村》《双卖花》《唐小六》《双投河》《打窗楼》《双落发》《纺棉花》等。

另外，根据观众的喜好和舞台演出的需要，"宁波滩簧"艺人又编了不少新戏，如《义重如山》《春风得意》《卖肉记》等。尤其是在年底快封箱时，差不多全部演唱这一类新的"封箱戏"。这些戏还是用幕表，没有剧本，只是用"说戏"的方法来排戏。

4. 表演风格初步形成

在表演程式上,"宁波滩簧"逐渐形成了自己独特的"半现实半程序"的表演风格。由于"宁波滩簧"是"串客班"与"乱弹班"两类演员的表演合流而成,"串客"老艺人大都是"业余"出身,表演一般没有程式化的动作,他们从现实生活出发,表演自然细腻;而"乱弹班"老艺人是专业的,有程式化的动作,表演有戏曲传统的规范。这两类演员的表演相互影响,形成了这种独特的表演风格,而这种虚实结合的表演风格很受当时上海观众的欢迎。

5. 道具装置的变化

"宁波滩簧"每次演出,大都在舞台中间摆一张桌子,前面放一把单背椅,这与"串客"时期的舞台道具是一样的。但是,根据每台戏的不同剧情,"宁波滩簧"桌椅位置的摆放会有变化。如演出《卖青炭》一类戏,就把桌子往前移,让"白牡丹"坐在舞台的前边;演《十马浪荡》一类戏时,除了摆一张桌子外,另外还放两把椅子,让"大红妆""小红妆"各坐一端,学习京剧舞台的样子,一般不置布景,但放些简单的舞台道具。这是"宁波滩簧"进上海后带来的舞台形式上的变化。

此外,在这个时期,随着演员的增加,还开始了表演角色的艺术分工,使表演趋于精细,具体可用下面的图示来说明:

女角——{ 出嫁的为"上旦"(旦念"再") / 未嫁的为"下旦" }

男角——统称为"清客" { 年龄小的为"小清客" / 年龄大的为"正清客" }

老旦——大多数滑稽的角色(男角扮)

老生——角色不重,清客兼做

丑角——为草花(行话又称草衣)

凡此种种，都充分说明了"宁波滩簧"由邬拾来等人带到上海，是甬剧史上一件划时代的大事。它取代"串客"时期，标志着甬剧戏曲艺术开始走向成熟，正式进入一个全面发展的历史新时期。一个人和一批人，就此拉开了一个剧种大变革的帷幕。

历经宁波滩簧、改良甬剧到新甬剧的艺人——金翠香

从"宁波滩簧"到"改良甬剧"再到"新甬剧",是甬剧史上最重要的发展阶段,它使甬剧的面貌发生了根本性的变化,而且相较于前面漫长的发展过程,这三个阶段经历的时间并不长,时代的快速发展和上海特殊的社会环境都对它产生了巨大的影响,促使它快速成长为一个完备的戏曲剧种。金翠香,起于从"宁波滩簧"向"改良甬剧"变革的时期,在从男小旦向女小旦变迁的过程中,作为甬剧史上具有较大影响力的"四大名旦"之一,表现出较高的演艺水平,而"四大名旦"代表了当时"宁波滩簧"所取得的最高艺术成就;在"改良甬剧"兴起之时,她具有首倡之功,所召集首演的《天打张继宝》是改良甬剧中第一个清装戏剧目,以她为首的"金家班"是当时独树"改良甬剧"旗帜的最早的戏班子;进入"新甬剧"时期以后,作为"堇风甬剧团"主要演员和主要负责人,金翠香表现出深厚的艺术功力和艺术修养。

根据《甬剧史略·从宁波滩簧到改良甬剧·四大名旦》中记载:

金翠香,1910年生。1923年,十四岁的她,在师父董泉水的指点下,随姐金翠玉登台,初露头角。1926年,她在如意楼上演了《呆大烧香》的法空、《卖青炭》的白牡丹、《东楼会》的陆姣娥、《双投河》的养媳,更显示其技艺超群的特色。她扮相虽不如乃姐,但嗓子清脆、表情大方、声腔滑、节奏快、念白流利,却另有一功。这使她很快成为第一

金翠香

流闺门旦。1928年，她跟翠玉到新新公司；1937年，她到皇宫剧场（一说龙园剧场）；1938年，她去凤凰剧场，始终保持和筱姣娣、孙翠娥、金翠玉齐名的艺术声誉。所不同的是：她不仅愿做新戏，而且会另起"脚色"。1939年以来，她在中南饭店和银门、恒雅、皇宫、新乐宫等剧场，演《天打张继宝》的王氏、《空谷兰》的幽兰夫人、《啼笑因缘》的沈凤喜……1946年，她首让正旦于张秀英；新中国成立后，一直在"堇风甬剧团"改扮老旦。她在甬剧表演史上所起的影响，比筱姣娣、孙翠娥、金翠玉更大。

早在1927年，人们就称筱姣娣、孙翠娥、金翠玉、金翠香为"四大名旦"，她们的演出水平反映了当时宁波滩簧所取得的最高艺术成就。"四大名旦"是20世纪20~30年代甬剧的著名表演艺术家。

《上海甬剧志·附录·名人录》中也记载：

金翠香，女，生于1910年，演员。1923年在董泉水的指导下，随姐姐金翠玉登台演出。她嗓音清脆，表演自然，因而很快成为较出众的"闺门旦"。1926年以后，到"如意楼"演出，在《呆大烧香》中扮演法空、《卖青炭》中扮演白牡丹、《东楼会》中扮演陆姣娥，并组织了享誉上海滩的"金家班"。

金翠香不仅演传统"滩簧小戏"，而且还参加了"改良甬剧"演出的实践，在《天打张继宝》中扮演王氏、《空谷兰》中扮演幽兰夫人、《啼笑因缘》中扮演沈凤喜。1949年以后，在上海"堇风甬剧团"演出。1962年剧团晋京演出，在《半把剪刀》中扮演曹母、《天要落雨娘要嫁》中扮演陈四娘。

金翠香是20世纪30年代上海甬剧"四大名旦"之一，参加甬剧"宁波滩簧""改良甬剧""新甬剧"三个不同阶段的演出，为甬剧事业的发展作出重大贡献。1950年任"堇风甬剧团"艺术委员会主任，1956年11月加入中国戏剧家协会，1957年3月成为中国民主同盟会员。

从这两份文献记载来看，金翠香取得的第一个阶段的艺术成就是在"四大名旦"的时候，从男小旦到女小旦变迁的时期，登台之后在扮相、唱腔、表演等方面都展现出不同于男小旦的风貌，得到观众的欢迎和认可。从男小旦到女小旦，虽然看似只是性别的变化，事实上离不开当时上海特殊的时代背景和社会环境。在男尊女卑、礼教浓厚的封建社会，女子是不允许抛头露面的，但在上海却出现了商业性女戏班，出现了男女合演，出现了女性观众群体，这与上海开辟租界以来相对宽松的环境和西方文化的熏陶直接相关。20世纪初，上海京剧界男女合演风行，既节省开支又吸引观众，迅速引来大家效仿，虽然当局极力反对，但已经起不到什么作用。而且在欧美各国早就有男女合演，租界里居住的西方人多，男女合演在这里得到支持。

"宁波滩簧"自从1880年"串客班"进上海演出直到1920年前，一直是以男小旦为主的，即"旦角"也由男人扮演。但是当第三代男小旦登台不久，第一代女小旦便开始在上海登台演出了。在1923年前后，上海的"宁波滩簧"演出开始有了第一批从舟山、宁波来的女小旦，从此，"宁波滩簧"实行了男女合演。这是甬剧史上的一次重大变革。当时女小旦经常在法租界的乐意楼、如意楼演出，由于女小旦在扮相、表演和唱腔上都比男小旦自然、优美，符合当时人们对戏剧的欣赏要求和审美情趣，女小旦演出受到了观众的欢迎，而男小旦渐渐退出了舞台。"宁波滩簧"如其他地方戏曲一样进入一个新的发展阶段。

金翠香取得的第二个阶段成就，也是她本人最重要的一个阶段的艺术成就，就是在改良甬剧时期。随着环境的变迁和观众审美趣味的变化，"滩簧戏"的传统剧目已经难以引起观众的兴趣，为了生存，必须进行变革。在此关头，金翠香率先站出来，立志维新，锐意变革，以自身的影响力召集艺人们进行各种尝试，虽曾因战事而停止，也有失败的经历，但最终取得成功，推动甬剧进入一个新的发展阶段。对此，《甬剧史略·从改良甬剧到新甬剧·改良甬剧》中有明确的记载：

20世纪30年代中叶，"四大名旦"除筱姣娣退出舞台外，孙翠娥、金翠玉、金翠香分别夺魁"大世界"、新新公司、大新公司，鼎足而立；赛芙蓉挂牌福安公司，"四小名旦"相继红极一时。然而就整个剧种来看，却因它主要仍唱七十二出小戏，表演程式陈旧，剧目跟不上时代发展，和初进十里洋场方兴未艾的越剧及早在1933年已经组成"四喜剧团"的沪剧相比，未免相形见绌。这样，如何彻底变革"宁波滩簧"内容和形式的任务，就自然落在立志维新的一代甬剧艺人身上。

1937年，金翠香召集张翠花、何佳凤、何桂宝、王宝生等艺人，做全部《双落发》于龙园剧场，演出四小时，这是用滩簧调唱大戏的首次尝试。以前，"四明"和甬江古曲也做大戏，主要是唱二簧、演梨园戏。龙园剧场的演出，拉开了甬剧革新的序幕。可是，不久就发生了"八一三"事件，"四大名旦"停演，剧场关闭，多数剧团解散，仅张秀英等坚持唱地场于曹家渡，甬剧改良的势头暂因战事爆发而中止。

1938年，孙翠娥、金翠玉、金翠香请"四小名旦"赛芙蓉、傅彩霞、项翠英、张秀英和黄君卿等演于凤凰剧场。这是20世纪30年代上海甬剧的一次大会串。尽管经过金氏姐妹的努力，这次大会串几乎集合了当时所有的著名艺人，但由于他们坚持唱滩簧老戏，结果仍遭失败。这说明甬剧改良之举已如箭在弦上，不得不发了。

1939年，金翠香召傅彩霞、项翠英、王宝云、黄君卿等，请叶峨焦任编剧，正式以"改良甬剧"的名义配舞台布景、灯光，首演《天打张继宝》于中南饭店，获得成功。这意味着甬剧史开始进入改良甬剧时期。

改良甬剧在演出上，搞幕表戏，坚持编导制；在唱腔上，采用滩簧调，但只有上云、清板、下云、甩煞云，废止其他花腔、插曲小调，并将上下云拖得很长，每句清板的二字间也拖开，旋律慢一倍以上，被称为"新基本调"；在剧目上，每三天上演新编时装大戏，一天仍唱滩簧老戏；在音乐上，开始增加凤凰箫伴奏。改良甬剧的成功演出，从内容到形式使"宁波滩簧"面目焕然一新，逐步走上现代剧种轨道，可谓甬剧史上第二件划时代的大事。

中南饭店做新戏八个月，金翠香又在银门、恒雅等剧场继续演出。以她为首的金家班，成为当时独树"改良甬剧"旗帜的最早班子。孙翠娥、金翠玉、赛芙蓉等滩簧名旦，即因改良甬剧的兴起，相继退出舞台。

"改良甬剧"时期的剧目，没有剧本，或取材于"唱新闻"，或移植文明戏和其他剧种，或编造当时的"风流轶事"，大都反映清代和民国时期上海的社会生活，以清装与洋装形式演出，故被称为"清装戏"和"西装旗袍戏"。

1939年在中南饭店最早公演的《天打张继宝》，由黄君卿根据周信芳的同名京剧移植，改编唱词，是"改良甬剧"中"清装戏"的第一个剧目。该剧讲的是卖草鞋的贫民张元秀收养了宦家小妾的弃子张继宝，后来张继宝长大，得官荣归，反而不认养父，因此遭到天谴的故事。剧本虽然立意不新，故事陈旧，但它歌颂美好品德，鞭挞忘恩负义的行为，符合中国传统因果报应的思想，受到观众的欢迎。《天打张继宝》的上演，鸣响了"改良甬剧"成功的礼炮。从此，先由叶峨焦、蔡鸿茂、黄君卿，后由王宝云、贺显民负责每三天编一本新戏，写好唱词，交戏班子演出。传统的七十二出小戏终于退出舞台，不占主导地位，甬剧剧目建设的准备阶段开始了。

当时大量上演的剧目一类是表现城市现代题材的"西装旗袍戏"。这类戏多半属于爱情剧，如《三轮车》《四小姐》《红伶泪》《再相逢》《走投无路》《合家欢乐》《断送青春》《风流少奶奶》《双泪落君前》等，其中多是负心汉、痴情女的故事，很受女性观众欢迎。其中也有少数社会剧，如《秋海棠》《筱丹桂》等，揭示明星的不幸遭遇，控诉恶势力对艺人的无情摧残。在这些剧目中，以《啼笑因缘》《姐妹花》《空谷兰》影响较大，堪称代表剧目；另一类剧目是表现近代题材的"清装戏"，比较有影响的有：爱情戏《金生弟》、鬼戏《阴阳团圆》《人仇鬼报》《冯小青》、公案戏《三县并审》《药茶记》（原名《石门县》）和《钉鞋记》，《杨乃武与小白菜》也是公案戏，但不为甬剧所专有。其中，《金生弟》和《三县并审》的影响最大，但作为"改良甬剧"传统剧目主要代表的应是《金生弟》。"改良甬剧"十年，总共上演了不下四五百本之多的"清装戏"和"西装旗袍戏"，这是甬剧史上第二批艺术遗产。

以感情戏为主的"改良甬剧"受到欢迎，很大一个原因在于女性观众成为看戏的重要群体。因为在租界深受西方文化的影响，男女平等的呼声日渐高涨，女性不再拘囿于家庭，她们开始走向社会，尤其是富商的妻女，有钱有闲，本身所受的道德约束也相对较少，她们积极投身于社会生活，追求自由开放的生活方式，出入戏园看戏成为太太、小姐们的风尚，捧角也由此兴起，不少戏班子和名角得到"老板娘"的资助得以发展维持。于是，适合女性审美心理和反映社会转型的戏曲大量涌现，剧目内容出现重大变革，"清装戏"和"西装旗袍戏"成为"改良甬剧"的重要构成，并在滩簧各剧种之间互相移植，长演不衰。

对于金翠香的艺术风格，《甬剧史略·从宁波滩簧到改良甬剧·四大名旦》中记载："嗓子清脆，表情大方，声腔滑，节奏快，念白流利。"《上海甬剧志·附录·名人录》中记载："嗓音清脆，表演自然。"《甬剧探源·甬剧艺人的不同风格》中也记载有"金翠香（上、下旦）：素有'金嗓子'之称，清脆柔美，耐唱不倒嗓，嗓子甜润、洪亮。她自己唱的《新纺棉花》，人称'老牌傅彩霞，九腔十八调'。"《上海甬剧志·表演艺术》中关于金翠香出演《半把剪刀》中曹母的表演情况，有一段相对详细的记载：

配角曹母由上海堇风甬剧团主要演员金翠香扮演。曹母冷若冰霜、毫不雕琢的神态，没有表情的表情，深刻地描绘出一个阴险而别有心机的地主婆形象，在第一场暗转后，当婢仆告诉她"金娥从老爷屋里跑出来"的刹那，她先是怒火涌上心，刚要使家长的威严，但一转念家丑不可外扬，觉得绝不能在奴仆们的面前暴露自家的丑事。这时她走到舞台的中央，摆的是一副平板的脸孔，但她流露出来的盛怒的目光，显示出地主阶级所特有的奸诈的心理状态。

曾经观看过金翠香演《半把剪刀》的宁波甬剧团原团长沃幸康回忆说：

我看到的金翠香老师演《半把剪刀》中的曹母，有两场戏。那是1980年，金老师已经七十岁了，记得她嗓子好得不得了。她没咋化妆，但感觉人物恰如其分，没有一点做作，看不出表演的痕迹，人全在戏里。她在舞台上气场很足，表演自然，能看出老艺术家的功力和艺术修养。

从这些记载和回忆中，不难看出金翠香精湛的表演技艺和演唱水平。

笔者曾经作为"甬剧老艺人抢救性保护工程"的重要成员，分别于2012年9月23日和2015年2月8日在上海共同采访过金翠香同事柳中心、儿子俞明伟等人，了解金翠香的演艺情况，并做了口述记录，对于金翠香的为人与演艺成就也可从这些回忆中窥见一斑。

柳中心口述：

金翠香是甬剧著名代表人物、甬剧表演艺术家。金翠香饰演《半把剪刀》中的曹母，非常精彩。金翠香是金嗓子，虽不识字但气质很好，像大户人家出来的很有主见的精干的当家人，对人物把握很准，这与当时应云卫、郑传鉴导演的指导也有关。应云卫是话剧导演，他讲人物、情境，让演员自己去发挥，演员能够充分发挥出自己的水平。以前的老戏艺人大都不识字，是师傅一句句教出来的。原来老戏主要讲唱，不讲身段，而《半把剪刀》专门请昆剧团的郑传鉴导演教舞蹈的动作、扇子的转法等，也就是身段设计。《半把剪刀》比原来的甬剧表演有了很大的发展。

俞明伟口述：

我阿姆金翠香是1910年出生的，生我的时候她已经39岁了。她是宁波镇海澥浦人，我外公是卖鱼的，到上海来做过生意。我阿姆拜的先生是董泉水。当我懂事的时候，我阿姆已经唱老旦了，风头最盛的时候已经过去了。董风甬剧团最早有王宝云和我阿姆在，我阿姆从事甬剧时间比较长，可以说是承上启下，从女花旦开始一直到堇风甬剧团解散，她也是改良甬剧的发起人。

她自己感觉比较得意的有这么几只戏：《啼笑因缘》，演女主角，同时演何丽娜、沈凤喜两个角色，这是她自己认为演得比较好的；《天字第一号》，在抗战胜利后、新中国成立前演出，描写的是国民党地下工作人员打入日本人中间，她演的也是女一号；《小二黑结婚》，1950年为捐献飞机大炮支援抗美援朝，当时甬剧界联合义演该剧，她演二仙姑。她当时是堇风甬剧团艺委会主任。

她这人从来不响的，开会从来不发言，平时也从不在背后讲人、议论人，也从不向组织提要求。她除了艺术啥也不管，是个"现成人"。

关于她的艺术特色，我只知道阿姆嗓子很好，是"金嗓子"，但我看到的时候她已经在演老旦了，不太了解。

裘祖达口述：

金翠香不同任何人起矛盾，对谁都是和和气气的，对人没架子，尊重人，做到了"清清白白做人，认认真真演戏"。

1950年9月9日，王宝云与金翠香、傅彩霞、夏月仙等组成"堇风甬剧团"，金翠香任艺委会主任。20世纪60年代后期，金翠香基本退出舞台，1995年逝世。

从戏班子到正规剧团的领军人物——王宝云

从改良甬剧到新甬剧的蜕变过程中，从戏班子到正规剧团的巨大变革中，涌现出一位具有里程碑意义的甬剧艺人——王宝云，他与金翠香几乎同期出现在甬剧舞台，不仅演技精湛，积极参与改良甬剧的变革，还以其长远的眼光看到甬剧界存在的种种问题，团结艺人，充实剧种，成立上海甬剧改进协会，合创上海堇风甬剧团，创办上海正风甬剧研究社，培养甬剧后备人才，为上海新甬剧的辉煌立下汗马功劳，却惜逢牢狱之灾，晚景寥落，但至死不忘甬剧的发展。

对于王宝云的生平及贡献，现今较完整的记载可见于《上海甬剧志·人物传记》，记载如下：

王宝云（1908—1990）（注：实际去世时间为 1991 年），演员，浙江宁波人。1920 年开始学习"宁波滩簧"，工小生，精于传统表演，有魅力，嗓音明亮，唱念流畅，拿手戏有《双落发》《游码头》等，20 世纪 30 年代末从事"改良甬剧"的活动，与徐凤仙同台演出《金生弟》《华姐》，打破滩簧戏中传统的表演程式，为开创"宁波滩簧"新局面奠定了基础。1950 年任上海"立群甬剧团"团长，并主演《活宝进门》，获得表演"个人荣誉奖"。后又到"堇风甬剧团"工作，组织有关人员整理改编了大量的甬剧传统剧目，推动了甬剧传统戏的推陈出新。1990 年病逝，终年 82 岁。

王宝云

《甬剧探源·甬剧艺人的不同风格》中也有一段极简短的记载：

王宝云（清客）：精习传统，表演有魅力，嗓音明亮，唱念流利。

这些记载简单并且有不少缺漏，难以窥见王宝云的生平、为人及贡献的主要面貌。为此，笔者等人采访了堇风甬剧团现今尚健在的、曾经与王宝云共事的老艺人，从他们的口述中对王宝云有了更深一层的了解，并在采访上海众多甬剧老艺人的过程中，发现几乎众口一词都是对这位甬剧界先驱的赞美，这是非常罕见的。现今采录其中相对详细的夏文娟、桑克强伉俪和姜晓峰老人的口述，采访时间分别为 2012 年 7 月 22 日和 23 日。

夏文娟、桑克强口述：

王宝云是新中国成立后甬剧的创始人，他办正风社，培养学生，发展甬剧，提出"打破一切旧思想""团结""互相帮助"。他培养年轻人，挖掘老人，向袁雪芬学习，把甬剧不同人士团结起来，自己甘做绿叶。王宝云主攻小生，后也饰演中年生、老生。在《借妻》中他演的张古董，演得很好，表演自然，冷面滑稽，有回味。王宝云的戏路很宽，也唱清客。《金生弟》中也演得非常好。史少岩是王宝云培养的，史少岩原来是敲鼓板的，后来王宝云让他在《狂风暴雨》中出演角色，发展起来。张天方也是王宝云培养的。王宝云希望甬剧界的人越多越好，要打开局面，甬剧要进入大剧场。

姜晓峰口述：

我是 1950 年 8 月考进堇风甬剧团，做反派小生，当时在剧团新人中属年纪较大的。甬剧在上海非常曲折、艰难，尤其是遭遇"文化大革命"。王宝云对甬剧发展是有贡献的，正风社是王宝云一手带起来的，当时得到范行凡先生的赞助。

王宝云在堇风甬剧团时参演了《狂风暴雨》《金生弟》等。可惜正风社里的老师勾心斗角，后来正风社解散，解散后我到先施公司去了。我到生生甬剧团后，当时剧团请来徐凤仙、贺显民，剧团改为凤笙甬剧团。1954 年，贺显民与周廷黻有意见，退出了凤笙甬剧团。周廷黻对王宝云说徐凤仙、贺显民不好用，但是王宝云还是用了，可惜王宝云好心没好报，遭人迫害，这是甬剧团内部最厉害的一次倾轧。

到1958年，上海文艺整风，甬剧团纷纷解散，我从"凤笙"到"先施"再到"堇风"。旧社会的艺人被人看不起，认为演的戏"黄色""下流"，要政府禁止，而暗地里又喊人去唱堂会，但甬剧艺人为了生存，没办法，只能委曲求全。甬剧的路很坎坷。

新中国成立后，提出作风问题，成立"甬剧改进协会"，文化局派干部下来改革整顿，甬剧渐渐发展起来。1956年，发展到九个甬剧团，其中一个信义甬剧团很短命，所以主要是八个团。"文化大革命"时，甬剧被"一刀切"了。

王宝云办正风社，功劳很大。他善于培养人才、发现人才。他本人也是一个艺术家，他演《借妻》中的张古董演得很好，属于冷面滑稽；他在《金生弟》《呆大烧香》《阿狗流浪记》中都有不错的表演。

通过这些老艺人的回忆，又蒙史鹤幸先生提供了与上海甬剧界及王宝云先生相关的采访资料，笔者对王宝云的生平经历、对甬剧的贡献，以及时代和社会变迁在其中产生的深刻影响作一梳理，并阐述于下。

第一个阶段，是王宝云拜师学艺，唱宁波滩簧。

王宝云，原名王锦璋，迫于生计，1920年开始学习"宁波滩簧"，1924年在"万里春"正式拜包彬云为师。他初习草花（即"丑角"），艺名筱宝云。丑角是中国戏曲中不可或缺的重要角色，中国戏曲素有"无丑不成戏"一说。《双磨豆腐》《卖青炭》《卖橄榄》《呆大烧香》都是王宝云最擅长的（草花）剧目。

嗣后，王宝云又学清客（即"小生"），如《秋香送茶》《拔兰花》等，他最为得意的传统曲目是《游码头》《双落发》。根据《上海甬剧志》和《甬剧探源》记载，王宝云的表演，嗓音佳、形象美、吐字清晰，唱腔尤以快见长、层次多变，戏路宽，人物塑造细腻、栩栩如生。他的唱念韵味十足，演技精湛，广受观众喜爱。20 世纪 30 年代，他曾与名旦孙翠娥（孙家班）、蒋翠玉、蒋翠花（蒋家班）、金翠玉、金翠香（金家班）等戏班联袂演出，与赛芙蓉出演配戏，是早期甬剧艺人中的佼佼者。

第二个阶段，是王宝云参与甬剧改革，积极创新甬剧，培植演艺人才。

根据《甬剧探源·关于甬剧的简史》中记载：

回顾甬剧的历史可知，它在初创时期的发展是健康的、迅速的、深入民众的。到上海后第一、二代艺人阵营整齐，形成了一套表演艺术，留下了丰富的艺术遗产。男小旦进入女小旦时期，随着滩簧在各地风行，宁波滩簧扩大了影响，扩大了队伍，扩大了观众，唱腔也有了新的发展。

但是，甬剧与越剧、沪剧等地方戏相比，后来却停滞不前了。这里有社会原因，也有主观因素。例如，传统的优秀的表演艺术并没有认真总结、很好继承，尤其是 20 世纪 30 年代后，女小旦演员只讲外形，不管艺术，甚至手拿热水袋暖手上台演出；剧目方面，几十年时间内几乎没有重大发展，除了滩簧大戏有一些外，连带来的七十二只传统剧目也只能演五、六十只，而且越演越少。此外，原来健康朴实的风格少了，油滑庸俗的东西多了，这些都阻碍着甬剧进一步前进。

甬剧界过去有句行话："勿能萝卜烤萝卜，总要嫁配外人才有出息。"甬剧主要艺人大多是女演员，碰到结婚嫁人往往另找出路转业，她们被资本家、流氓、老板包围、控制、腐蚀，使得甬剧人才越来越少，后继乏人。又因甬剧各个班子的不团结，各自为政，所以尽管有过几次改革，也曾想向沪剧学习，最终难以获得预期的成功，加上因循守旧的封建势力的深刻影响，20 世纪 40 年代"改良甬剧"要学新戏、动脑筋，各方面创新的尝试是"孤掌难鸣"，因此，出戏、出人极少。另外，没有像"串客"初期依靠读书人那样取得好的编导人员的支持，也没有得到社会力量的支持，这也是造成甬剧发展不快的重要原因。

面对这样的困境，王宝云和金翠香等人为了甬剧的生存，迎难而上，立志改革。对甬剧的改革，王宝云功不可没。由于"宁波滩簧"有些曲目过于低俗，有碍风化，以至"败俗伤风，寡廉鲜耻，无以复加"而备受歧视，为政府所禁。众多艺人改行、回乡，女演员也自找归宿。王宝云萌生了彻底改革"宁波滩簧"的想法，学习其他戏剧的成功经验，以适应甬剧发展的社会环境。

他在"四姊妹"大楼（今延安路、成都路，这里聚集了上海影剧界名流、编剧、导演，似一个戏剧沙龙）认识了文明戏的编导范青凤、王梦良。王宝云力邀他俩担任甬剧编导，以改革甬剧的题材与表演，第一次将"宁波滩簧"易名"四明文戏"。这样一来，既回避了当局对滩簧戏的禁令，又符合甬人的心理。第一台"四明文戏"就是整本大戏《啼笑因缘》。有人称《啼笑因缘》救了"宁波滩簧"，为甬剧由滩簧（曲艺）走向甬剧（戏曲剧种）跨出实质性的一步。

王宝云与史韵卿、柴鸿茂共同改编传统剧目《十马浪荡》，还邀请扬剧的金运贵为"活捉"一折作指导。黄君卿在剧中饰"前马浪荡"，大、小红妆分别由金杏云、梅雪芳饰演，"后马浪荡"由王宝云饰演，后大、小红妆由金翠香、竺天红饰演。演出效果轰动一时。尔后，在银门剧场（今南京路、西藏路的"新世界"二楼西侧）上演王梦良导演的《渔家女》，赵云娘由金翠香饰演，赵父由柴鸿茂饰演，傅金龙由王宝云饰演，傅父由孙荣芳饰演，傅母由筱凤仙饰演，月香由金杏云饰演，张妈由竺天红饰演，张伯年由黄君卿饰演，根法由马少卿饰演，老裁缝由包彬云饰演，演出阵容还有孙小楼、沈桂椿、崔定甫等。演出亦大获成功。

王宝云除了带领艺人积极进行剧目改革的实践，还悉心寻求甬剧的演艺人才。当他听说徐松龄有意来沪改唱甬剧，便亲自登门，邀其加盟。由于徐松龄本是杭剧出身，对甬剧曲调尚不熟悉，常常在演唱中以大陆调为主，不料，正是他的大陆调竟成了甬剧的主要曲调。1943年，王宝云应邀赴宁波演出，期间认识了徐凤仙，发现徐凤仙有较高的表演天赋，却在宁波无用武之地，只是随一下小班子常常出没于春夏台和堂会，深感可惜，力邀她来上海唱戏，并游说其母同意，吃住等诸多问题都由王宝云来负责。徐凤仙到上海后就暂住在王宝云家。为适应徐凤仙的表演与嗓音特点，王宝云根据宁波的田头山歌《十二月花名》编排了《金生弟与四姑娘》，在皇宫剧场演出，徐凤仙饰演主角四姑娘，王宝云饰演金生，还有诸多名角出演，演出大获成功，徐凤仙就此成名于上海剧坛。贺显民本是王宝云在电台唱戏时认识的，加上贺显民经常来皇宫剧场看他们演戏，王宝云便力邀贺显民参加甬剧演出，离开"宣卷"，并教他唱些甬剧的基本曲调。贺显民最终离开"宣卷"，正式参加甬剧演出，并在若干年后成为甬剧的领军人物。

除了挖掘、培植新人，王宝云还亲自参加演出，担当导演，寻找剧本，不仅推出新人，还兼顾张秀英、黄君卿、孙荣芳等老艺人的戏路，并为此煞费苦心。例如，在《啼笑皆非》中以贺显民、徐凤仙为主，在《伟大的母爱》中又以张秀英为主，而《强盗的孝子》则以孙荣芳为主，《花落寒江》注意符合黄君卿的戏路，自己甘当绿叶。演出结束，他就和演员一起探讨演出中的得失，大家和睦相处，共同来推进甬剧演艺事业。其时，宁波的同行也纷纷投奔上海，包括徐秋霞、王宝生、夏月仙、董湘静、张秀珍等。

为了适应当时的形势，王宝云也主张演出西装旗袍戏，又叫时装新戏。他把演员分成两批，一批在恒雅剧场，以演出清装戏为主；一批在新乐剧场，以演出西装旗袍戏为主。其中由两批人马共同演出的《家》，王宝云演觉新，徐凤仙演梅芬，张秀英演瑞珏，孙荣芳演老太爷，还有董湘静、竺天红、夏月仙、金玉兰、沈桂椿、孙小楼、包彬云、黄君卿、贺显民、徐松龄等共同出演，演出得到上海青年观众的热烈追捧，令他们折服于甬剧的魅力。这几年也是甬剧发展中很难得的一个阶段。

1947年，由于当时特殊的政治社会环境，市场凋敝，百业萧条，民不聊生，甬剧也处于基本瘫痪的状态，只剩下张秀英的"张家班"还在新乐剧场演出。

第三个阶段，是新中国成立后到 1955 年王宝云入狱之前，王宝云任立群甬剧团团长，首组甬剧改进协会，创办正风甬剧研究社，组建堇风甬剧团，一时甬剧人才济济，带来甬剧新的发展面貌。

1949 年，中华人民共和国成立后，受新的政策的引导与时代精神的浸润，"宁波滩簧"也和其他剧种一样，发生了翻天覆地的变化。戏曲事业在党和各级人民政府的领导和扶持下，走上全面复兴、发展、繁荣的道路。1949 年至 1966 年的十七年，传统戏曲在党的文艺方针的指引下，旧貌换新颜，取得了令人瞩目的成绩，但也应时局多变，命运多舛。根据 1949 年、1950 年召开的全国首届文代会、全国戏曲工作会议精神，根据 1951 年颁发的《政务院关于戏曲改革工作的指示》，以及"百花齐放，推陈出新"的文艺方针，各地纷纷召开戏改工作会议，组织开展戏改工作，"改人、改戏、改制"，加强对戏曲界的领导和管理，采取了一系列有助于发展壮大戏曲队伍、繁荣戏曲创作、抢救和整理戏曲传统艺术的措施，使戏曲获得了新生，其间虽有过激过急之处，但确实使戏曲的面貌发生了根本性的变化。

1949 年 5 月，上海解放，上海戏曲舞台焕发了新的生机。不久，上海军管会文艺处召开"搞好戏剧复兴改革工作"动员大会，会上文艺处干部竺方渭、张菊笙听取前辈甬剧艺人张海峰、史韵卿、柴鸿茂、唐金元、孙荣芳、徐文荣等人的意见，大家一致建议请王宝云挂帅，主持上海甬剧的复苏和重整。竺方渭、张菊笙听取大家的建议，亲自到王宝云家里解释宣传党和国家关于繁荣艺术舞台、恢复地方戏剧的政策，邀请其重返甬剧界，王宝云深受鼓舞。

1949 年 9 月，王宝云、张秀英、周廷黻、邱志政等在沧州饭店参加由上海市文化局戏剧改革处举办的各剧种骨干戏改工作学习班。在学习班期间，王宝云编排了表现新中国成立后新的劳资矛盾的《活宝进门》，演出后得到评委、戏剧名家刘厚生、周信芳、袁雪芬、马麟童、筱文滨、解洪元、洪荒等的一致好评，该戏获得戏剧荣誉奖，王宝云本人获得表演一等奖。

1949年10月，王宝云参加由张秀英的"张家班"改名的"立群甬剧团"，担任团长兼编剧，张秀英任副团长。至此，该剧种正式定名为"甬剧"。此后，各戏班子纷纷以"甬剧团"来命名。立群甬剧团是上海解放后成立的第一个职业甬剧团，主要演员有张秀珍、傅彩霞、柴鸿茂、筱必智等，开始实行剧本制。立群甬剧团成立不久就开始演出现代戏，受到了上海观众的欢迎，取得了成功。在立群甬剧团成功经验的影响下，上海"新甬剧"开始蓬勃发展起来。

1950年，美帝国主义和国民党的飞机狂轰滥炸宁波，宁波发生"二·六"惨案，王宝云等赴家乡宁波慰问，返回上海后根据该事件创作《血染家乡泪》，在上海的宁波同乡闻讯蜂拥而至观看演出，观众们数次把救济宁波灾区的款项直接送上舞台，场面感人，产生了积极的社会影响。王宝云以其良好的表现和革命积极性，被推举为上海市第一届文代会代表。

1950年4月30日，王宝云打破门规，在上海首组"甬剧改进协会"，从属于上海戏曲改进协会，进一步推动甬剧改革。会上选举王宝云为主任委员，他极力推辞，而推举周廷黻为主任委员，自己和施炳初担任副主任委员。同时，他还四处筹集资金，调动社会力量，利用宁波籍资本家的经济实力，成立了一个以黄廷芳为主席、黄振世为副主席的35人的赞助人联谊会，来推动甬剧事业的发展，开辟了甬剧发展的新局面。

为了抢救与弘扬甬剧艺术，将沉沦的中青年艺人组织起来，并培养甬剧的新鲜血液，王宝云退出立群甬剧团，集中精力组建新的剧团——堇风甬剧团，以招收广大演员，并筹建甬剧研究社，以培养甬剧后备人才。

1950年9月9日，王宝云与金翠香、傅彩霞、夏月仙等组成堇风甬剧团，由王宝云任团长，请周廷黻、邱志政任编剧，也实行剧本制。堇风甬剧团成立后演出于皇后剧场，甬剧进入较大剧场演出始于此。因为之前的"改良甬剧"都是在小剧场演出的，而皇后剧场有四百多个座位，舞台也较大，为装置布景提供了有利的条件。

而在此前，1950年9月1日，正风甬剧研究社得到范行凡先生的鼎力资助正式成立，众多学员慕名而来。通过董心琴，将位于西藏中路480号的旅沪宁波同乡会三楼会议室辟为"正风甬剧研究社"，取自改变甬剧界的陈规陋习、端正风气之意。王宝云将《狂风暴雨夜》的剧本印发给学员作课本，并安排了角色，让学员自己揣摩。他们一般上午练唱、学习，下午到剧团观剧，做到学、唱、做同步，学员进步很快，到正式演出时，学员们都已烂熟于心了。1950年底，正风甬剧研究社的第一批学员毕业，正式对外公演《狂风暴雨夜》。这次演出改变了甬剧以前的陈规陋习，令人耳目一新，大家为之刮目相看，上海文化局领导和其他剧种演员都表示祝贺。上海堇风甬剧团正式亮相，位于市中心的皇后剧场一时成为上海"新甬剧"最主要的演出阵地，声名远播。从此，甬剧在上海市中心占有一席之地，开始了甬剧在上海的又一次崛起与兴盛。1951年，正风甬剧研究社招收了第二批学员，他们也很快脱颖而出。

1951年8月，王宝云以正风甬剧研究社的两批学员为基本班底，联袂演出《金生弟》全剧，演出阵容盛况空前。演出后，大家一致认为甬剧发展有望、后继有人了。该剧剧本系由王宝云、邱志政执笔编剧的两本《金生弟》，删去新中国成立前四本幕表戏《金生弟》的许多封建糟粕，净化孔氏私通长工永清等色情、庸俗的情节，突出原剧中四姑、金生反封建的民主性精华，由夏月仙扮四姑，王宝云扮金生，金翠香扮孔氏，柴鸿茂扮小台州，演于皇后剧场。它主要用新基本调演唱，配以小调、二簧和一部分老基本调，并增加扬琴、三弦、笛子等乐器伴奏，把乐队扩大到七至八人。《金生弟》的演出，标志着上海新甬剧进一步全面革新剧目、唱腔和音乐所取得的巨大成功，开拓了堇风甬剧团后来致力于整理传统戏，推陈出新的一条艺术路子。

1951年，在上海春节剧目汇演上，王宝云与周廷黻共同编剧、李智雁导演的《金元宝》获得剧本一等奖，王宝云个人获得一等荣誉奖，其演艺水平得到了充分的肯定。在沪甬两地青年联欢会上，王宝云动情地说："我代表一代老艺人，回忆过去很是惭愧，甬剧被人歧视，险遭淘汰。如今时代进步，甬剧已经脱胎换骨，有了新面貌，你们要担当起责任，让甬剧在你们这一代身上发扬光大，永远传承下去。希望你们团结奋斗！"

1951年上海市戏曲界春节演唱竞赛徽章

1951年10月，周廷黻将赵树理的名作《小二黑结婚》改编成甬剧剧本，上海各甬剧团在中国大戏院联合公演，演出所得用于支援抗美援朝购买飞机大炮。为了保证演出质量，特邀电影导演钱千里来戏院导演该剧。在导演的努力下，演员、舞台设计、音乐、布景、灯光等各种艺术力量形成合力，使得剧目质量有了明显的提高。该剧演出的成功，使人们认识到了编剧、导演、作曲和舞美人员的重要作用，从此彻底摒弃了幕表制。此剧成了沪甬两地甬剧界的一次盛会，一次大合作，一次大团结，使甬剧在上海剧坛产生较大的影响。中央艺术局的马彦祥局长也托人给王宝云带信："得知甬剧在沪发展得很好，深表高兴，望你为甬剧事业再作贡献，为地方剧的发展争光。"来信中还要了几本"宁波滩簧"的本子。王宝云看了信很兴奋，他召集老艺人找本子，并四处找唱片先后寄给马局长。马局长回信说："我从观众得知，要看甬剧还是'堇风'最有韵味。"

与此同时，王宝云还对五花八门的甬剧曲调进行梳理、整合，使其更符合演出需要。当时有些甬剧团引进大量其他剧种的曲调，有的和沪剧曲调杂糅，很是别扭，王宝云担心甬剧变成一个杂交的剧种，于是他极力提倡"甬剧姓甬"，并将原本的《金生弟》重新整理编排，挖掘传统精粹，如懒虫调、串板、夜勿游、滚中云、满江红、湖船调、十勿亲、武仙花等。他将十余种曲调，继承滩簧时期男小旦所用的各种花腔和优美曲调，穿插其间充实剧情需要，以突出演出效果。特别在"大闹庙会"和"捉金生"两场中，使用老基本调快速流畅的节奏，五六人连环接唱，丝丝入扣，使观众听得紧张入迷。演出之后，好评如潮，历演九个月而不衰，创历来甬剧演出之最。

1954 年，王宝云不顾众人反对，爱才心切，竭诚邀请徐凤仙、贺显民加入堇风甬剧团，提议贺显民担任副团长。1955 年，王宝云不幸蒙受牢狱之灾，黯然离开甬剧舞台。

最后一个阶段，从 1982 年姜山镇甬剧团成立到 1987 年解散，王宝云在这里担任艺术指导，并度过晚年。他在这里悉心指导年轻演员做人做戏，发挥自己最后的精力，并一直念念不忘于甬剧的发展，为堇风甬剧团在上海的消亡、为甬剧在上海的消亡而叹惋，虽然晚景寥落，却在临终之前还心心念念于甬剧人要团结一致、共同致力于甬剧的兴旺。

笔者在 2018 年 7 月 17 日、7 月 20 日、7 月 22 日分别采访了原姜山镇甬剧团的张海波、胡艳梅和严耀忠，了解王宝云在姜山镇甬剧团的情况和最后的归宿。

根据原姜山镇甬剧团的张海波回忆：

1982年姜山镇得到当地领导支持，成立甬剧团。姜山镇领导对姜山镇甬剧团很重视，还安排进行专业化训练。剧团专门请来原上海堇风甬剧团的范素琴老师来训练唱腔，从《拔兰花》开始教起。还有王宝云老师一直驻团指导，直到他过世前。因此我们剧团上海的老滩簧味道更浓一些，小腔也多。王宝云老师为人非常好，对我也很好。他很爱护大家，本身也是个好学的人。

根据胡艳梅回忆：

王宝云老师1982年就过来了，就住在剧团里面，剧团专门给他一间寝室。剧团里有食堂的，他吃饭也方便。有时候我们会听他讲讲过去的事情，说到以前上海的剧团搞来搞去，后来干脆并起来了。王宝云老师教男的唱腔，也教些动作。王宝云老师一直在这里，也跟团去演出。他晚年就靠这里的学生照顾生活，帮忙买买饭、洗洗衣服。剧团解散后，他去了丽水（在姜山蔡郎桥）儿子处。他有个儿子在姜山，也爱好甬剧，曾经来过剧团，演过小的角色。王宝云老师那时已将近八十岁了。

根据严耀忠回忆：

我跟王宝云老师共处过四年，他给我留下了深刻的影响。王宝云老师对甬剧功不可没。我十八九岁时就和王宝云老师在一起，王老先生不得了，他对甬剧的贡献也不得了，他对我后来唱甬剧功不可没。上海堇风甬剧团就是他成立的，贺显民、徐凤仙两夫妻就是他叫进来的，当初上海八个剧团散落不成体，也是他把这八个剧团捏成一体，成为一个"堇风甬剧团"的。因为把八个剧团的顶尖人物招到了一起，所以"堇风甬剧团"质量很高。他离开堇风甬剧团有多方面的原因，因为能力强，也因为某些负面的东西。1982年，姜山镇委书记周祥华把他请来做姜山镇甬剧团的艺术指导，其实也是给他养老。

我们还跟王宝云老师学唱腔、表演，另外还有范素琴老师教唱腔，把我们演艺生涯的基础打好了。在姜山甬剧团，我演过《半把剪刀》中的曹锦棠、《杜鹃》中的桂阳哥、《借妻》中的张古董等。《借妻》类似草花戏，张古董是丑角，是个很讨好的人物，这个人物的表现很接地气，所谓"无丑不成戏"，王宝云老师最大的特点就是演丑角、草花，我跟他学这个戏，另外还有《双落发》《金生弟》等。王宝云老师的生活经历相当丰富，他在上海生活有困难，后来只好来宁波。

当年王宝云老师对我说过，一个人什么角色都要做，一个行当长期做下来是不可能的。要好好学习，要有好的唱腔，要多演角色，要去感受，要在生活中找影子。

王宝云老师很有人格魅力，个人很自律，人很清高，是个上档次的人，没品的人他不愿意交往。王宝云老师对我说，一个人生活要自律。他自己在正式场合都穿西装，很登样（像模像样之意）。王老师的思想相当新潮，敢于创新。范素琴老师对王宝云老师非常尊重。他亲手培养了贺显民、徐凤仙，他走之前把所有的东西都交给了贺显民和徐凤仙，他很可惜他们没做好。他对贺显民、徐凤仙老师有很大的看法，可惜董风甬剧团这么好的班底被他们搞没了。

1991年，王宝云老师在姜山敬老院去世前，我们去看望他，他喊的最后一句话是"甬剧一定要兴旺"。记得那时他一手拉着我，一手拉着宁波甬剧团的其他人，虽然已经不大会讲话了，却从喉咙底拼命喊出这句话。他第二天就"走"了，我和其他人一起把他送上山（出殡）。

斯人虽去，风范长存。

海派甬剧领衔者——徐凤仙、贺显民

上海的"新甬剧"由于位于海派文化的中心上海,所以人们也往往称之为"海派甬剧"。在新中国成立之后不久,海派甬剧达到了巅峰状态,而从改良甬剧时期脱颖而出的徐凤仙、贺显民便是其中的领军人物,他们带领堇风甬剧团达到其艺术的顶峰,却又在多舛的时代中亲眼见证了它的陨落,贺显民也为之付出了生命的代价。人称"生旦双骄"的甬剧伉俪演技精湛,并善于总结融汇前人之长处和相关剧种、曲种的优点,不断推陈出新,把甬剧推向新的高度,却又在一家独尊中压制了百花齐放的可能,使剧种在风雨飘摇之后孤掌难鸣。是非功过已随风而逝,海派甬剧也成为过去,但《金生弟》《华姐》《四小姐》《半把剪刀》《天要落雨娘要嫁》《三县并审》……却还在甬剧观众中继续流传。

徐凤仙

关于徐凤仙生平基本情况,在《上海甬剧志·人物传记》中有大致完整的记载:

徐凤仙(1922—1991),女,演员,浙江省宁波市人。1929年拜著名南词艺人柴彬章为师学习"四明南词"的演唱,工于花旦,演唱恬美清丽,字正腔圆,表演文雅质朴,有情有戏,戏路宽拓,板有工架。1931年以后,拜张德元为师改学"宁波滩簧",1934年开始演唱"滩簧小戏"。1937年后,在宁波"大世界"、兰江戏院演唱《双落发》《双卖花》《卖草囤》《拔兰花》《三马浪荡》等"滩簧戏"。由于演唱腔圆字清,表演身段优美,因而在宁波颇有影响。

1942年初，徐凤仙应王宝云的邀请到上海皇宫剧场参加"改良甬剧"的演出，第一部戏是《孤女魂》，还演出了《金生弟》《华姐》，特别是在《华姐》中，把沪剧、锡剧和四明南词的曲调运用到主角华姐的演唱中，打破了滩簧戏中传统的唱法，为新基本调奠定了基础。1943年后，滩簧戏开始在电台演唱。

1950年5月，凤仙甬剧团在上海演出《小二黑结婚》，徐凤仙扮演小芹娘获得成功，这标志她的表演从擅演"西装旗袍戏"中的风流少奶奶开始转变到扮演现代戏中的女性为主。1952年，与贺显民一起，开始探索甬剧音乐的改革，在《金生弟》的演出中，引进西洋乐器伴奏。同年11月，回到上海凤笙甬剧团，在皇后剧场演出的《十八春》剧中扮演鲁妈和《田螺姑娘》剧中扮演瞎眼婆婆。1955年2月，徐凤仙参加了堇凤甬剧团，任艺术委员会副主任、主任。先后在十多部现代戏和传统戏中担任主要角色。1955年在《蝴蝶姑娘》中扮演蝴蝶姑娘，在《新姐妹花》中扮演大宝，在《三县并审》中扮演祝魏氏，1957年在《半把剪刀》中扮演陈金娥，1957年又在《天要落雨娘要嫁》中扮演林氏。徐凤仙擅长旦角，不仅能演青年花旦，也能演中年、老年旦角，表演细腻，塑造人物形象栩栩如生，唱腔以明快见长，得到了观众的热烈欢迎。

徐凤仙曾是"中国民主同盟"会员和上海市静安区政治协商委员会委员。在"文化大革命"期间，她被剥夺了上舞台的机会，下放粮店工作。1976年以后，奔走于上海、宁波之间，为培养甬剧青年演员积极地活动。1979年徐凤仙应邀参加全国第四次文代会，1987年赴香港演出，1991年病逝在上海，终年69岁。

从这份记载来看，徐凤仙的演艺生涯主要可以分为三个阶段：在宁波唱滩簧等、20世纪40年代改良甬剧的实践、新中国成立后的演出实践。

第一个阶段，在宁波唱滩簧等。关于徐凤仙的演出情况，除了《上海甬剧志·人物传记》，《甬剧史略·上海新中国成立后的新甬剧·徐凤仙和贺显民》中也有相关记载：

徐凤仙，1922年生。1929年，她初学四明南词，拜柴斌章为师。1931年，她改学甬剧，参加宁波大梁街胡阿才的全家福歌剧班。1934年，她毕业于全家福班，先做滩簧大戏，唱二簧调，扮童子生，名为演"标准歌剧"，间或随唱堂会。1937年起，她在"大世界"、兰江剧场唱《双落发》《双卖花》《卖草囤》等滩簧小戏，扮演正旦，进而独唱堂会。当时，徐凤仙仅十六岁，却以腔圆字清，表情风俏而名红一时。1938年，她第一次去上海唱堂会，能留心向文明戏、沪剧等剧种吸收艺术营养。

根据老艺人回忆，徐凤仙的母亲也是唱戏的，家里让徐凤仙从小学戏，7岁就师从柴彬章老艺人学习四明南词；9岁开始拜张德元为师，再学宁波滩簧；后来还随宁波滩簧男小旦筱文斌、筱阿友学过戏。她天资聪颖，善于学习吸收，又早早登台演出，丰富的演出实践和良好的学习能力，使徐凤仙精熟滩簧和四明南词，最初的演艺生涯为她以后的发展打下了坚实的基础。

第二个阶段，20世纪40年代改良甬剧的实践。这也是徐凤仙人生的转折点，从宁波来到十里洋场的上海，不仅仅是地域的变换，人的视野、胸襟、可以接触的艺术资源和交往的人群、面对的观众，都发生了可谓翻天覆地般的变化。1941年底，徐凤仙应王宝云的邀请，正式到上海参加改良甬剧，名挂头牌，她的艺术生涯就此步入一个新的阶段。

《上海甬剧志·人物传记》引文第二段记载："1942年初，徐凤仙应王宝云的邀请到上海皇宫剧场参加'改良甬剧'的演出，第一部戏是《孤女魂》，还演出了《金生弟》《华姐》，特别是在《华姐》中，把沪剧、锡剧和四明南词的曲调运用到主角华姐的演唱中，打破了滩簧戏中传统的唱法，为新基本调奠定了基础。"

《甬剧史略·上海新中国成立后的新甬剧·徐凤仙和贺显民》中的记载更为详细：

1942年，徐凤仙登台皇宫剧场，演出《孤女魂》《金生弟》和《华姐》，就显示其擅做新戏的艺术才华。她以前唱文书和滩簧大戏，起过一定脚色，平时向其他剧种刻苦学习，更积累不少舞台经验。这使她在扮饰上述西装旗袍戏和清装戏的女主角时，既能一面试行甬剧的唱腔改革，把沪剧、锡剧、南词的曲调引进滩簧中来，又能一面逐步领会角色的思想、感情，演好各种青年妇女的不同性格。特别是她稍后演的华姐，大胆打破传统的滩簧唱法，改以节奏较慢的悲调抒发人物的悲愤心理，烘托台上的悲剧气氛，颇得观众的热情欢迎。《华姐》的圆满演出，奠定了徐凤仙、贺显民长期合作的基础，是他们一起创立甬剧新基本调的开端。1943年，她与贺显民转演恒雅剧场后，一度专唱电台。1946年到1948年，她重返甬剧舞台，在恒雅、新乐宫组织班子，带队演出，其代表作是《筱丹桂》和《四小姐》，尤以扮风流、泼辣的"盛四小姐"著称。这时，徐凤仙已成一位夺魁甬剧艺坛、誉满上海和宁波的名演员了。

这里有两部戏必须着重提出来，那就是《金生弟》和《华姐》。《金生弟》全名《金生弟与四姑娘》，是爱才识才的王宝云根据徐凤仙的表演才能与特点，专门为她量身定做的剧目。这是徐凤仙在上海皇宫剧场演唱的第一部大戏。剧中旦角由徐凤仙饰演，王宝云演金生与她配戏，提携新人。徐凤仙的表演天赋在这出戏中得到了突出表现，使她开始得到上海甬剧观众的青睐。在《华姐》中，徐凤仙把沪剧、锡剧和四明南词的曲调运用到主角华姐的演唱中，打破了滩簧戏中传统的唱法，改以节奏较慢的悲调抒发人物的悲愤心理，烘托台上的悲剧气氛，为新基本调的形成奠定了基础。虽然前人也曾有过类似的尝试，但终究未能达到这样的成就。

在这段时间，徐凤仙演出的知名剧目还有《情海狂澜》（就是后来由天方改编的《半把剪刀》）和《上海四小姐》，这两个也是徐凤仙的成名之作。在《情海狂澜》中，徐凤仙扮演陈金娥，并推出甬剧新秀贺显民。戏中徐凤仙的一个大段唱功，博得观众一致喝彩，她也由此赢得观众普遍的口碑与肯定。《上海四小姐》更是徐凤仙又一成名之作。二剧一悲一喜，徐凤仙成功地塑造了两个不同性格、不同遭遇的女子，人物刻画得栩栩如生，这些人物塑造都铸就了徐凤仙演艺生涯的高峰。

幼时的深厚积累，加上自身的刻苦钻研，使徐凤仙在上海的甬剧舞台上如鱼得水，而且徐凤仙广受博纳，善于融会贯通，于是她在"上海滩"迅速崭露头角，表现出自身极佳的艺术天赋和表演能力，并得到观众的热情欢迎。

第三个阶段，新中国成立后的演出实践。具体而言，是从新中国成立到1963年堇风甬剧团最后一个剧目《冒得官》演出之前，这是徐凤仙表演艺术的全盛时期，也是堇风甬剧团的黄金时期和最终的结束。当其时，徐凤仙已成为名角，极擅长旦角，以表演细腻而闻名，人物塑造栩栩如生，又以唱腔明快而见长。她唱做俱佳，不仅善演青年旦、彩旦，也能演中年旦、老年旦，可谓无一不工。

除了前面《上海甬剧志·人物传记》中的相关记载，还有《甬剧史略·上海新中国成立后的新甬剧·徐凤仙和贺显民》中记载如下：

1950年5月，徐凤仙偕贺显民带编剧陈白枫、演员孙荣芳等来宁波，以"凤仙甬剧团"名义，演《毒》等现代剧于郡庙剧场。不久，她初扮《小二黑结婚》的小芹，参加杭州浙江物资交流会的演出，反应良好。就这样，她由演西装旗袍戏或清装戏的风流少奶奶逐渐转为扮现代剧的革命女性。以后，她一面与贺显民共同试搞甬剧的音乐革新，在《金生弟》中首次引进西洋乐器与伴奏大胡、中胡，一面开始收汪莉萍、汪莉珍等为徒，注重新一代甬剧演员的培养。1952年11月，她到上海皇后剧场，以凤仙剧团的名义与周廷黻的生生甬剧团合作。在《十八春》中首演中老年妇女角色鲁妈，获得成功。接着，她鉴于自己患眼疾暂时看不见的特点，在《田螺姑娘》中扮饰瞎眼婆婆，纯靠手势和表情在舞台博得观众的彩声，连续客满数月。剧团名称因此改称"凤笙甬剧团"，说明徐凤仙的舞台经验更加成熟。

20 世纪 50 年代，经历了几个甬剧团的变迁。1949 年，当红的甬剧演员金玉兰从上海回宁波，与沈桂椿、王文斌的"滩簧班"联合，组成宁波新中国成立后的第一个职业甬剧团——合作甬剧团，在宁波城区城隍庙民乐剧场演出。1950 年 5 月，上海的徐凤仙、贺显民应邀来宁波演出，入伙合作甬剧团，他们加入后，剧团更名为"凤仙甬剧团"（1950 年 5 月—1952 年 11 月）。凤仙甬剧团是宁波甬剧团的前身。凤仙甬剧团以徐凤仙、贺显民、金玉兰、黄君卿为核心，主要演员有金玉兰、徐秋霞、孙荣芳、王文斌、沈桂椿、张德元等。1952 年 11 月，凤仙甬剧团主要演员徐凤仙、贺显民、金玉兰、黄君卿等相继离团去上海，剧团艺术力量严重不足，人心惶惶，处境艰难。后在当地文化主管部门的大力扶持下，改组了剧团领导班子，正式建立了"宁波甬剧团"。徐凤仙、贺显民等脱离宁波甬剧团到上海，上海凤仙甬剧团与周廷黻等人的生生甬剧团合并，成立了凤笙甬剧团。1953 年 7 月，金玉兰、黄君卿退出"堇风"回到宁波。而同年年底，徐凤仙、贺显民脱离凤笙甬剧团加入堇风甬剧团。到 1959 年 1 月，几经重组合并，在上海的甬剧团仅存堇风甬剧团一家了。

从徐凤仙的演艺情况来看，1950 年 10 月，凤仙甬剧团与正风甬剧研究社的学员进行两地青年联欢，于中国大戏院演出《小二黑结婚》，导演是钱千里。徐凤仙在《小二黑结婚》中扮演小芹娘，大获成功，成为徐凤仙演艺生涯的又一次高峰。不久后，她初扮《小二黑结婚》的小芹，参加杭州浙江物资交流会的演出，反应也良好。这些演出拓展了她的戏路，使她不仅擅长演西装旗袍戏或清装戏中的风流少奶奶，也能扮演现代剧中的革命女性。而且徐凤仙还有较高的乐理修养，精熟小戏、南词，传统底子厚实，也擅长扬琴、胡琴等。1952 年，徐凤仙还探索甬剧音乐的改革，率先在《金生弟》中引进了西洋乐器与伴奏大胡、中胡，取得较好的艺术效果。

1954 年至 1965 年，徐凤仙作为堇风甬剧团主要演员，演出了大量现代剧、传统剧和新编历史剧，扮演过各类女性角色，并渐臻化境，形成了自己的一套比较完整的舞台艺术体系。

据《甬剧史略·上海新中国成立后的新甬剧·徐凤仙和贺显民》记载：

徐凤仙在1954年饰《借妻》的沈赛花，1955年饰《蝴蝶姑娘》的花蝴蝶、《新姐妹花》的大宝，1956年饰《三县并审》的祝魏氏，1957年饰《半把剪刀》的陈金娥，1962年饰《天要落雨娘要嫁》的林氏，做到依据人物感情，自己先定唱腔，再交乐队配合，运腔时圆润起伏，掌握平仄，表演时站台上真真假假。看台下有观众又无观众，神似角色，纤微毕肖，进一步反映她具备一套比较完整的舞台艺术体系。在"堇风"期间的演剧活动，是徐凤仙表演艺术的全盛时代。

徐凤仙精熟滩簧和四明南词，演唱恬美清丽，字正腔圆，表演文雅质朴，有情有戏，又擅长"长工"唱段，快慢急徐，收放有致，这一特点在《半把剪刀》的表演中得到了充分的体现。

据《上海甬剧志·表演艺术》中记载：

《半把剪刀》的女主角陈金娥由上海堇风甬剧团主要演员徐凤仙扮演。陈金娥负屈含辱和最后被迫反抗的悲惨一生贯串全剧。当十七岁的金娥面对曹家公子锦棠的挑逗，开始用一种迷惑惊异的神情表示不解；当曹锦棠的狰狞面目进一步暴露时，她才意识到情况不妙，逐步从惶惑转为恐惧，处处闪避，随时找机会离开他，当曹说："你把这杯茶——"，金娥以为他说"送到外面去"，就如获大赦地用急步要把茶端向外去；结果，曹接下去说的却是："——送到我房里去！"这一吓非同小可，以机械的骤然止步，惊讶的眼神，微微颤动的双手，缓缓转身来表达内心惊恐又摆脱不了这个厄运的复杂心情；当曹锦棠厉声命令道："去啊！"她才不得不万般无奈地用颤抖的步子走向像死牢般的内房，给人以犹如"网中之鱼，笼中之鸟"的感受。此外，金娥"唱功"有独到之处，行腔自然，吐字清楚，在"法场"一幕，用极长的唱段，一气贯成，情绪饱满，感情真切，悲伤处低回悱恻，愤怒处则高亢激昂，倾诉了一个女奴的血海深仇，揭穿了曹锦棠的伪善面目，审判了这个貌似"严峻"的"知府大人"，最后完成了这个善良而令人同情的受迫害女子形象的塑造。

在1962年堇风甬剧团晋京汇演中，徐凤仙在《半把剪刀》《天要落雨娘要嫁》中成功地扮演了陈金娥和林氏。她的唱腔圆润爽朗、细腻厚实，还时有倚音、颤音，有曲折多变、摇曳生姿之美，有时还根据剧情在唱词的字里行间不经意地掺入一声哭腔与笑声，出于自然而然的内心表达，轰动一时，成为其演艺生涯的顶峰之作。

徐凤仙在《半把剪刀》中饰演陈金娥

对于徐凤仙的演艺生涯情况，除了文献记载，笔者还曾于2012年9月23日在上海采访原堇风甬剧团的老艺人柳中心，对他的口述进行记录。另外，笔者还在上海采访了十余位原堇风甬剧团的老艺人，每个人在讲述的过程中多少都会提及徐凤仙与贺显民，所述与柳中心大致相仿。

柳中心口述：

徐凤仙对甬剧有贡献，她从小唱戏有基础，也对甬剧有一定的钻研，但她喜欢做正面的角色，个性比较骄。她演出时有时比较随便，在后台只顾闲聊、快开场打瞌睡了等。贺显民不上台，徐凤仙跟其他人配戏就不大认真，戏德不大好，但徐凤仙对出演的角色是认真的。

徐凤仙演《半把剪刀》中的陈金娥演得相当好，在气氛中传达情感，唱腔活，跳板，表演细腻，以情带戏，悲中带喜。她演姐弟重逢一场戏，做到悲中有喜，喜中带泪，节奏鲜明，跌宕起伏，入戏很放松。第九场表现误杀新媳妇后的心情的一场戏，她演得非常出彩，观众每有喝彩声。法场上的一场戏，她"长工"连唱一百多句，口齿伶俐，情感充沛，从三板流水到清板、平板到高潮、快板，其中以快板见长，吐词清楚却不甚显费力，起初是随口唱，快板时提起来，收放自如，慢时慢、快时快，情感层层推入，人物感觉到位，善于入戏。与弟弟相遇一幕，一边要应付弟弟，一边要应付徐妈，与弟弟相见是高兴的，要回去了很悲伤，情感复杂，但她表演得很到位。

另外，徐凤仙的时装剧（即西装旗袍戏）比清装剧演得好。她西装旗袍戏演得不错，着重用说唱塑造人物，善于表现人物内心。徐凤仙接触的人物多，了解不同人物的心理，这一优点与她的生活环境、爱好有关系。她在《半把剪刀》《天要落雨娘要嫁》《张古董借妻》中都演得很好。她在《三县并审》《雷雨》中都有演出。她最出名的角色是《四小姐》中的四小姐，《新姐妹花》中的大宝演得也很好。徐凤仙比较活络，什么角色都可以演活了。

徐凤仙在生活上不关心自己的学生（徒弟），对别人看不到优点，要欺负人，人缘不好，心地比较狭隘，只突出个人。贺显民有时也批评徐凤仙。徐凤仙很喜欢贺显民，愿意全力支持他。贺显民去世，徐凤仙非常悲痛。夫妻俩是甬剧的领军人物、代表性人物。

十年动乱后，徐凤仙虽基本停止演剧，但仍四处奔波，积极活动，谋求上海新甬剧的恢复。1979年10月，她应邀出席全国文代会。1980年，宁波甬剧团在宁波市文化局的支持下创办"甬剧艺术培训班"，共招收男女学员30名，有贝文琴、王锦文、陈莎莎、周一庭、陈珺、王岚、杨军等，他们中年龄最大的17岁，最小的才12岁。徐凤仙、范素琴、金刚、王宝生等上海知名甬剧老演员应邀来甬给培训班授课。她们与宁波甬剧团的同行一起悉心培养学生，手把手地教，小学员成长很快。有的还专门到上海登门跟徐凤仙学戏。1982年9月，"宁波甬剧艺术培训班"参加浙江省戏曲"小百花"汇演，受到戏曲专家和观众的好评。1987年，徐凤仙以个人身份应邀赴香港演唱甬剧。

徐凤仙

1984年，徐凤仙、金玉兰合影

1991 年 3 月 27 日，徐凤仙因患脑溢血，在仁济医院走完了她的人生之旅，享年 70 岁。1991 年 4 月 2 日，龙华殡仪馆追悼大会上的一幅挽联"粉墨氍毹岁六十斐声艺坛，俗世尘烟终一生众口威仪"是对她最终的评价。

贺显民

贺显民的主要生平情况在《上海甬剧志·人物传记》中大致记载如下：

贺显民（1922—1969），演员，原名贺国忠，浙江省镇海县大契镇人，中国共产党党员。幼年，因受其姑父宁波"宣卷"艺人曹显民的熏陶，10 岁即会弹拉多种民族乐器，1936年独自在上海"华泰""航业""中西"等电台演唱"宣卷"。

1939年拜朱宝兴为师，学习"四明南词"，后又改唱"宁波滩簧"。1942年，应黄君卿的邀请到恒雅剧场（注：据老艺人回忆应为皇宫剧场）参加"改良甬剧"演出。自编、自导、自演《华姐》等新戏，开创了清装戏过渡到西装旗袍戏的先端，闯出了"改良甬剧"的新路，并与徐凤仙一起，探索甬剧音乐的改革，加强甬剧唱腔的旋律性，将原 2-6 弦的老基本调改为 5-2 弦的新基本调，并由电台走向舞台。工小生，扮相英俊，也能演中年生、老生，戏路较宽，在唱腔上嗓音甜润，吐字清楚。为了提高演出质量，贺显民还一改以往松散型的"戏班子"形式，订立了较全面的演出管理制度。

1949年后，贺显民任凤仙甬剧团团长，将小提琴、大提琴、小号等引进民族乐队，由幕表制改为剧本制，即兴伴奏改为配乐制（定谱制）。1955 年任堇风甬剧团团长，兼团艺术委员会主任。在剧团的十年里，塑造了《半把剪刀》中的曹锦棠、《天要落雨娘要嫁》中的杜文、《三县并审》中的祝开文、《高尚的人》中的平如生、《东风吹春》中的邱万宝等五十余位人物形象，为了多创作一些反映现实生活的作品，经常与有关同志一起到工厂、农村、部队体验生活，创作出了许多现代戏，如《人民公敌》《毒》，并移植改编了《枯木逢春》《龙腾虎跃》等戏。贺显民的表演以细腻见长，演得入木三分，刻画得体，因而受到甬剧观众的喜爱。

贺显民于1956年参加"中国民主同盟"，1960年成为中国共产党党员，同年被评为上海市文教战线先进工作者，是上海市静安区人民代表，又是"中国文联"和"中国剧协"会员，兼剧协上海分会常务理事。曾出席"第二、三届全国文代会"，受到了毛泽东主席和其他国家领导人的接见。

在"文化大革命"中，贺显民遭受"四人帮"的政治迫害和肉体摧残，于1968年12月致死，终年46岁。1978年中共静安区委为贺显民平反昭雪。

从这份记载中可见，早期的贺显民有着与徐凤仙相仿的艺术经历，有家庭艺术氛围的熏陶，14岁的贺显民已经独自在上海"华泰""航业""中西"等电台演唱"宣卷"（类似于唱佛经），17岁拜师学习"四明南词"，后又改唱"宁波滩簧"，会弹拉多种民族乐器，从小打下了比较扎实的艺术底子。贺显民虽然学唱滩簧晚于徐凤仙，但是两个人在上海演出"改良甬剧"的时间基本同步，而且通过一起演出《华姐》《金生弟》等新戏，奠定了两个人合作的基础，开创了清装戏过渡到西装旗袍戏的先端，闯出了"改良甬剧"的新路。

20世纪40年代初，甬剧处于由宁波滩簧向四明文戏、改良甬剧蜕变，由传统清装戏向西装旗袍戏、现代戏转型的过渡期。在以前的"滩簧戏"时期，由于演出剧目有限，基本不出七十二出老戏，经常性进行演出，艺人所熟悉的戏目更少，加之很多艺人从小学唱，基本上都唱熟了，开口就能唱，几乎不用思考。但是，西装旗袍戏和清装戏的剧目对艺人来说却都是全新的，而且有时候几天就要换一出戏，那时戏班子只给个剧目大概，台词还要边演边想，所以很难再保持旋律速度较快的基本调了。老艺人们纷纷想办法拉长旋律，让速度慢下来，并做了不少尝试，也取得一定的成果，但终究未形成相对固定的腔调。贺显民与徐凤仙一起，利用彼此对四明南词、老滩簧和乐器的熟悉，积极探索甬剧音乐、唱腔的改革。他们尝试加强甬剧唱腔的旋律性，将原2-6弦的老基本调改为5-2弦的新基本调，并付诸于演出实践，获得成功，贺显民也就此由电台走向了舞台。

贺显民的唱腔浑厚甜润，吐字清晰，极有表现力。在《情海狂澜》（后由天方改编为《半把剪刀》）一剧中，贺显民被推上主要演员的位置，与徐凤仙搭档先演曹锦棠，后演徐天赐，一人饰二角，一举成为甬剧的领衔人物。如果说，《王文与刁刘氏》的唐七公子（唐永卿），纯粹是贺显民第一次"客串"甬剧角色；那么，参加《华姐》《金生弟》等剧，就是贺显民正式参加甬剧演出的开始，从中显示出贺显民厚积薄发的艺术天分与表演才华。而真正让贺显民成名的是他的新戏——即西装旗袍戏和现代戏。剧中，他更以扮相风流潇洒、风度极佳而迷倒大批观众。

他的唱腔和演出风格形成了甬剧小生的独特魅力，并以"西装革履"的风流小生而名噪剧坛、渐成"一角"，直至走上演艺生涯的巅峰。贺显民、徐凤仙还培养了一批"莉"字辈（徐凤仙学生）、"立"字辈（贺显民学生）演员，成为日后甬剧舞台的中坚力量。

贺显民

如前所述，贺显民擅长刻画人物，工小生，扮相英俊，也能演中年生、老生，戏路较宽，在唱腔上嗓音甜润，吐字清楚，在清装戏和西装旗袍戏演出中广受观众欢迎。新中国成立以后，贺显民刻苦钻研技艺，继续革新甬剧，戏路进一步拓宽，不仅能演风流小生，也能演革命青年，还能演老生，既能做正派，也能做反派，台风大气，唱功醇厚苍劲，堪称甬剧的"堇凤唱腔"代表。他参加了许多重要的演出，塑造了众多的人物形象，被文艺界誉为"性格演员"。《甬剧史略·上海新中国成立后的新甬剧·徐凤仙和贺显民》中有如下记载：

新中国成立以来，他刻苦钻研技艺，继续革新甬剧，在《半把剪刀》中演曹锦棠、《天要落雨娘要嫁》中演杜文（成年）、《三县并审》中演祝开文、《冒得官》中演冒得官、《高尚的人》中演平永生、《东风吹春》中演丘万宝、《海底红花》中演马玉龙，擅扮小生，兼饰老生，既做正派，也充反派。他唱功醇厚苍劲，表情矜重风雅，善于刻画各种人物……

徐凤仙与贺显民的演出活动，代表了解放以来上海新甬剧极高的艺术水平。他们辛勤从事数十年，成就卓著的舞台实践，为我们今后全面发展甬剧的表演艺术提供了足资借鉴的宝贵经验。

《半把剪刀》是甬剧的经典剧目，贺显民多次在该剧中扮演主角曹锦棠，对于他的表演，《上海甬剧志·表演艺术》中有比较详细的记载：

男主角曹锦棠由上海堇风甬剧团的主要演员贺显民扮演。在"洞房惊变"一幕中，他由当年终日寻欢作乐的纨绔子弟已变成身居高位的知府大人，在逼迫周知县为他死去的女儿报仇时，三次呼喊"贵县"意在逼迫判处天赐的死刑和交出真凶犯。几段台词有时低沉有力，有时威严摄人，有时声似和顺而内带严峻，声音的高低、强弱、疾缓都与人物内心发展变化的节奏紧密结合，从"念白"中反映出曹锦棠既有丧女的悲痛，又有知府的专横，配以眼神使其在暴怒中不失官体，层次鲜明，发展自然。曹锦棠初亮相时，还年轻，温文中略带矜持，是个少年得意的样子，只在双眸流盼的转瞬中，才流露胸怀邪道，心不正焉。初见到金娥就从他那对睁大了的眼睛中迸射出淫欲的目光，此目光正如豺狼垂涎着羔羊般，不管是金娥送茶的当儿，跌碗的刹那，或者讨情的时刻，都没有放松过这个动作，因而有深度地表现了封建社会官宦子弟的本质。在"法场辩仇"一场里，曹锦棠已久历官场，成了老辣的官吏，因急于为爱女复仇，顾不得再作温纯之态，所以早就凶焰高涨了；不过他在法场中权位最高，又因众目昭彰，在金娥诉苦时，还不得不假作尊严，高踞大交椅上，可他的锦袍下摆在不断地轻轻抖动，显示出内心的恐惧；到金娥提到她因知道他的妻子在娘家与人通奸的事而遭到栽赃陷害时，他才受到了沉重的一击，锦袍下摆抖动的幅度也大大增加了，心中在虚恐中又加上了激怒；直到金娥唱出"倒在血泊中的正是你知府的亲生子"时，他锦袍下摆的抖动才骤然停止，已惊恐万状、木然起立了。这些表演层次分明，细腻深刻地传达了人物内心的变化，因而增加了戏剧的动人魅力。

贺显民在《半把剪刀》中的演出，一改过去甬剧的脸谱化程式，把角色复杂的内心世界刻画得恰到好处，行家评论其表演是"眼中有戏，心中有戏，身上有戏，连背后也有戏"。他还积极参加艺术创作活动，到工厂、农村、部队体验生活，创作出了许多现代戏，如《人民公敌》《毒》《高尚的人》，并移植改编了《枯木逢春》《龙腾虎跃》等戏。

贺显民是甬剧的改革派，他一直致力于甬剧唱腔改革，融汇四明南词中的慈、赋调，改造原来不够品位的甬剧慈、赋调，创造"新悲调"，发展"五更调"等民间小调，丰富甬剧的唱腔旋律；将大提琴、小提琴、小号等引入乐队，以烘托舞台气氛，增强表现力；将幕表制改为剧本制，即兴伴奏改为配乐制（定谱制），改变原来伴奏过于随意的状态。在《半把剪刀》中，贺显民大胆设计唱腔，恢复传统的"基本调"，并采用有特色的老板胡，使"起、平、落"曲调具有多种变化。在《东风吹春》中，他又突破"话剧+唱"的框架，结合传统手法，加以改革更新，在演出中受到观众的欢迎。在贺显民的努力和带领下，甬剧集传统与现代为一体，融唱、念、做、表为一炉，广受博纳又不失其本，使甬剧成为一个包容性强而又富于地方特色的滩簧剧种。

为了提高演出质量，贺显民还一改以往松散型的"戏班子"形式，订立了较全面的演出管理制度。1949年以后，贺显民出任凤仙甬剧团团长，1955年又接替王宝云任堇风甬剧团团长直到1966年，他的艺术、声望名震一时。然而，1966年开始的"文化大革命"却令他在劫难逃。检查、批斗、再批斗、再检查，贺显民心力交瘁，无奈地、匆匆地完成他最后的生命选择。1968年12月28日，贺显民在瑞金剧场的"最后一跳",以身殉道,堇风甬剧团也就此画上句号。贺显民的一生与堇风甬剧团的命运息息相关。

新中国成立初期,在政府的支持下,推出了"百花齐放,推陈出新"的文艺方针,使甬剧获得新生,剧团迅速从新中国成立前仅剩的一个"改良甬剧"戏班子先后发展到十几个新甬剧剧团。1950年9月,堇风甬剧团成立。1953年年底,徐凤仙、贺显民脱离凤笙甬剧团加入堇风甬剧团。其后,由于国家文艺政策的调整和政治气氛的变化,实行文艺整风、整顿文艺队伍,加上各剧团行当不全、良莠不齐等,到1956年底,上海主要的甬剧团仅剩堇风甬剧团和星光甬剧团,其中,堇风甬剧团的阵容和影响力最为强大。剧团解散或合并后剩下来的大多数演艺人员纷纷自谋生路,有的转赴宁波唱甬剧,有的改唱其他剧种,有的复在上海"唱地场"至"文化大革命"前,有的改行从事其他职业。上海的"新甬剧"经历了三次大调整,到1959年1月最终合并为堇风甬剧团一家。此时的堇风甬剧团行当齐全,人才济济,表现出空前的艺术水平。

重组后的堇风甬剧团由贺显民任团长,张秀英任副团长,徐凤仙为艺委会主任。在政治上加强了党的领导,上海市文化局决定由新成区文化局领导堇风甬剧团,派陈圣清前往剧团帮助工作。新成区文艺整风办公室派马成、张学贤等到堇风甬剧团开展文艺整风,马成为工作组组长。整风结束后,马成留团任政治指导员。

堇风甬剧团重组后,在提高剧团素质、加强剧目建设和培养接班人等方面做了不少工作,也取得前所未有的成果,具体如下:

(1)重视剧团的素质建设。除在上海各剧场演出外,剧团每年坚持2~3个月深入工厂、农村、部队,送戏上门。1958年下半年,剧团赴浙东地区巡回演出三个月,演出《半把剪刀》等戏,受到广大观众的热烈欢迎与好评,上海《文汇报》还为此发表题为《浙东三月》长文,报道他们的先进事迹。1960年5月,堇风甬剧团在上海市文教群英会上，被评为"为工农兵服务、勤俭办团"的先进单位，主要演员兼团长贺显民也被评为上海市先进工作者。1960年7月20日，贺显民出席在北京召开的中国文学艺术工作者第三次代表大会。

（2）加强剧目建设。剧团尝试通过改编传统剧目以继承和发扬甬剧的优秀传统，发挥甬剧表演和音乐上的特色。在传统戏方面，"堇风"根据当时戏改的要求，先后整理、改编和排演了《半把剪刀》《天要落雨娘要嫁》和《借妻》等戏，创排《双玉蝉》，后来这些剧目都成为甬剧的经典保留剧目；在现代戏方面，他们根据平生如同志的先进事迹创作出《高尚的人》，曾演出一百多场，受到上海观众的欢迎。《东方吹春》剧目参加了1959年上海市戏剧会演，在运用传统表演艺术和戏剧语言方面得到了专家和观众的一致好评。

（3）重视培养接班人。1959年和1960年，经剧团艺术委员会提议，报新成区文化局同意，剧团先后从上海、宁波两地招收学员，经筛选共有二十余人，在静安区戏曲学校内设甬剧班，由副团长张秀英任班主任，张学贤担任政治指导员。学员们既学语文、历史等文化课，也练习形体、唱腔，学好专业。老演员张秀英、马慧珍专任戏校教师，徐凤仙、贺显民、史少岩、孙荣芳、范素琴、柳中心等主要演员亲自上课授艺，乐师周鑫昌教音乐，王世杰、杨小朋、景研娇教武功，学员们打下了坚实的底子。到1962年，甬剧班已培养出郑信美、纪惠芬、徐敏、蔡祥华、杨国恩等一批较有影响的青年演员，在宁波等地的毕业巡演汇报中一炮打响。

1962年3月24日，堇风甬剧团晋京，在北京吉祥戏院演出《半把剪刀》《双玉蝉》《天要落雨娘要嫁》，中央宣传部副部长周扬、文化部副部长夏衍等领导观摩了演出，首都的戏剧界专家凤子、戴不凡、陈刚等人撰文，高度赞扬了堇风甬剧团取得的艺术成就。

从新中国成立后上海新甬剧创作排演的情况来看，不管是整理改编传统剧目，还是新创现代剧，都是新中国戏改政策的积极实践。1951年5月5日，由政务院颁发的《政务院关于戏曲改革工作的指示》中明确指出，戏曲"以发扬人民新的爱国主义精神，鼓舞人民在革命斗争与生产劳动中的英雄主义为首要任务""宣传反抗侵略、反抗压迫、爱祖国、爱自由、爱劳动、表扬人民正义及其善良性格"，甬剧的现代戏《血染家乡泪》《高尚的人》《家》《白毛女》《珊瑚泪》《甬江春雷》《海底红花》等都秉承这一指导思想进行创作、排演，并因其紧扣时代脉搏而产生积极的社会反响。

对于旧剧目，《政务院关于戏曲改革工作的指示》中指出："对其中的不良内容和不良表演方法进行必要的和适当的修改。必须革除有重要毒害的思想内容，并应在表演方法上，删除各种野蛮的、恐怖的、猥亵的、奴化的、侮辱自己民族的、反爱国主义的成分。对旧有的或经过修改的好的剧目，应作为民族传统的剧目加以肯定，并继续发扬其中一切健康、进步、美丽的因素。在修改旧有剧本时，应注意不违背历史的真实与对人民的教育的效果。"《金生弟》《天要落雨娘要嫁》《半把剪刀》等传统剧目在整理改编的过程中，对"不良内容和不良表演方法"的剔除、修改，对富于人民性的、健康的、进步的因素的保留，推陈出新，既达到较高的艺术水平又达到"对人民的教育的效果"，无疑是非常成功的，演出后的效果也完全证明了这一点。

这个阶段不仅是堇风甬剧团的黄金时期，也是甬剧发展史上的一个高峰。但是，由于人才过度集中，加上演艺界激烈的名利之争，使一些优秀的演员得不到合适的上台机会，过早地结束了艺术生涯，这也是很可惜的事。而且作为上海唯一一个甬剧团，一旦这个剧团发生意外而消亡，要恢复就难了。后来的历史也证实了这一点。

上海的甬剧事实上发展到1963年就戛然而止了，堇风甬剧团的最后一场戏是《冒得官》。1965年10月，堇风甬剧团赴上海郊县参加农村社会主义教育运动。

1965年11月12日，堇风甬剧团部分演职人员赴上海川沙县唐镇公社参加"四清"运动，时间长达八个月。1966年6月17日，"文化大革命"初，堇风甬剧团成立"文革小组"。11月3日，堇风甬剧团在瑞金剧场演出《南海怒涛》，"造反派"宣布罢演，在剧场周围张贴"大字报"，散发传单，展开"革命"大辩论。11月13日，堇风甬剧团成立"造反派"组织，将团名改为"东方红甬剧团"，剧团领导和主要业务人员被迫停止工作。1968年12月26日，著名甬剧演员贺显民被"造反派"扣上"反革命学术权威""文化特务"的帽子，在瑞金剧场遭受"造反派"的政治迫害和肉体摧残后，被迫跳楼身亡。1978年12月7日，上海市静安区有关部门为贺显民平反昭雪。

1969年1月3日，"静安区革命委员会"派"工人毛泽东思想宣传队"进驻"东方红甬剧团"。1970年1月17日，"东方红甬剧团"全体演职人员赴崇明县"静安区'五·七'干部学校"劳动。1972年1月4日，"静安区革命委员会"宣传撤销"东方红甬剧团"，全体演职人员分别安排在文教、财贸等系统工作。从此，专业的甬剧团在上海不复存在。

为了更深入地了解贺显民的演艺生涯及其为人处世，笔者与"甬剧老艺人抢救性保护工程"采访小组成员曾于2012年7月23日、2012年9月23日先后采访了原堇风甬剧团的姜晓峰、柳中心，以及贺显民的弟弟贺孝忠等人；2015年2月28日，采访了贺显民最后的学生——1959年8月进入上海静安区戏曲学校甬剧班的蔡祥华，现将他们的口述记录公布如下。

姜晓峰口述：

贺显民的优点是，对业务管得牢，虚心，对艺术一丝不苟，从不马虎，肯钻研，自任主演、导演，戏演得确实不错。

徐凤仙唱南词出身，拜柴彬章为师；贺显民唱"宣卷"出身。《半把剪刀》赴京演出重新排演，曲调中加了杭调，贺显民和徐凤仙两人在家反复研究，再到剧团实践，与乐师李梅村一起反复研究怎样将杭调加入剧目中。

演出《冒得官》时，贺显民很能动脑筋，虽然从演小生改为演反面角色，但他也演得很好。把丑角角色演好了不容易，他能虚心向老人学习、请教。《霓虹灯下的哨兵》中，他演的指导员蛮有气派。《半把剪刀》赴京演出，请应云卫来导演，贺显民虚心学习、研究、不耻下问，他在剧中的表演很细腻，两夫妻搭档也配合得好。徐凤仙也肯研究，曲调、唱腔能根据剧情、人物需要来调整，曲调能及时转换、调整，做到恰到好处，唱腔转换很自然。

新基本调早已有之，不是贺显民一个人创造的。各位演员都有自己的唱法，像傅彩霞嗓子很糯，做老旦极好，擅长小调，沪剧、越剧、话剧都会唱。

贺显民做团长的时候，甬剧老人遭迫害的很多，如徐松龄、孙荣芳等。

柳中心口述：

贺显民于1955年从凤笙甬剧团到堇风甬剧团，那时我才开始与他有接触。贺显民开始学的是四明南词，唱电台时他和徐凤仙结识。新中国成立后，他开始学甬剧，没有老戏的底子，唱了几部新戏，他演西装旗袍戏形象很好。新中国成立前他在凤仙甬剧团开始唱甬剧，演小生不错，天资聪明，肯钻研。当时大家都没学基本功，1959年才开始学的。他在凤笙甬剧团演出的《杜鹃》《田螺姑娘》比较出名。凤笙甬剧团是新中国成立前组织的，他当时比较出名，还收了一批徒弟。

1955年元旦，贺显民在堇风甬剧团演的第一只戏是《新姐妹花》，当时他进堇风甬剧团任副团长，团长是王宝云。徐凤仙进团之前，堇风甬剧团的第一块牌子是金翠香，金翠香当时任剧团的艺委会主任，是做中年旦的。贺显民台风比较扎实，咬字清楚，中气足，唱腔比较大气，有气派。后来他演出过《东风吹春》（"大跃进"时期），演出时是花了工夫的，他在台上演丘万宝，走鹤步，演得不错。《天要落雨娘要嫁》中他演杜文，演出有分量，气质好。贺显民也肯出演小角色，但徐凤仙不肯。

贺显民对甬剧的贡献在于：扩展了甬剧乐队；丰富了甬剧曲调。四明南词的慈赋平杭调是他带过来的，使甬剧曲调丰富了，使慈赋平曲调之间可以互相转换，叙事比较丰富，不单一了。但创新要想得到老艺人的认可也不容易。

贺显民面上不多训人，但肚子里有官司。客观来讲，贺显民对甬剧是有贡献的，但贺显民爱听好话、恭维话，对提自己意见的人容不下，与史少岩等演员也不合。

贺孝忠口述：

我们是宁波江北人，父亲做裁缝，祖籍在宁波镇海大碶头。我们六兄弟不大搭界，贺显民是老大，很早就出来了（到上海）。我后来在越剧团工作，我们六兄弟都会越剧。当时文化局局长杨桃是搞甬剧的，他对甬剧、越剧都很重视。

"八一三"逃难时，贺显民很照顾我们兄弟。1957年，贺显民得到上海市文化教育系统先进工作者称号，他会做好事。但甬剧发展不够，贺显民、徐凤仙是有责任的。

贺显民要求进步是事实，他懂音乐，琴拉得很好，有抖功。徐凤仙会洋琴。贺显民、徐凤仙都很聪明。贺显民在电台讲"宣卷"，可以连讲一个月，受到老百姓的欢迎。

贺显民是改革派，徐凤仙听贺显民的。贺显民在艺术上和做人上都有一套。经"三大悲剧"演出后，贺显民、徐凤仙的知名度很高。贺显民会编、导、唱，会写剧本，在唱腔上有革新，后来自杀很可惜。"文化大革命"后提出恢复堇风甬剧团，杨局不同意，提出需要贺显民、天方两个人在才可能恢复剧团，剧团后来也一直没恢复。

蔡祥华口述（由于身体原因，蔡祥华无法开口说话，他本人提供了亲笔书写的材料）：

我是以演正面角色小生戏为主的，唱腔、表演、动作风格、戏路都是学贺显民老师的,如《借妻》《半把剪刀》《红花曲》等戏都是演贺显民老师演过的角色。《姜喜喜》是贺老师导演的,得到贺老师手把手的教、练,他对我非常关心、爱护和支持。《借妻》在国联大戏院彩排时,我演李成龙,马慧珍老师对贺老师说:"蔡祥华在台上扮相、动作、表演风格太像你了……"我在旁边(还未卸妆)听了后,又激动,又不好意思,我自知离贺老师对我的要求还相差很远,我在心底里暗暗发誓:一定要好好努力学习贺老师的甬剧表演艺术,绝不辜负贺老师的支持和培养。贺老师不仅在业务上关心我、培养我,也在政治上非常关心和培养我。在1965年下半年,中共上海市委指示,抽调部分单位人员到上海川沙搞社会主义教育运动(即"大四清"运动)工作队,董风甬剧团在唐镇公社,贺老师安排他和我两人负责一个生产队的"四清"工作。两人有半年左右时间同住在一个贫下中农的家里,同吃、同住、同工作。当时他培养我入党,叫我填写了入党志愿书,工作组党支部也讨论通过了,但紧接着"文化大革命"开始了,文艺单位是运动重点,工作组撤销,剧团返回上海,上级党组织停止对我入党审批,直到"文化大革命"后期剧团解散,我被分配到体育系统,体委党组织了解情况后,叫我重新填写入党志愿书,得到批准,成为一名中国共产党员,这也是贺老师对我关心、培养的结果。

……

"文化大革命"中贺显民老师被甬剧团的"造反派"打倒、批斗、隔离审查,我当时也被要求站在贺显民老师旁边陪斗过,还叫我手拿稻草,叫我"保皇派""反动学术权威(指贺老师)的徒子徒孙""修正主义苗子"等。

1968年12月28日,上海甬剧台柱贺显民老师被"文化大革命"的"造反派"迫害致死。我悲痛极了,在内心深深地责备自己,因为在12月26日那天,我和汪永华两人为剧团庆祝毛主席生日而寻找锣、鼓等打击乐器,曾走到隔离关押贺老师的房间里,当时贺老师目不转睛地看着我,我非常想安慰他几句,但看到房门口有"造反派"看守着,我是"造反派"的对立面"多数派"的负责人,我怕和他讲话要害苦他被批斗,所以忍着没说话就出来了。没想到两天后,他在瑞金剧场跳楼而亡。如果那天我讲些安慰他的话,可能会避免这场悲剧的发生。这是我最大的遗憾,也是我后悔、自责一辈子的事。

在烟波诡谲的大时代里,贺显民和徐凤仙这对甬剧界的"生旦双骄"以其杰出的艺术天赋和表演能力把甬剧推向了高峰,却又在汹涌澎湃的时代浪潮中如昙花一现,在巅峰之际戛然而止,一如堇风甬剧团的命运一般让人扼腕叹息,留下诸多难以弥补的缺憾。其人其戏,且都付诸后人评说。

《拔兰花》中的贺显民与徐凤仙

从堇风甬剧团到甬剧沙龙的亲历者——柳中心

新中国成立以后，上海甬剧界积极培养年轻的新文艺工作者以充实剧团的实力，在剧团几次重组以后，这些新文艺工作者后来也成为堇风甬剧团的重要力量，但就在他们正要向艺术高峰冲刺的时候，时代的巨变改变了他们事业的轨迹，他们被迫转行，而且在那十年浩劫之后，却再也没有了重返专业甬剧团的机会，只能借助社会力量组织甬剧沙龙，在故人重聚和业余演出中缅怀甬剧曾经的黄金时代，只能拥有一辈子难忘的甬剧情怀，柳中心便是其中较有代表性的一位。

柳中心，祖籍浙江省鄞县（今宁波市鄞州区），1938年2月生于上海。他擅长小生戏，扮相清秀洒脱，表演斯文，风度儒雅，以表现正面人物为主，并善于运用其富有表现力的眼神，唱腔上音色饱满，集抒情、低沉、柔美为一体，形成自身的艺术特色。他曾在《贼丈夫》《她为什么被杀》《借女冲喜》《新姐妹花》《张古董借妻》《半把剪刀》《双玉蝉》《拔兰花》《杜鹃》《田螺姑娘》《高尚的人》《夺印》等剧中饰演主要角色。1962年剧团晋京演出"三大悲剧"，他分别饰演徐天赐、沈梦霞和周麟，受到好评。

堇风甬剧团解散后，柳中心转业到百货公司工作。"文化大革命"后，在大家的支持下，曾组织了业余剧团，由徐凤仙任团长，柳中心和史少岩任副团长，剧团主要由老艺人和"票友"组成，设在黄浦区文化馆。业余剧团曾经演出过三部戏，但因白天工作繁重，难以为继。1979年到1980年，还曾陆陆续续在黄浦区文化馆演出。2001年9月，在上海宁波同乡会的支持下，成立了甬剧沙龙，延续至今。虽然没有资金也没有剧团，难以办培训班培养甬剧人才，但柳中心等人仍在为之奔波，联系四处流散的甬剧老艺人，自编、自导、自演，忙碌于社区、敬老院和演出场所等，并利用一切机会把甬剧传授给年轻的一代。2014 年，柳中心因病在上海去世。

在 2012 年初开始的"甬剧老艺人抢救性保护工程"中，笔者和其他成员曾多次赴上海采访甬剧老艺人，柳中心老师不顾自己年事已高、体弱多病，不分酷暑严寒地帮助联系老艺人，陪同寻找流散在上海角角落落的甬剧老艺人们，找出保存多年的老资料、老照片，拳拳之心令人感怀。在 2012 年 7 月 21 日的采访中，柳老师不仅谈了自己的演艺经历，还以其亲身的经历与多年的思考客观分析了甬剧在上海受欢迎的原因、甬剧的特点、为什么上海的好演员多、甬剧与其他剧种的区别，并提出对甬剧发展的建议及甬剧的风格与发展方向，足资后人学习、借鉴。

现将柳中心口述材料整理如下：

一、演艺经历

因为表兄是甬剧演员，所以我从小热爱甬剧，七八岁开始看甬剧。我从小爱看剧，脑子里有了印象，后来因为家里穷读不起书，想到去唱戏，但家里不同意。十二岁在纽扣厂做工时，虽然条件不好，但是业余时间经常听戏、参加演出，受到好评，使自己下了决心要去唱戏。后来经过父亲同意正式进入堇风甬剧团，先是做后勤，1953 年 5 月拜黄君卿为老师学戏，黄老师待我很好。刚进团时没有角色，白天自己在台下边看戏边练（"偷戏"），晚上刘顺福先生教我们唱。那时候想着人穷不怕，要争气，要做个有出息的人，不要糊涂度日。进剧团后要求自己要宽容、慈善、热情、奉献，这八个字也成为我自己一生的座右铭。进剧团之后一直很努力，演的第一部戏是在《陆瑞林掏疯籐》中扮强盗，有两句说白；在《阿狗拜堂》中扮贺客，并唱上六句三角板，受到先生夸奖，信心十足了；又在《奇女传》中幕后配唱，没有角色，用了葛伟龄的唱腔演唱，因为当时他的唱腔很受观众欢迎。

对于我来说，1954 年到 1965 年是第一个从艺阶段，是一个模仿、学习的阶段。1954 年，我开始唱电台，演一些小角色。1955 年，徐凤仙、贺显民并入堇风甬剧团，他们演的第一部戏是《新姐妹花》，里面有个小生原本由葛伟龄演，因他不愿演配角就让我来顶。虽然戏不多，但是跟贺显民配合得很好。后来在《蝴蝶姑娘》中，因为贺显民生病，而戏票已经卖出，编剧来找我商量，要我顶替。当时我作为刚出道的后生，演主角压力很大，白天排练，晚上演出，在徐凤仙老师等老艺人的鼓励和帮助下，顺利地演完，受到肯定。通过自己的努力取得了成绩，自己也觉得很有信心。后来在《她为什么自杀》中顶替王宝生的角色，虽然从来没有演过中年生，还是把戏顶下来了，反映也不错。这三部戏顶下来之后受到了肯定，我被认为是可以培养的。从 1956 年春节开始，剧团组织青年演员早场或日场试验演出，每逢节假日、周末由青年演员演出。那时候我开始演主角，演出了《贼丈夫》《她为什么被杀》《借女冲喜》《张古董借妻》等剧，这些演出老观众很喜欢。

柳中心、贺显民合照

1957 年到 1959 年是第二个阶段，这个阶段的演出比较顺利，观众反映也好。1958 年，演出反映"大跃进"面貌的现代戏，与夏月仙合作，这是我第一次演大戏主角，在戏中演一个工人角色。但是这个戏排得很辛苦，三天排出来就公演，夜戏结束后再排戏，排到半夜。1959年演出了《半把剪刀》，我扮演徐天赐，这个人物与我的性格十分接近，都很儒雅，所以戏演得比较称心，观众反映很好。这个戏也成为了我的成名之作。而在这之前，1956年我曾与徐凤仙配戏演出《三县并审》，演小生，但戏份不多，所以影响没有《半把剪刀》大。《半把剪刀》演出后因为受到观众的欢迎，剧团让我去拍了张十二寸照片，与两位主要演员的照片一起挂在剧场门口。这样一来，我觉得很受鼓舞，更加努力发奋图强，因此在1959年演出《双玉蝉》时下了很多工夫去塑造沈梦霞这个角色。《双玉蝉》这个戏也因此成为我演艺生涯中的一个高峰。在这个戏之前，我们演出的都是清装戏，对于古装戏的程式表演很陌生，于是为了更好地塑造人物，剧团特意请来了京剧老师，教我们水袖、台步，要求"腿上去腰下地，长跑圆场不喘气"，学一些基本的架子功，而云手等戏曲程式的动作让甬剧的表演更好看了。1959年上海市话剧、戏曲、杂技、评弹青年演员汇演，我与范素琴演出的《拔兰花》参加了在人民大舞台的汇演，演出后反响很大，报纸上宣传说看到了甬剧的新生力量。

《双玉蝉》剧照

1959年剧团兴起拜师高潮,即师傅带徒弟,我拜贺显民为师,得到贺老师的"传帮带",带了《杜鹃》《田螺姑娘》《高尚的人》《夺印》等四五部戏。当时定制合同,由戏传艺,实行AB制,那时的AB制不是轮流演出,而是B角平时只看而不参加排练,由A角演出,但一旦A角有事、有病提出不演,B角要及时顶上。

贺老师对我在艺术上、生活上都比较关心。记得当年演《雷雨》里的周冲,要穿西装。那时戏服都要自备的,我没有西装,老师说:"没关系,我借给你。"一来二去,最后就半借半送地给我了。三年自然灾害时,高级知识分子可以去文化俱乐部吃饭,贺显民、徐凤仙老师都可以去,有时也把我带上。贺显民老师不是完人,但他对甬剧是有贡献的。

1962年后是第三个阶段。1962年"三大悲剧"到北京演出,在吉祥戏院,有实况转播,但是因为没有设备就没有录像,很可惜。当年"三大悲剧"的人物唱腔都是先由作曲定调,然后演员自己琢磨确定。我先学习了老艺人的唱腔,再结合自己的嗓音条件进行消化吸收。我本来学葛伟龄的唱腔,因为葛伟龄的嗓音好听,所以开始的时候学习他的,后来在此基础上根据自己的条件进行融合,逐渐形成自己的唱腔。贺显民的唱腔学不会,因为我和他的嗓音条件差别很大,贺老师的嗓音沙,有点老生的感觉。1962年去北京演出真的是收获很大。

那时候一部戏要演出一个星期,记得1957年的《半把剪刀》演出半年,还是日夜场的演出,周末和春节还是一天三场,大家的演出热情也很高。1959年之后剧团合并,连跑龙套的配角都是以前的主角演员,因此观众也很多,堇风甬剧团很受欢迎,生意很好,演员的工资也有了保证。那时候自己很年轻,也很努力,很上进,基本能演出主角戏,一直到1962年进入艺术演出的高峰。1962年9月,我和张秀英老师同时加入中国共产党。

1958年以来我基本上都演主角戏,但是在演出《霓虹灯下的哨兵》时,排到我演飞飞这个角色。按照我的形象和表演路子,实在不适合这个角色。因此当时心里有很多想法，但是后来想到自己是党员，还是接受了安排。为了能够塑造好这个人物，我到溜冰场看人家溜冰是一种怎样的腔调，门口卖报又是一种怎样的腔调，学了些流里流气的动作、神态，深入生活去学习。演出时我专门向人家借了皮鞋和花衬衫，演出后受到观众的好评，剧团也表扬了我。后来到宁波演出该剧，又让我改演童阿男。我尽管心里有想法，但是想想自己是党员，要宽容。文艺界的通病：有你没我，有我没你，互相排挤。对自己而言，经过考验也是一种锻炼。1960年我录制了《杜鹃》的唱片，1962年录制了《双玉蝉》的唱片。

总的来说，我对自己的要求是要做一个堂堂正正的廉洁的正派人，工作上要做一个兢兢业业的热爱甬剧的甬剧人，生活上要做一个规规矩矩的有出息的人。政治上进步，工作上严肃，生活上纯洁，事业上有一定的成绩，这是我对自己的评价。

堇风甬剧团解散后，我到百货公司工作，也是逢会必唱。后来得到大家的支持，组织了业余剧团，由徐凤仙任团长，我和史少岩任副团长，剧团主要由老艺人和"票友"组成，设在黄浦区文化馆。业余剧团曾经演出过三部戏，后来因为白天工作繁重，实在吃不消了，演出渐渐停了下来。1979年到1980年，剧团还陆陆续续在黄浦区文化馆演出。2001年9月，在上海宁波同乡会的支持下，成立了甬剧沙龙，延续至今，可惜没有资金也没有剧团，难以办培训班培养年轻人。

上海市宁波经济建设促进协会甬剧沙龙成立十周年合影

二、甬剧在上海受欢迎的原因

第一是因为在上海的宁波人多，多数是到上海来经商的，我原来统计上海有 260 多万宁波人，改革开放以后不止这个数了；第二是甬剧本身比较通俗易懂，不像昆曲那样不被人理解，它用地方语言演唱，通俗。尤其是滩簧戏，说唱的痕迹重，比较接近生活，所以大家容易接受；第三是新中国成立以后，在上海大大小小一共有八个甬剧团，其中"堇风"和"凤笙"算是比较大的剧团，甬剧影响很大，对上海人的喜好也有一定的影响。而且在竞争机制之下，甬剧在上海兴旺起来。就剧团来说，坚持"两条腿走路"，同时创排传统戏和现代戏。尤其是 20 世纪 50～60 年代提倡演出现代戏的时候，我们创作了大量的现代戏。尽管刚开始的时候观众不是很喜欢现代戏，但是领导喜欢，后来观众也渐渐接受了。《高尚的人》出了唱片，观众也很喜欢；《东风吹春》唱腔好听，观众也很喜欢。

在 1958 年"整风"运动之后，演员放下架子，在剧场休息期间到群众中去发意见单，请观众看了戏之后提意见，哪里好，哪里不好。观众很感动，看完戏都会提出好的意见。演出结束，演员下台送观众到剧场门口，与观众保持友好亲切的关系。徐凤仙、贺显民也没有架子，亲自送观众。这样做使观众很感动，留下了很好的印象，觉得甬剧团确实不错，迎来了一批回头客。另外来说，我们演员演出都很认真，都是演剧本戏，从来不演幕表戏，很正规地请导演、编剧和作曲。演员也很重视表演，大戏演出结束之后召开艺术民主生活会，大家讨论，这部戏还存在什么问题，以此来进一步提高，尤其是《半把剪刀》。《半把剪刀》久演不衰，观众百看不厌，看了二十多遍还是愿意来看。当时提出"文艺为工农兵服务"，甬剧团便下到农村、工厂、部队去演出。例如，到宁波甬江公社去现场演出，还现编现演；到嵊泗列岛为部队演出等。堇风甬剧团曾被评为上海市"三为"先进单位。

《东风吹春》剧照

三、关于甬剧的流派问题

甬剧虽然没有形成真正的流派，但是每个人的风格、唱法不一样，徐凤仙、贺显民、葛伟龄、史少岩、孙荣芳等各成一格，各有特色。葛伟龄的唱腔很好，调腔跟别人不一样，掼腔有自己的特色，他的唱腔都是自己设计的，形成了自己的特色。与之相比，史少岩唱腔硬。贺显民原来是唱四明宣卷和四明南词的，不懂甬剧，后来在新中国成立前夕，经人介绍来唱甬剧，所以他不懂老戏，只唱新戏。他把四明南词、宣卷中的曲调用到甬剧当中，如平湖调、赋调等，杭调也是他带来的，丰富了甬剧的曲调。

四、甬剧的特点

首先，甬剧反映现实生活快，很通俗。甬剧中对子戏很多，像《庵堂相会》《拔兰花》等。甬剧吸收新东西的能力比较强，社会上发生的事情能马上吸收进来。在20世纪60年代，现场采访之后能很快写成大戏，很好地配合当时的形势，如《高尚的人》《征海英雄谱》等。

其次，甬剧的曲调很丰富。甬剧有七十二出老戏，虽然有糟粕，但这些曲调打底子很好；再加上贺显民带过来的宣卷、南词的曲调，就更多了。所以甬剧反应快、进展快、接受快，因此受到观众的欢迎。

不过上海保守势力强，不太容易变革。比如在唱腔上，需要根据人物情感设计唱腔，这与传统不符合，那么剧团有些人就不允许你改。宁波、上海两团交流时，上海有些人对于宁波创新的唱腔就不能接受。但我认为还是需要根据形势发展来改革、发展、创新，这样才能有进步。传统要学习、保留，但表演也需要根据时代发展而发展，要根据剧情、人物心理来设计表演，要调动观众、适应观众，所以在表演上也要动脑筋发展变革。

五、为什么上海好演员多

甬剧发源于宁波，发展于上海，新中国成立前上海甬剧团多，那时候"家班"类的组织很多，如沈家班、金家班、张家班、李家班；另外，有名气的演员也比较多。

首先因为上海的市场大，很多老板来支持、捧场，这样甬剧的发展就快了；其次上海演员的基础好、韵味足，演员们各有各的特点。演员的缺点在于文化水平不够，像贺显民、徐凤仙算演员中文化水平好的，尤其是贺显民，懂音乐，懂伴奏，知道怎样唱好听，能够自己发挥。

六、甬剧与其他剧种的区别

甬剧与其他剧种的区别主要在于：从演员性别来看，甬剧是男女合演；从剧目数量来看，现代戏很多；从反映时代来看，甬剧能很快跟上形势，能及时反映时代精神。例如，新中国成立初期，为了响应政府号召捐献飞机大炮，"堇风""凤仙""群力"三个甬剧团在中国大戏院合演《小二黑结婚》。

1952 年，专业编剧只有天方一个，开始是整理剧本，《半把剪刀》就是根据他父亲和张秀英的口述整理后大家一遍遍讨论修改出来的。

甬剧、沪剧、锡剧都属于滩簧戏，区别不大，很多演出的剧目相同，如《双磨豆腐》《拔兰花》等。甬剧和沪剧没啥大区别，甬剧很多剧本都是学习沪剧的，如《雷雨》《狂风暴雨夜》；唱腔也相似，但沪剧更糯一点，主要差别在于方言。宁波甬剧与上海甬剧也有差异，体现在方言口音和咬字上。宁波方言"土"得多，上海的多带有上海味，这是地域差异造成的。农村戏应该要学宁波土音，清装传统戏则可以稍微文一点，发音是要看人物和情节的。

七、对甬剧发展的建议

虽然现在上海没有甬剧，但是宁波还有，这个是很让人欣慰的。宁波甬剧团还有很多小青年，六代同堂，甬剧没断种，后继有人。但是，最好大家一起来探讨一下甬剧的老东西，好的保留下来，与新的结合起来，使其能够更加符合观众的需求。现在看甬剧的还是老年人居多，创新太多他们接受不了，因此还是要有一些传统的东西。希望能普及甬剧，培养青年人，请专业老师教唱，然后组织交流汇演，这样甬剧就能兴旺起来。把业余剧团、戏迷组织起来交流、汇演，让甬剧辉煌起来。宁波甬剧韵味不足，小青年扮相等基本条件都很好，就是唱腔韵味不足。建议把上海和宁波的力量结合起来，一起来推进甬剧的发展，组织交流，互相学习，取长补短。宁波的发展有些断档，年轻人没有看过老艺人的演出，没有印象。

甬剧最辉煌的阶段是在 1950 年到 1958 年这个时期，现在是没办法超越的。最主要的原因是没人，以前的老演员演技都是很好的，现在的没法比。看过宁波甬剧团演出的《天要落雨娘要嫁》，没有以前堇风甬剧团演得好。以前金翠香演的陈四娘，十分活络，尽管她没有什么文化。徐凤仙的林氏也演得很好。这些好的演出也没有留下影像资料，很可惜，否则青年演员可以参考、模仿。

八、甬剧的风格与发展方向

甬剧的风格：第一，甬剧表演贴近生活、贴近群众，不过多拘泥于程式化的东西；第二，甬剧比较幽默、诙谐，人物表演比较丰满，富有生命力。甬剧比较靠近话剧，具有现实主义的表演风格，表演从生活和情感出发；第三，甬剧的表演元素没有很大的限制，发挥空间很大。甬剧的开放性和包容性都很强，但戏曲元素还有待加强。

甬剧永远跟着形势往上发展，但甬剧的发展除了随着时代发展过程创新之外，还要保持自己独立的个性，在吸收的同时要继承传统的东西，要保持剧种自身的"韵味"，包括旋律、曲调、表演技巧等，这是跟其他剧种相区别的最主要因素。继承是基础，发展是目的，但是发展不是脱离基础的，发展必须建立在自己特色的基础上，剧种的韵味是最基础的，要保留，"宁波滩簧"的特色要体现出来。越剧尹派的传人曾经不断地改革唱腔，但是一直不能被观众接受，最后还是改回来了。只有在保持独立性的基础上，积极吸收新的东西，不断创新，才能使甬剧不断发展。甬剧的发展是一代又一代甬剧演员辛勤付出的成果，每一代都是踩在前辈的肩膀上发展起来的，这也是不能忘记的。

海派甬剧的最后一代——郑信美、蔡祥华

甬剧要发展，必须不断地充实新生的力量，培养有文化、高素质、新时代的新文艺工作者。在1959年和1960年，经堇风甬剧团艺术委员会提议、报上海市新成区文化局同意，剧团先后从上海、宁波两地招收学员，经筛选共有二十余人，在静安区戏曲学校内设甬剧班，由副团长张秀英任班主任，张学贤担任政治指导员。学员们既学语文、历史等文化课，也练习形体、唱腔，学好专业。老演员张秀英、马慧珍专任戏曲学校教师，徐凤仙、贺显民、史少岩、孙荣芳、范素琴、柳中心等主要演员亲自上课授艺，乐师周鑫昌教音乐，王世杰（富连城"世字班"的）、杨小朋、景研娇（关肃霜的老师）教武功，学员们打下了坚实的底子。到1962年，甬剧班已培养出郑信美、纪惠芬、徐敏、蔡祥华、杨国恩等一批较有影响的青年演员，在宁波等地的毕业巡演汇报中一炮打响。可惜他们小试锋芒，便遇上了风云莫测的时代，而十年浩劫更是令上海甬剧万劫不复，他们也都被迫转业，成为海派甬剧的最后一代。虽然他们从事甬剧的时间只有短短几年，但是甬剧却早已成为他们心中一辈子解不开的"结"，时隔半个世纪，却仍记忆清晰，情怀依旧。郑信美、蔡祥华伉俪就是其中典型的一对。笔者和"甬剧老艺人抢救性保护工程"成员在2014年7月19日和2015年2月28日分别采访了郑信美和蔡祥华，了解其甬剧演艺经历和剧团解散后的工作情况，以及业余演出甬剧的情况等，深切感怀于他们深埋心底一辈子的"甬剧梦"，也深深为专业甬剧团在上海的消亡而叹息。

郑信美

郑信美口述材料整理如下：

一、上海戏曲学校

1959年宁波第一中心小学辅导员推荐我到上海静安区戏曲学校学习，戏曲学校在泰兴路。我喜欢搞文艺，在宁波第一中心小学时还是中队长，读书也很好，来招聘的人看到我的照片后很满意，辅导员也推荐了我，后来通过了校方的考核。

到上海后，我先在艺训班。艺训班在丽都花园内，各剧种、各团分别招了十二人，总共五十人左右，老师都挺好，有上海京剧院著名演员和甬剧团著名演员来教，如贺显民、徐凤仙、张秀英等。早上六点起来练基本功，身段、毯子功、把子功、鸡毛功等，以及手、眼、身、法等京剧的底子，老师是王世杰，其他的老师也很好。下午上文化课，语文为主，另有历史、政治、音乐，老师都是来自各校知名的老师，还有表演课，是上戏老师来上课的。当时甬剧班有裘祖达、杨国恩、徐国雄（徐敏）、周雅琴、郎友增等十一人。每天晚上七点至九点自修，做作业，学习氛围很好，学生自觉，老师严格，分初中班、高中班，我和蔡祥华等在高中班。

1959年底，我是班上唯一一个被批准入团的，自己觉得很光荣，学校相关负责人还特意去我家里告知这个消息。1959年底，大马电影制作厂拍淮剧《马兰花》找扮仙女演员五人，我就是其中一个，前后三个月。1960年8月，戏曲学校扩大，又招了不少学员，甬剧团也招了十一二个，学校又增加了沪剧班，也有十几人，增加了舞台美术，汪永华也是1959年底跟我们前后进来的，一进来就敲鼓板。

校址迁到了上海市乌鲁木齐北路，现静安区文化馆，我先后排过《双玉蝉》

中的谢芳儿、《杜鹃》中的杜鹃、《双落发》中的陆姣娥,孙荣芳、张秀英等老师来教,还有《拔兰花》中的王凤霞,徐凤仙老师也来教过。《红花曲》《山花烂漫》《亮眼哥》《一家人》等都排过,我多饰演女主角,多数在艺校排,《亮眼哥》《万年红》等边排边演。戏曲学校学制是三年。

堇风甬剧团师生合影

传统戏多在艺校排,现代戏则根据当时需求移植了一些戏。毕业考《双玉蝉》在龙门大戏院演出,实习一年后转正考《山花烂漫》(在西藏路,现红星剧场)(大型现代戏),两个戏都以旦角为主。1962 年毕业在国联剧院演出,大团夜场,我们日场,多在周末,有时还加早场。当时戏曲是兴旺期,观众很喜欢,我们在国联剧院、红都(百乐门)剧场、中央戏院、解放剧场、大世界游乐场都演出过。我演过《双玉蝉》《姜喜喜》等。《姜喜喜》从宁波甬剧团搬过来,金玉兰老师唱得很好,我还特意模仿学习过。

二、堇风甬剧团期间

1962 年 9 月,作为堇风甬剧团青年队(小团)首次去浙江演出,演出《双玉蝉》《借妻》。在宁波兰江剧院演出时，观众非常热情，盛况空前，我演的谢芳儿得到肯定，自己很受鼓舞。我经常克服身体不适坚持演出，有时日夜场演出，很紧张，身体因此留下了病根。

1964年上半年，张秀珍到小团来充实力量，她演得很好。小团也有乐队，汪永华是指挥，小团负责人是张秀英，老师主要是马慧珍，马慧珍老师唱四明南词调唱得很好。1960年戏校扩大时张秀英就来了，乐队老师是周鑫昌，老师来来去去的，有张秀珍、夏月仙等。

1964年上半年演出了《万年红》，由贺显民编导，这部戏排演时招我去大团，演了好几个月，场场满客，有时一日演三场。当时著名导演应云卫来观摩这部戏，他是《半把剪刀》的导演，观摩过《万年红》后，他专门到后台来慰问，对我的表演给予肯定，我也很感动。我到大团期间，小团也跟着演《万年红》，徐敏演我演的那个角色，演出结束后我回到小团。

1965年11月，小团在杭州解放剧场演《瘦马记》，导演是陶雄，他原来是大团导演，临时借过来的，他主张斯坦尼斯拉夫斯基的表演体系，反对程式化，主张表演要从角色内心感情出发，对我的启发很大。再演《山花烂漫》时，我开始"开窍"了。

《瘦马记》剧照

王宝生、马成（大团指导员）、张月言（小团指导员）曾找我个别谈话，说现在剧团遭遇低点，以后会改善的，鼓励我做"又红又专"的接班人。当时我跟徐凤仙学习，徐敏跟范素琴学习。小团接大团演《红花曲》，我饰演大团里徐凤仙演的角色，徐敏演范素琴演的角色。大团演好《红花曲》，服装给小团用，这个戏在"大世界"演出过。我当时嗓子好，咬字清爽，声音响，观众反响很好。大小团曾在杭州一起拍照留念。

　　1965年底，我去上海川沙搞社会主义教育运动，演出停止。在上海川沙，我演过农村题材的折子戏，如《打铜锣》（与裘祖达合作）、《怎么谈不拢》（与大团的柳中心合作）。1966年"文化大革命"开始，当年在瑞金剧场演出《南海怒涛》，反映海军生活，我演一个摄影记者，是唯一的女主角。期间，陶熊给排过《沙家浜》，阿庆嫂有A、B、C三组，我是A组，当时我25岁左右。1966年9月左右，剧团改名"东方红甬剧团"，从此停演。当时不排戏，但大家每天都要到，看看报纸，打打毛线，剧团处于半瘫痪状态，但工资照发。1968年12月底，贺显民从瑞金剧场跳楼自杀，此前贺显民一直被隔离，不让回家，说他是"文化特务"，被"造反派"逼供。我们被视为"保皇派"，不能与他多接触。蔡祥华被说成"保皇派"，也被批斗。1966年至1967年初，团里选革委会，由柳中心负责，稍微维持下秩序。1970年1月，我到崇明岛的"五七"干校，生活比较艰苦。教师和静安区文化学员等都在这里，也排过几部戏，以样板戏为主，我演过《海港》中的方海珍、《沙家浜》中的阿庆嫂等，到财贸系统去演出。

三、剧团解散后

　　1972年1月，上面宣布堇风甬剧团解散，我被分到了静安区百货公司。我感到文艺圈复杂，艺人互相嫉妒多，又搞了一身的毛病，所以干脆离开这个圈子了。1972年宁波甬剧团庄天闻来上海要四个人，史少岩、天方、蔡祥华和我，我没去。

静安区百货公司宁波人很多，领导都是宁波人，领导让我在公司里排戏，1972年排过《沙家浜》，到静安区体育馆演出过。

其后也搞过文艺。1978年到静安区文化馆演出甬剧《怀念周总理》；1978年演出《一家人》，记者来采访，《解放日报》后来刊登《甬剧什么时候回娘家》一文；1979年11月在黄浦区文化馆演出《半把剪刀》。

静安区文化馆曾想把甬剧团搞起来，问徐凤仙的意见，徐凤仙当时认为搞不起来了，蔡祥华、柳中心、张秀英为了恢复剧团到处奔走。后来，静安区文化馆就恢复了越剧，越剧的戚亚仙很主动，积极争取，还去北方找过领导人，两相比较，区里就定了恢复合作越剧团，这时甬剧人急了，还专门组织演出过《半把剪刀》（1979年11月12日），范素琴、金翠香、蔡祥华和我等都参加了，可惜已经没有机会了。当时一个区只能恢复一个剧团，很可惜，以后只能是业余剧团了。1984年排了《杜鹃》，参加上海市群众文艺汇演，得了一等奖，夏文娟等都参加演出了。

1994年年底到1995年春节，我参加了上海市委宣传部、文化部组织的名家戏曲大联唱《行云流水》，上海文化部部长、上海京剧院院长都很关注这次演出，演出的演员都很有名气，共有十个剧种、十位演员会演，每人唱一分钟，我唱了《双玉蝉》。当时国务院副总理来观看了演出，市领导吴邦国、黄菊、陈至立都来观看，并拍照留念。

1995年市文化局现代人剧社组织排练甬剧的"三大悲剧"，区文化局也支持，我扮演《半把剪刀》中的女主角，蔡祥华扮演曹锦棠，在兰心大戏院演出。这次演出制作了DVD，都有买的。

2005年10月底，现代人剧社组织在兰心大戏院排《借妻》，在城隍庙豫园剧场演出，我演后半场的沈赛花，前半场是范素琴，向京剧院和沪剧院借的服装。

2001年10月，在南江路上海宁波人联谊会上，甬剧业余沙龙成立，大家可以在这里聚聚会、排练排练，我和蔡祥华都是会员。

2008年过春节，因我妹妹在宁波老年大学甬剧班，她也很喜欢甬剧，建议我录音，录好后，妹妹听了我的录音都听哭了。后来，我有空就把自己学过的、演过的录下来，录了有五六盘，每盘一个半小时，清唱。我觉得甬剧节目还是挺丰富的，曲调也优美。我们姐妹都爱听甬剧，因为我娘是甬剧迷，我当年去宁波演出过，我娘连续来看我演出。

2009年，参加了《老树逢春叶方青》老剧团、老演员、老节目演出。在星期戏曲广播会第765期，纪念静安区戏曲学校成立50周年，我和裘祖达合演小品《关官伸冤》，戏曲学校老同学特意从宁波赶来看演出。

2010年9月，上海戏剧学院沪剧京剧昆曲曲艺班，让我和柳中心给滑稽剧团（曲艺班，三年制）教甬剧，为期半年，其中钱程唱得还可以。我们教他们说宁波话，教说白、表演，排甬剧折子戏《杜鹃》等。其中马艺杰是后起之秀，本人很用功，表演、形象、动作都不错，师生相处比较融洽。看到甬剧能够传承下去，我心里很欣慰。

2011年4月，甬剧沙龙开始搞甬剧录音。4月18日上午在联谊会七楼录音，比较匆忙，乐队也没有磨合过，录了一百分钟。虽然沙龙设备差，而且一次性完成，但自觉唱得还可以，自己做成DVD作为留念。

2011年11月18日，庆祝甬剧沙龙成立10周年，滑稽剧团青年演员马艺杰等前来祝贺，参加演出。我演唱了《半把剪刀》中的第六场"投河遇救""法场伸冤"，以及《霓虹灯下的哨兵》中的"春燕读信"中二长工唱段等，还拍了不少照片留念。

我一生中最大的遗憾有：个人艺术生涯中最好的时光被夭折，很可惜；贺显民跳楼自杀很可惜，他对甬剧是有很大贡献的，对年轻人也比较培养；甬剧剧团太少了，应该多办点，有竞争了才会上去。

蔡祥华

蔡祥华自述材料如下（由于身体原因，蔡祥华不能口述，提供了手写的材料）：

1959年8月暑假，上海堇风甬剧团指导员张学贤和作曲潘安芳两位专程来我家（周宿渡长路头）找我，对我说："我们是上海堇风甬剧团的，经你校老师推荐介绍你蔡祥华，我们来招试甬剧学员……"我唱了一支"社会主义好"歌曲和一支"马灯调"。他们听后当场拍板，叫我两天后来宁波天蟾（然）舞台报到（当时堇风甬剧团在那里演出）。就这样也没有复试就被录取了。

8月底到上海，在泰兴路338号"丽都花园艺训班"（后改为静安区戏曲学校）训练学习，有堇风甬剧团、合作越剧团、志成淮剧团、蜜蜂滑稽剧团、先锋评弹团、长江沪剧团的学员及灯光舞美班学员共一百人左右。

上午是专业训练课。戏曲学校领导要求演员班的学员要能文能武、全面发展。毯子功训练有跌、打、滚、翻，特别是"小翻"（体操称"后手翻"）和后空翻等是高难度跟斗。基本功训练有拉韧带、压腿、下腰、拿顶倒立等柔韧和力量训练，各种身段组合和刀、枪、剑、棍等把子功训练。武生动作训练有"走边""趟马""起霸"等整套京剧程式动作训练。完全是京剧路子的全面训练，主要任课老师有：生角有王世杰老师，他是北京"富连城"科班著名的"世"字辈、上海新民京剧团著名的文武小生、名角；旦角有景研娇老师，她是云南省京剧团著名的京剧表演艺术家关肃霜的老师；丑角杨小朋老师是京剧名丑。这些京剧名家对我们学员的训练要求非常严格，手、眼、身、法、步，一招一式，一丝不苟。这对我一生受益匪浅。

上午还有甬剧专业课，任课老师有张秀英、马慧珍、周鑫昌老师，这三位是专职的，还有贺显民、徐凤仙、史少岩、孙荣芳、王宝生、金翠香、蒋翠玉等堇凤甬剧团主要演员，他们轮流来教唱、练戏、排戏。下午的文化课有政治、语文、历史等，分为高中班和初中班。甬剧学员只有我和郑信美两人是高中班，其余都是初中班，晚上上夜自修课。

我对练功、学唱、排戏都非常认真刻苦，可算是勤学苦练。特别是练柔韧、力量的腿功和腰功训练，我当时十六岁，对练柔韧的拉韧带而言，已是年龄偏大了（如体操练韧带，柔韧力量训练是六七岁以下开始的），因此，武功老师对我扳腿、扳腰时非常之痛，难以忍受，但我总是咬着牙、含着泪、忍着酸痛，任由老师使劲地扳、压、拉腿和下腰。当时有的同学吃不消，喊着哭着说不学戏了，回宁波去好了。就这样，我在很短的时间内，腿功和腰功就能做到劈叉（一字、八字）、朝天蹬三起三落、腰能拿元宝顶等动作；毯子功翻跟斗，我不用老师保护，自己能翻尖子小翻（体操称"后手翻"）和拉拉提后空翻等，这些跟斗，在甬剧班中，只有裘祖达和我能翻，其余的人都不会。

我是学小生行当的，文武都练，文的有水袖、扇子功等组合训练。这为后来的学戏、排戏、演戏（文、武）打下了基础。

我学过、排过的折子戏有《庵堂相会》《打窗楼》《拔兰花》《杜鹃》《双落发》《双磨豆腐》《两块六》《党员登记表》《一家人》《红梅林》《怎么谈不拢》《箭杆河边》《一张汽车票》等；大戏有《借妻》中演男主角李成龙，《半把剪刀》中先演徐天赐，后演男主角曹锦棠，《借女冲喜》中演男主角长工，《五姑娘》中演男主角阿天（与裘祖达分为A、B角，每人演出一天），《姜喜喜》中演男主角姜喜喜，《一千零一天》中演男主角老班长，《红花曲》中演顾书记，《山花烂漫》中演队长，《南海怒涛》中演男主角解放军海军舰长，《山村姐妹》中演男主角，《沙家浜》中演郭建光（后因"文化大革命"罢演，未排成），还有《霓虹灯下的哨兵》《南海长城》《椰林怒火》《万年红》《瘦马记》等大小戏共有三十部左右。

我是以演正面角色小生戏为主的，唱腔、表演、动作风格、戏路都是学贺显民老师的，如《借妻》《半把剪刀》《红花曲》等戏都是演贺显民老师演过的角色。《姜喜喜》是贺老师导演的，得到贺老师手把手地教、练，他对我非常关心、爱护和支持。《借妻》在国联大戏院彩排时，我演李成龙，马慧珍老师对贺老师说："蔡祥华在台上扮相、动作、表演风格太像你了……"我在旁边（还未卸妆）听了后，又激动，又不好意思，我自知离贺老师对我的要求还相差很远，我在心底里暗暗发誓：一定要好好努力学习贺老师的甬剧表演艺术，绝不辜负贺老师的支持和培养。贺老师不仅在业务上关心我、培养我，也在政治上非常关心和培养我。1965年下半年，中共上海市委指示，抽调部分单位人员到上海川沙搞社会主义教育运动（即"大四清"运动）工作队，堇风甬剧团在唐镇公社，贺老师安排他和我两人负责一个生产队的"四清"工作。两人有半年左右时间同住在一个贫下中农的家里，同吃、同住、同工作。当时他培养我入党，叫我填写了入党志愿书，工作组党支部也讨论通过了，但紧接着"文化大革命"开始了，文艺单位是运动重点，工作组撤销，剧团返回上海，上级党组织停止了对我的入党审批，直到"文化大革命"后期剧团解散，我被分配到体育系统，体委党组织了解情况后，叫我重新填写入党志愿书，得到批准，成为一名中共党员，这也是贺老师对我关心培养的结果。

1960年起，我们（堇风甬剧团小团）开始在上海各剧场演出了。1961年后，每年都到浙江省巡回演出，先后在嘉兴、杭州、宁波、鄞县、镇海、柴桥、慈溪、余姚、新昌、嵊县、宁海、奉化、舟山、岱山等地演出，受到当地观众的热烈欢迎和好评，常常因观众要求加演日场。一天演两场，人虽然很辛苦，但也很高兴，因为观众的喜爱和欢迎。我们堇风甬剧团小团在宁波新甬、天蟾（然）舞台等剧场演出，场场客满。这样送戏上门，对我们青年演员业务的提高很有帮助。

蔡祥华

1966年，大小团合演了大型戏《南海怒涛》，我演男主角，这是董风甬剧团的最后一部戏，那天晚上在瑞金剧场演到一半时，被文艺界"造反派""罢演"了，从此停演直到"文化大革命"后期宣布剧团解散。

"文化大革命"中贺显民老师被甬剧团的"造反派"打倒、批斗、隔离审查，我当时也被要求站在贺显民老师旁边陪斗过，还叫我手拿稻草，叫我"保皇派""反动学术权威（指贺老师）的徒子徒孙""修正主义苗子"等。

1968年12月28日，上海甬剧台柱贺显民老师被"造反派"迫害致死。我悲痛极了，在内心深深地责备自己，因为在12月26日那天，我和汪永华两人为剧团庆祝毛主席生日而寻找锣、鼓等打击乐器，曾走到隔离关押贺老师的房间里寻找乐器，当时贺老师目不转睛地看着我，我非常想安慰他几句，但看到房门口有

"造反派"看守着，我是"造反派"的对立面"多数派"的负责人，我怕和他讲话反而要害苦他被批斗，所以忍着没说话就出来了。没想到两天后，他在瑞金剧场跳楼而亡。如果那天我讲些安慰他的话，可能就会避免这场悲剧的发生。这是我最大的遗憾，是我后悔自责一辈子的事。为避免这样的悲剧重演，在"五七干校"时，史少岩老师被批斗、隔离审查，每时每刻有人看押，我下定决心一定要寻找机会对他说话、安慰他。幸好，我当时是副连长干部，能找到机会。我有几次碰到他，对他说"要相信群众、相信党，要眼光放远，要坚强……"等话来安慰他。

1972年，上海堇风甬剧团宣布解散（"文化大革命"时改名为东方红甬剧团），剧团人员分配到静安区各行各业，我被分到静安体委系统，担任静安区武术队的教练。因为戏曲演员的武功训练、基本功训练和武术基本功训练是一脉相承的。我后来也带出了一些优秀的武术运动员，如王华后来成为上海市武术队（专业体工队）运动员和教练员。再后来调我到上海市体委系统的市体育馆担任花样轮滑队（过去称为溜冰或旱冰）主教练。紧接着在市体育馆成立上海市花样轮滑队（专业体工队），我担任花样轮滑的主教练。我又到上海体育学院进修学习，取得大专文凭，又在香港通过了国际轮滑协会的花样滑国际A级裁判考试（由国际轮滑协会主席亲自监考，考卷是英文的），我考试合格后就成为一名花样轮滑国际A级裁判。当时中国只有两人是这样的国际A级"花滑"裁判，一个是我，另一个是国家体委冰雪司的干部任洪国。我曾多次在日本、中国香港、中国大陆等地举行的"亚洲花样轮滑锦标赛"上担任执行裁判，担任每年一次的全国锦标赛的花样轮滑副裁判长，担任上海市锦标赛的裁判长，还担任了中国轮滑协会花样滑工委会委员，以及上海市轮滑协会教练委员会副主任的工作。我还多次担任中国国家花样轮滑队带队教练，代表中国参加亚洲锦标赛。我所训练的运动员，如田柳、林峰十多次获得亚洲锦标赛和全国锦标赛"双人滑"冠军的好成绩。他俩现在是黄浦区花样轮滑队的主教练,也常带队代表中国参加国际比赛。还有多名运动员获得全国和上海市花样轮滑锦标赛的单人滑、舞蹈滑的冠、亚军。我在上海体育工作的岗位上,如果说取得了一些成绩的话,这与我年轻时在静安区戏曲学校学习打下的基础是分不开的。

自从剧团解散后,我对家乡戏的情感始终没有熄灭过,一有机会或有一丝希望,都为上海恢复家乡戏音韵而努力争取过。例如,在"文化大革命"后期,听到消息上海要恢复一些被解散的戏曲剧团,我和爱人郑信美与堇风甬剧团的一些同仁,纷纷写材料上访,又积极行动,排戏演出。当时马上排练了甬剧《红梅林》,是中型剧,由《一家人》改编的。我刻印剧本,没有地方排戏,就到我武术队的训练房排。后来在静安区文化馆成功演出,戚雅仙老师、上海电影剧团导演、《解放日报》记者都来观摩支持。当时戚雅仙老师握着我的手说:"蔡祥华,你们甬剧很有希望恢复……"最后因种种原因,静安区只恢复了戚雅仙的合作越剧团(恢复后改名为静安越剧团)。甬剧未如愿,遗憾!但我们原甬剧团的人没有停止过家乡戏甬剧的演出活动,一有机会就排练演出。1959年在兰心戏院演出了《半把剪刀》(郑信美演陈金娥,我演曹锦棠)、《双玉蝉》(范素琴演谢芳儿,柳中心演沈梦霞)、《天要落雨娘要嫁》(夏月仙演林氏,史少岩演杜文,郎友增演杜八哥)这甬剧"三大悲剧"的片段。2005年在豫园剧场演出《借妻》全剧,范素琴、柳中心分别演沈赛花、李成龙的上半场,郑信美和我演下半场。这些都录了像。并因有观众要求,上海电视台转播过郑信美和我演的《半把剪刀》片段。平时也常到外面参加演出活动,如参加每年的上海国际艺术节"天天演",到社区、城隍庙等地演出甬剧专场,到敬老院慰问演出等,观众都很欢迎。总之,对家乡戏甬剧情有独钟、念念不忘、感情很深!现在衷心希望宁波甬剧团在文艺百花园中欣欣向荣,灿烂竞放!

宁波新甬剧的先驱——金玉兰

在宁波从滩簧老戏到新甬剧的发展过程中，金玉兰是一位一直走在前列的重要演员，也是宁波新甬剧的第一代演员。在滩簧老戏的演出中，她结合自己的嗓音特点，能运用"阴阳"嗓子演唱传统戏，并把四明南词较好地运用到滩簧戏中，形成了自己独特的演唱风格；当改良甬剧在上海风靡一时的时候，甬剧发源地宁波基本上还是唱滩簧老戏，金玉兰在1946年赴上海拜师学习改良甬剧，对她的表演艺术有很大的促进；其后，在宁波新甬剧的发展中，金玉兰不断突破自己角色扮演的局限，以其出色的表演艺术获得观众的认可，成为宁波新甬剧的著名演员；1978年冬，她担任甬剧艺训班老师，悉心培养甬剧青年演员，并收集整理了不少甬剧传统戏的资料。当甬剧面临滑坡之时，为振兴甬剧，她大声疾呼，四处奔走，不辞劳苦，直至1989年因车祸不幸离世，拳拳之心，令人感怀。

根据《甬剧史略·宁波新中国成立后的新甬剧》中记载：

金玉兰原姓周，生于1927年。1939年，她向陈翠娥学小调，首次卖唱于国医街。1941年，她跟男小旦黄阿高、筱金兰习艺，和张秀珍、徐菊香同进三北滩簧班。1943年，她回宁波请柴斌章教四明南词，在城隍庙对面的听雨楼唱《打窗楼》《庵堂相会》《卖草囤》等戏。她音色松脆，如滚珠玉，声腔较宽，久唱不愈，外加一副真嗓假嗓，翻高走低，应用自若。于是，她一唱宁波滩簧，就因其显示很好的音乐修养而初露头角。

1946年，她正式改姓去上海恒雅剧场，拜四大名旦之一金翠玉为师。金翠玉命她演改良甬剧，先起童子生，后扮彩旦。她开始注意自己的表演艺术。1949年到 1954 年，她扮过《新姐妹花》中的大宝、《小二黑结婚》中的小芹、《田螺姑娘》中的田螺姑娘、《杨乃武与小白菜》中的小白菜、《三县并审》中的祝魏氏，能力求唱腔和感情的统一，演好旧社会善良、贤惠、忠厚一类的青年妇女角色。不过，她当时更擅长的，还是饰演城市的姨太太。

1954 年上演的《两兄弟》，是金玉兰表演艺术进一步发展的转折点。以前，她不习惯饰演新时代农村妇女；后来，通过深入生活实践，向她们直接学习，并钻研艺术上新的台步、身段，才能去掉原有的姨太太习气，在舞台上成功地再现王春香的思想性格。这时，她善于选择各种唱腔，为展示特定环境的人物感情服务。以南词中轻松、愉快的赋调，刻画王春香的豪爽个性，用山歌抒发女主人公身上劳动人民的气息，就是明显一例。她在王春香身上出色的艺术表演，使金玉兰的名字很快影响华东，红遍全省。

1957 年，她演《姑娘心里不平静》中的丁银花，荣获（浙江）省观摩演员一等奖；1958 年，她演《王鲲》中的月娥；1962 年，她演《阮文追》中的妻子阿雅；1963 年，她演《亮眼哥》中的田玉柳、《老冤家》中的后旺嫂、《夺印》中的队长老婆、《红岩》中的江姐，声态传神，栩栩如生。说明她那时不仅擅扮新社会劳动妇女，而且擅演当代生活里各种不同教养的革命女性。由于在生活和艺术实践中长期刻苦学习，她的技艺更加精湛了。金玉兰不愧为宁波新甬剧的著名演员。

《甬剧探源·甬剧艺人的不同风格》中记载：

金玉兰（上旦）：善用"真假嗓"，真嗓结实有劲，假嗓细巧透亮，音域开阔，身段优美，注重感情，唱做兼备，曾获华东戏曲会演一等奖。

由这两份记载，结合裘明海、裘君谟等人的回忆，金玉兰的演艺生涯主要可以分为四个阶段：宁波滩簧时期、改良甬剧时期、新甬剧时期和"文化大革命"后培养甬剧人才、振兴甬剧时期。

第一个时期，宁波滩簧时期。金玉兰学艺早，而且先后跟从老艺人学习过小调、老滩簧戏、四明南词,边学习、边卖艺,艺术功底扎实。她的嗓音本身"音色松脆,如滚珠玉,声腔较宽,久唱不惫",她又善于融会贯通,学习滩簧戏男小旦优秀的演唱技艺,并能根据自己的嗓子条件自创"真假嗓"(又叫阴阳嗓),而且做到"真嗓结实有劲,假嗓细巧透亮""翻高走低,应用自若",自此别成一家。她运用"阴阳嗓"演唱《庵堂相会》《打窗楼》《双落发》《卖草囤》《拔兰花》《秋香送茶》等传统戏,并把四明南词较好地运用到滩簧戏中,形成了自己独特的演唱风格,也为她以后的发展打下了良好的基础。

金玉兰幼年时,模仿能力极强,每次看戏回家,便将手帕扎在双腕,欢蹦乱跳,对镜比划。9岁时父亲病死,她和母亲全靠外祖父做木工活赚些钱勉强糊口。两年后,外祖父又去世了。全家生计无着,热心的邻居把玉兰介绍给一个叫陈翠娥的滩簧艺人。陈翠娥是个走街卖唱的滩簧艺人,只会唱《孟姜女》《哭夫郎》等几出简单的小调,又是一副梗嗓子,不懂得怎样行腔运气。小玉兰不甘心那样生活下去,三年后就告别陈翠娥加入了"串客班",到有钱的人家里唱堂会。在"串客班"里常和有名望的南词艺人柴彬章等在一起,技艺日益上进。玉兰有一副清脆响亮的好嗓子,但滩簧行腔单调,土气太重,难以发挥她的天质,她就大胆地央求柴先生教她。柴先生见她聪明好学,欣然答应了。经过大半年时间,15岁的玉兰不仅从柴先生那里学了许多优美的南词曲调,掌握了行腔运气,也入了门儿,嗓子变得更加甜美。

小玉兰和她的"串客班"在城里唱堂会,在农村爬河塘,他们沿着小白、穿山、大洋,穿行在奉化、余姚、慈溪等甬语地区,四处飘泊,极为艰辛。在乡下,唱"两头红"是经常的事。夕阳退尽,艺人们便一一登场,半夜里寒气逼人,欲睡不得,才闭上眼,小锣声又响了,于是直唱到天亮。在困苦和艰难的环境里,造就出她坚韧的秉性。她忍劳怨,赶庙会,上草台,演《借披风》《还披风》《背过桥》等广为流传的七十二出滩簧小戏。至20世纪40年代初,她逐步形成了自己独特的演唱风格：咬字清楚，喷口有力，唱腔委婉流畅，富有醇厚的甬剧韵味。由于她掌握了较多的南词曲调，使她的唱腔更优美动听，能出色地表演剧中不同人物的复杂心情。这时，金玉兰在宁波开始稍有名气，在江东的"一笑楼"、郡庙的"听雨楼"等大餐馆演唱，能在桌衣上挂名了。

但是她对自己并不满足。她的真嗓较低，碰到高音老是上不去，又嫌滩簧戏的表演过于简单。当时滩簧班子中男小旦筱阿友等艺人还在，他们擅用真假嗓结合的方法演唱，进入高音，又亮又柔；在表演上吸收了徽班的长处，手、眼、身、法、步，比较讲究，金玉兰便利用当时男女小旦经常同台演出的机会，向筱阿友、阿亮先生等艺人求教，终于使她的唱腔高低自如，音色丰富多彩，在表演手法上也有了很大提高。在《秋香送茶》等小戏中，她扮演的丫环用眼神传达人物的内心活动，分外活泼可爱。当年的宁波电台、宁兴电台，常邀请她去演唱，她的名字随着歌声渐渐被宁波广大城乡观众所熟悉。

第二个时期，改良甬剧时期。1945年，滩簧的四大名旦之一——金翠玉来宁波探亲，特意到"听雨楼"看玉兰的戏，看后大加赞赏，收玉兰为义女。玉兰从此将自己的姓氏改为"金"姓，表示对金翠玉老师的尊敬。1946年，金玉兰跟随金翠玉去上海学艺，在上海八仙桥恒雅剧场等地演出。金翠玉命她演改良甬剧，先起童子生，后扮彩旦，使她的技艺又有了长足的进步。

关于金翠玉的演艺情况，在《上海甬剧志·人物传记》中有如下记载：

金翠玉（1905—1949），女，演员，浙江省人。1923年在董泉水的教授下学习宁波滩簧，攻于花旦，嗓音宏亮，演唱平直朴素，表演大方。在上海"新世界"首演《呆大烧香》，她在剧中扮演法空尼姑，使观众为之倾倒，她的处女作即是她的成名作。她擅长扮"闺门旦"而蜚声艺坛。

1925年，金翠玉应倪杏生的邀请到"如意楼"演出《打窗楼》等传统戏。1928年开始直到1940年，一直在新新公司挂头牌演出。由于扮相和身段优美，更能充分发挥嗓高音亮、吐字清楚、一句一板、声腔贴弦的艺术特点，在20世纪20~30年代的上海艺坛上多次夺魁，被誉为甬剧皇后，是甬剧史上著名的四大名旦之一。

1946年，应黄君卿邀请在上海的恒雅剧场演出改良甬剧《称心如意》。之后，便离开舞台。1949年12月，病逝在上海，终年45岁。

金翠玉（左）与金翠香

金翠玉具有出色的滩簧戏表演技艺，也曾经参加改良甬剧的演出。虽然她自己演出的改良甬剧不多，但她却能顺应时势，要求弟子金玉兰演改良甬剧，根据其年龄和个头等，先起童子生，后扮彩旦，这对金玉兰的演艺生涯具有积极的意义。

从宁波来到上海，对金玉兰来说是个重要的选择。1946年，正好是上海改良甬剧的全盛时期，金玉兰参加的是张秀英的戏班子，在新乐剧场演出。不管是上海的文化氛围、观众的审美趣味，还是新的表现题材（西装旗袍戏、清装戏）、新的表演方式和新的唱腔（新基本调），以及新式的剧场和观演方式，相对于金玉兰原来所熟悉的宁波的文化氛围和演出环境，以及表演的剧目和演唱方式来讲，都是巨大的冲击和变化。在上海，她如鱼得水，迅速走红，以饰演时装戏中姨太太一类的角色见长。虽然她在上海待的时间很短，从事改良甬剧的时间更短，但这段经历打开了她的眼界，拓展了她的思路、演出范围和演唱方式，对她演艺生涯的影响是长远而持久的。

金玉兰

第三个时期，新甬剧时期。从1949年新中国成立到"文化大革命"前，是宁波新甬剧的重要发展时期，也是金玉兰演艺生涯中最重要也最富有成果的时期。

1949年，当红的甬剧演员金玉兰从上海回宁波，与沈桂椿、王文斌的"滩簧班"联合，组成宁波新中国成立后的第一个职业甬剧团——合作甬剧团，在宁波城区城隍庙民乐剧场演出。1950年5月，上海的徐凤仙、贺显民应邀来宁波演出，入伙合作甬剧团，他们加入后，剧团更名为"凤仙甬剧团"（1950年5月—1952年11月）。凤仙甬剧团是宁波甬剧团的前身，以徐凤仙、贺显民、金玉兰、黄君卿为核心。1952年11月，凤仙甬剧团主要演员徐凤仙、贺显民、金玉兰、黄君卿等相继离团去上海。其后，宁波当地文化主管部门为扶持地方剧种，委派宁波市文化馆的戏改工作干部袁孝熊和陆声来团，改组了剧团领导班子，正式建立了

"宁波甬剧团"。1953 年 7 月，金玉兰、黄君卿回到宁波，充实了宁波甬剧团的演出力量。宁波甬剧团的前身"凤仙甬剧团"存在了仅三年的时间，但在这三年间，该剧团从剧目创作、唱腔音乐、舞美灯光等方面积极进行改革，为宁波新甬剧的兴起奠定了基础。

从 1949 年到 1952 年，金玉兰在宁波郡庙剧场演出《碧玉焦香》《毒》《汉奸恶霸袁世伟》《正确的道路》等戏，并在《新姐妹花》中扮演大宝、《小二黑结婚》中扮演小芹。她与徐凤仙、贺显民等一起，为配合抗美援朝运动演出了甬剧新戏《毒》，台下观众的炽烈情绪，使她激动得热泪盈眶。在旧社会有人问她为什么唱戏，她"扑哧"一笑："为了生活，也出于爱好。"新中国成立后，通过戏改学习班的培训和参加配合各项政治运动的现代戏演出，使她看到了文艺的作用，认识到了人生的价值，更促进她对事业的追求。之后，她还扮演过《田螺姑娘》中的田螺姑娘、《杨乃武与小白菜》中的小白菜、《三县并审》中的祝魏氏等，她力求唱腔和感情的统一，演好旧社会善良、贤惠、忠厚一类的青年妇女角色。不过，她当时更擅长的，还是饰演西装旗袍戏中姨太太一类的角色。

1954 年上演甬剧现代戏《两兄弟》，金玉兰扮演女主角王春香，这是她表演艺术进一步发展的转折点。金玉兰以在《两兄弟》中成功地扮演了王春香这一角色，荣获华东地区戏曲会演一等奖，在王春香身上出色的艺术表演，使金玉兰的名字很快影响华东，红遍全省。但是，这个角色演出的成功还颇有曲折。1954 年春，金玉兰参加浙江省戏曲会演，在《两兄弟》一剧中饰演王春香一角，获得演员二等奖。那天晚上，她回到清泰旅馆，心情沉重。她觉得自己塑造的这个角色并不成功，给个二等奖，只是照顾她的面子。20 世纪 40 年代中叶起，金玉兰在金翠玉的精心传授下，擅长演旗袍戏。她演《啼笑因缘》，能把沈凤仙这个人物在少女、姑娘、姨太太各个不同时期的形象塑造得十分逼真。但是，胡小孩创作的《两兄弟》中的王春香是一个新时代农村妇女，这对她来说，无论是形象还是气质，相差很远。她企图以优美的身段动作和甜糯的四明南词曲调来弥补这一切，岂料反而使人物走了样，观众议论"演得像旧社会的姨太太"，这个议论刺痛了她，使她辗转难眠。几天后，她出现在城郊的田头，她参加劳动，留心观察农村妇女们的一言一行，和这些劳动妇女逐渐建立起深厚的感情，当她再次排练《两兄弟》时，她对王春香这个人物已有了完全不同的体验。这时，她精心选择各种合适的唱腔，为展示特定环境的人物感情服务。她以四明南词中轻松、愉快的赋调，刻画王春香的豪爽个性，用山歌抒发女主人公身上劳动人民的气息。功夫不负有心人，1954年秋，在华东地区戏曲会演上，她扮演的这一角色受到戏曲界一致好评，荣获演员一等奖，并得到金质奖章一枚。

如果说《两兄弟》是金玉兰艺术的转折点，是她艺术生命新的开端，那么，随后演出的《金黛莱》《姑娘心里不平静》《五姑娘》等一系列剧目，则把金玉兰不断推向艺术的高峰。她不仅善于扮演新社会的劳动妇女，还擅长表现当代社会各种不同文化修养的革命女性。在生活和艺术实践长期的刻苦学习中，使她的表演技艺更加精湛。1955年，她在《金黛莱》一剧中成功地扮演了朝鲜民族女英雄的形象，深受观众的好评；1956年，在宁波戏曲会演中，她因出色地饰演了《杨乃武与小白菜》中的小白菜，获演员一等奖；1957年，她在《姑娘心里不平静》一戏中，成功地塑造了一个纯真可爱的农村姑娘丁银花，在浙江省会演中获得演员一等奖；1958年，金玉兰主演的《五姑娘》由上海电台录音，并灌制了唱片；1958年，她还扮演了《王鲲》中的月娥；1962年，她扮演了《阮文追》中的妻子阿雅；1963年，她扮演了《亮眼哥》中的田玉柳、《老冤家》中的后旺嫂、《夺印》中的队长老婆、《红岩》中的江姐，都能声态传神，较好地体现人物内在思想和个性特征。

其中1963年，金玉兰参加甬剧《亮眼哥》的演出，使她走向个人甬剧表演艺术的顶峰。她在剧中塑造了虚荣心强、感情脆弱、心绪复杂多变的农村妇女田玉柳，特别在唱腔方面，吸收了四明南词曲调，充分发挥了真假嗓子结合唱法的优势，加上对滑音和润腔的巧妙运用，使人物的内心世界起伏跌宕、刚柔相济，极其动人。该戏在上海演出时，王文娟在报上发表文章，对金玉兰的唱腔给予很高的评价。

金玉兰在艺术上取得成功，还归结于她一向热衷于甬剧的改革。1955年排演《金黛莱》，作曲者根据剧情和人物感情的需要，要求甬剧定谱定腔，这使一些唱惯了自由调的老艺人难以接受，更何况作曲者谱了一段"三拍子"唱腔，一时反对者不少。金玉兰却认真地学起简谱来。她深刻体会到："越剧为啥有流派唱腔传下来？定腔定谱就起了很大作用。甬剧要发展，就非走定腔定谱的路子不可。"她鼓励作曲的李微："阿微，你大胆搞。你设计唱腔，我一句句来学。"为了深刻、细腻地表达《亮眼哥》中田玉柳这一人物复杂的思想情感，李微提出要吸收四明南词中的平湖调。起初，她支支吾吾不敢答应，后来，在大家的鼓励下，她打破了顾虑，认识到"旧的曲调也可以为新的内容服务"，就大胆地将四明南词曲调渗透到人物唱腔之中。她在《亮眼哥》中的唱腔，现在成了甬剧的宝贵财富，对推动甬剧的发展起了积极作用。可是，热心于推动甬剧改革，成功地扮演田玉柳这一艺术形象的金玉兰，此时已被错误地戴上"右派分子"的帽子，还在剧团内受到监督。

1969年，金玉兰被迫离开剧团，下放劳动，整整沉默了十年。甬剧在"文化大革命"中被当作"四旧"砸烂。

第四个时期，"文化大革命"后，培养甬剧人才、振兴甬剧时期。金玉兰终于重返甬剧舞台，但在短暂的演出之后，她服从大局，从事新一代甬剧人才的培养，进行甬剧资料的收集、整理和制作，并在剧种滑坡、环境变迁之时，为剧种的发展而四处奔波，大声疾呼，至死方休。

1976年，宁波市甬剧团重新挂牌。1978年，金玉兰终于回到了阔别已久的宁波市甬剧团,并重返舞台,在剧团复排的《雷雨》中扮演女主角繁漪。当她扮演的繁漪在舞台上出现时,热情的观众奔走相告,金玉兰再现了她的艺术青春。

《雷雨》剧照

1978年冬,为了培养新一代甬剧人才,组织上决定让金玉兰担任甬剧艺训班的老师。她毅然服从工作需要,把自己全部的爱灌注在一个个活泼聪明的小学员身上。艺训班都是十一二岁的孩子,开始学唱,只晓得放开嗓子,没什么甬剧韵味。金玉兰就一字一句、一板一眼地教唱,三四句唱腔,有时要教一个上午,把她累得够呛。金玉兰教戏亦教人,平时她对学员没有一点架子,一旦发现这些学生背后耍嘴、调皮,她就语重心长地说:"小小年纪,台上莫争角色,台下要学好样!"为了使学生早日成才,金玉兰除了亲自执教外,还自编教材,为小演员们化妆,制作服装、道具。金玉兰用心血浇灌的幼苗终于蓓蕾初放了。1983年,在浙江省"小百花"会演中,艺训班的几名学员纷纷获奖。甬剧团团部搬到火车南站附近以后，离家远了，年已60岁的金玉兰为了不耽误上班时间，竟摇摇晃晃地学骑自行车。她的儿女放心不下，多次劝她："妈妈，你不要骑自行车了，慢慢地步行上班吧！"而金玉兰却笑着说："小学员都等着我哩！"

金玉兰指导曹定英排戏

金玉兰与甬剧艺训班合影

20 世纪 80 年代，她看到甬剧滑坡，食不知味，睡不成眠，为振兴甬剧，她大声疾呼，四处奔走，不辞劳苦。在宁波市文化局、宁波电台、宁波电视台等单位组织发起的"宁波市群众甬剧清唱大奖赛"中，她担任评委工作，并在宁波日报发表《愿甬剧之花芳香隽永》一文，真切地表达了她对甬剧事业的焦虑和担心，以及对这种大奖赛做法的赞赏。为了提高青年演员的文化素养和争取甬剧的青年观众，她组织和带领甬剧演员去宁波大学与师生一起联欢并进行演出；在城隍庙商场开业五周年之际，她带头登上庙台，放开歌喉演唱。宁波市对外开放以后，接待爱国侨胞和外商的任务日益增多，有时也请甬剧团进行外事演出，金玉兰总能够服从大局，主动协助甬剧团领导，动员青年演员积极参加演出，为宣传家乡的传统文化、促进海内外友谊贡献一份力量。

1986 年，金玉兰在执教之余，又整理改编了甬剧优秀传统小戏《打窗楼》和《双落发》，并做了录像演出，为后人留下了宝贵的艺术遗产。1988 年 12 月，宁波日报社举办振兴甬剧讨论会，金玉兰在会上热泪纵横，激动地说："现在社会上各方都支持甬剧，可是甬剧事业将青黄不接，后继无人，我心痛啊！甬剧是宁波的地方戏，我相信甬剧不会灭亡，甬剧一定不会灭亡！"就在她突然逝世的前一天晚上，她还等着和宁波剧协的同志一起商量，要在不久以后举办一次"甬剧老艺人演唱会"，不幸的是，1989 年 4 月 13 日清晨，金玉兰突遭车祸，天人永隔。

为了对这位宁波新甬剧的先驱有更深的了解，2013 年 8 月 26 日，笔者及"甬剧老艺人抢救性保护工程"小组的成员曾专门采访了金玉兰的四女儿陈飞飞，现将她的回忆摘录如下：

母亲忙于工作，很少顾家，家里子女 6 人由外婆照看。她性格比较直爽，艺术上说真话。"文化大革命"前，她是"不戴帽右派"。她工作很勤奋，家务事基本不管，但家里大事，她做主意。她效率很高，做事、说话都很快。1989 年因车祸去世时，母亲才 62 岁，正在参加新剧协第一次会议的途中。她曾先后任市政协代表、委员、常委，一直在为甬剧呐喊。在艺校和剧团都尽心培养下一代，如带陈雪君等。做事非常认真，非常严谨。

她是甬剧界第一个用"真假嗓"演唱的演员。她艺德很好，不计个人得失，只为了剧种发展，没有架子，关心下一代，对人很热心，没有坏心。

甬剧伉俪的传承与改革——汪莉珍、李微

甬剧的发展，来源于一代又一代甬剧人不断地传承、发展与改革、创新，让甬剧在嬗变中不断提升，获得更高的艺术成就。汪莉珍、李微这一对甬剧伉俪，全身心投入甬剧的表演、导演、音乐和唱腔设计之中，历经大半个世纪，至今仍在发挥余热，二老在甬剧的传承和改革之路上多有建树，成绩斐然。从他们口述的演艺经历和对甬剧发展的建议中，可以清晰地看到宁波新甬剧从1950年以来近半个世纪所走过的跌宕起伏的发展之路，以及从传承与创新之中开拓出的甬剧发展路向。

汪莉珍

汪莉珍，1939年1月生于宁波，是宁波甬剧第三代导演兼第二代演员，具有丰富的演出实践和导演经历。1950年，她拜徐凤仙为师进凤仙甬剧团学习。从20世纪50年代初到80年代初的三十年里，汪莉珍在甬剧舞台上成功地塑造了不少年龄、身份、性格迥异的妇女形象，演啥像啥，以戏路宽、表演细腻、能准确深刻地塑造人物享誉宁波。

汪莉珍从20世纪50年代末开始担任老导演陆声的助手，不久单独执导小戏《算错一笔账》。1962年至1964年，她为宁波戏曲学校复排《半把剪刀》《双玉蝉》等五部大戏。1972年至1978年，她为宁波甬剧队排演了《霓虹灯下的哨兵》《艳阳天》《雷雨》《枫叶红了的时候》《棉花姑娘》《鱼水亭》《何陈庄》《海岛女

民兵》等。1978年12月，汪莉珍到上海戏剧学院戏曲导演进修班学习，1980年5月回到甬剧团。从1980年至1989年，汪莉珍共导演了近二十部大戏，其中影响较大的有《浪子奇缘》《马马虎虎》《爱情十字架》《荡妇》《泪血樱花》《少奶奶的扇子》《啼笑因缘》《魂牵万里月》《魂断蓝桥》《弹吉他的姑娘》等。

从1972年任导演至2008年，她执导甬、越剧大小剧目近60部，其中《浪子奇缘》《马马虎虎》《荡妇》《爱情十字架》《东瀛孤女》《邻舍隔壁》等均在省市获奖，积累了丰富的导演经验，具有自己独特的导演风格和执导理念。2009年，她被列为甬剧的市级代表性传承人，为传承这一国家级非物质文化遗产、培养甬剧接班人继续发挥她的力量。

为了深入了解汪莉珍的表演和导演情况，以及记录其丰厚的艺术经验和对甬剧发展的建议，笔者与"甬剧老艺人抢救性保护工程"的成员于2014年2月17日赴杭州爱德医院采访了汪莉珍老人，并对其口述进行了详细的记录。

汪莉珍口述材料整理如下：

一、演员生涯

1. 拜师

1950年的端午节，我母亲带我和小姐姐去城隍庙看戏，我看了后感到很新奇，演员们穿的是西装旗袍，很好看，戏又容易懂，心想最好能去唱这种戏。不久就由老邻居介绍，我和姐姐汪莉萍一起去拜徐凤仙为师了。我们的拜师仪式还是旧社会的，点大红蜡烛，红毡毯跪拜，写"关书"（"关书"内容：学徒三年在师傅家里，吃、穿、住由师傅供应，拿包银（工资）归师傅，生死无关）。就这样我和姐姐在农历十二月二十八日师傅家做年糕的时候住进去了。做年糕是为了讨个彩头，表示"年年高"。那时我才11周岁，姐姐12周岁。

我听师辈们说："师傅领进门，学戏靠自身。师傅不会随时教你，要学到真正的本领，就靠你自己抓紧时间，抓住时机去'偷戏'。"这是一代一代传下来的学戏方法。到了我这一代，虽然解放了，但制度还是旧的，所谓"二十年媳妇二十年婆"！我每天除了照顾师傅的生活细节以外，等她一上舞台，我就赶紧奔跑到剧场三楼的观众席上（那里观众很少）去看她的演出，看戏时要算好哪个情节、哪句台词完了师傅要下台了，我又赶紧奔跑下楼回化妆室等候，听她的使唤。这三楼的观众席已成为我看戏的包厢了。每当我看师傅表演时就没有了疲劳，没有了不愉快的心事，她完全把我吸引住了，我真的佩服她演什么像什么，不论是正、反、老、少、美、丑、贤惠的、泼辣的，她都会演。我看她的演出，既是入迷地欣赏，更有"偷戏"的收获。我对自己说，将来一定要像她一样，什么角色都能演，演啥像啥。

2. 剧团情况

1951年4月，我随凤仙甬剧团去上海，在上海恒雅剧场和宁波同乡会演出。1952年，当时政府搞"三反""五反"运动，看戏的人少了，剧团回宁波，仍在城隍庙剧场演出。不久，金玉兰、黄君卿等主要演员去了上海。当年九月，凤仙甬剧团被选中参加浙江省第一次物资交流大会，在杭州演出，剧目是《大雷雨》和《小二黑结婚》。

杭州演出结束，徐凤仙和其他主要演员回上海，我和姐姐就留在宁波了。由于演出阵容减弱，观众少了，我们就把票价减半维持演出。剧团经济困难，工资发不出，我们青年演员主动把工资减下来，保证老艺人的生活，这样才把剧团保留下来。1952年底（或1953年春），宁波市领导派文化部门干部袁孝熊当剧团的政治辅导员，后来陆声来任业务辅导员，剧团也正式命名为"宁波甬剧团"。我们演出的剧目有《罗汉钱》《小二黑结婚》《田螺姑娘》《白毛女》《刘胡兰》等，特别是在《田螺姑娘》演出时，乡下来的观众自己背着铺盖、排着长队来买票看戏。宁波甬剧团的演出情况越来越好，在宁波的影响越来越大。这时金玉兰老师回宁波加入了宁波甬剧团。

1956年，剧团改"国营"，上面派了夏炎当团长，把演职员的工资打六折半，原来的拆账制改为月薪制。"文化大革命"后我们才搞清楚，原来我们剧团不是"国营"，而是民营公助的剧团（自负盈亏）。

"文化大革命"期间，甬剧被"砸烂"，原先军宣队要我留下来搞越剧改革，我没有留。后来又要我去学校任革命文艺教师，我未去，我选择了去工厂。1970年底，我被分配到宁波四新标准件厂当平面磨床工。1971年，宁波市革委会曾来调令，要我去搞京剧，我谢绝了。后来宁波市文化馆借调我去搞群众文艺，我去了。

1972年初，因宁波人民要看甬剧的呼声强烈，市革委会同意在文宣队里再建一个文工队，这队里有歌舞、曲艺、甬剧小组，革委会负责文艺工作的李书声同志问原市文化局局长陈方同志："谁既能做演员又能做教师还能做导演？"陈方同志当场指向我"汪莉珍同志"（当时我参加了会议），李书声同志问我："怎么样？"我只说一个字："好！"我从小唱甬剧，我对甬剧情有独钟，义不容辞。这样，甬剧小组1972年4月开始招生。从此，甬剧在宁波又复活了。从文工队里的甬剧小组到1977年改为甬剧队（去除了歌舞和曲艺），到1979年重新恢复了宁波市甬剧团，剧团一直发展到现在。

3. 演艺生涯

从1950年7月我11岁拜徐凤仙为师学习甬剧以来，数十年来我在一百几十部剧目中塑造了各种不同年龄、身份、类型的人物形象，在老一辈的师长、同行和广大观众的心目中，我是个演啥像啥的演员。我演过《方珍珠》中的主角艺人方珍珠、《大雷雨》中的进步青年学生忠敏、《妇女主任》中的妇女主任、《新姐妹花》中的大宝、《战士在故乡》中的女主人公回乡女战士、《草原英雄小姐妹》中的小姐妹卓玛、《罗汉钱》中的燕燕、《何陈庄》中的烂菜花、《布谷鸟又叫了》中的女主角、《女飞行员》中的女飞行员向菲、《红珊瑚》中的珊妹和海旺嫂、《杨乃武与小白菜》中的葛三姑和小白菜、《亮眼哥》中的生产大队长的女儿金紫燕和妇女队长金桂香、《为奴隶的母亲》中的春宝娘、《红岩》中的美国记者玛丽小姐、《啼笑因缘》中的何丽娜和凤喜娘、《霓虹灯下的哨兵》中的大学生特务曲曼丽和上海资产阶级太太林乃娴、《雷雨》中的侍萍（鲁妈）、《年青一代》中的革命老奶奶、《枫叶红了的时候》中的特派员江青、《棉花姑娘》中的农村造反派头头、《小二黑结婚》中的十二岁小女孩和装神弄鬼的三仙姑、《田螺姑娘》中的谢端妹妹、温大嫂和媒婆婆、《三斗六老虎》中的老地主婆、《半把剪刀》中的收生婆、《海滨激战》中的女特务哑女、《姜喜喜》中的石头娘，参演的传统剧目有《打窗楼》《秋香送茶》《讲堂》《庵堂相会》等。这些剧目和角色仅仅是我演过的一部分，但这些角色都没有演得雷同的。有时候同一部戏里我先后担任了两到三个角色，人物差异很大，对我来说难度也很大。在我年轻的时候，十五岁的姑娘要演三十多岁的妇女主任，二十出头要演六七十岁的老地主婆，有时还演十二岁的女孩子、十四五岁的傻姑娘等。我会在生活中，不管是在马路上还是在其他什么场合，随时观察、分析，积累知识，捕捉特殊的形象和细微的动作、表情，随时储存，为我所用，还向别的剧种和电影学习。

《枫叶红了的时候》剧照

《志愿军未婚妻》剧照

我在做演员的时候，有两个宗旨：第一，角色不论大小，戏不管多缺，上了台你就是这个舞台生活中的一个人物，哪怕没有一句台词，只是"若干人"之一，你都要有正确的反应和表现。只要你在台上，就要让观众看到你存在的作用（当然不是抢戏），只有你真正完成了角色的任务，达到了艺术的效果，观众才会承认你；第二，表演不能雷同。不管正派、反派、美的、丑的、老的、少的，各种角色我都愿意接受，因为我觉得只有不同的角色才能让演员有更大的艺术创造天地。每个角色我都刻苦钻研，取别人精华，改变自己，创造和演绎出新的"这一个"形象，做到演啥像啥。

因为有了以上两个宗旨，所以我从不计较角色。如《杨乃武与小白菜》中的葛三姑，十四五岁，我给她的造型是：外貌很丑，唇裂，说话带很重的口吃，梳了三条粗粗的小辫子，人一走动，小辫子也动得厉害，傻乎乎的，但她心地善良，傻得让人同情，傻得可爱。我演得观众喜欢我，剧团的人更喜欢我。又如《三斗六老虎》中非常凶恶的老地主婆，六十多岁了，有两个年龄很大的儿子，我扮演这个角色的时候才22岁，但我能演出这个老地主婆的分量。

我不仅不挑角色，而且还会根据剧团演员的情况做出退让，如演《亮眼哥》中的金紫燕和金桂香就是如此。1961年排第一稿，我演生产队队长女儿金紫燕，对这个山村姑娘，我塑造的形象与其他农村姑娘不一样，从她的造型（服饰和发型）到形体动作我都有新的创造，从心里说，我非常喜爱这个角色。到1963年排第二稿，编剧增加了金桂香这一个人物，导演对我说要我演金桂香，原因是其他青年演员也可以演金紫燕，但金桂香却没有其他人能演，我接受了。我像喜欢金紫燕一样喜欢她，对她进行细致的创造。我找到她的特点，她是山区妇女，干活能手，快手快脚，快人快语，大公无私，是女中强人的妇女队长，是个乐天派。因为生活劳作在山区，运送物资就靠肩膀背、挑、扛，所以肩膀的力度很强，每天上山、下山，无数次走大坡度的山路，全靠腰部、小腿、脚板、脚尖撑着，所以两腿必须分成八字才能走得稳，日久成形，她的形体和走路姿态就是挺腰、凸肚、八字步。金桂香的形象在舞台上被树立后，得到剧团导演和编剧的认可，得到省市领导、剧团老师和同行们的表扬，得到观众的好评。特别是1963年到上海演出，师傅徐凤仙老师看了后高兴地对我说："莉珍，这个角色你演得真好，怎么演的？我还演不出来呢！"我被她夸得真不好意思。还有京剧名家李玉茹老师也来看过《亮眼哥》。1964年春节，李玉茹老师到宁波巡回演出，到我们团来拜年，特意找到了我，很客气地对我说："谢谢你，这妇女队长演得那么好，向你学习！"当时说得我脸都红了，不知怎么回答才好。

二、导演生涯

1972年初，组建文工队后，我的任务是：要能演戏，要能教戏，要能导戏。其实要当导演，我早在20世纪60年代就可以开始了。1962年到1964年，我在宁波戏曲学校为他们排过五部大戏，分别是《半把剪刀》《双玉蝉》《哑姑泉》《秦娘美》《锻炼》，在剧团里也排过小戏，还在大戏里排了些舞蹈等。当时领导就想培养我做导演，我不想做，我喜欢演戏。但是"文化大革命"中甬剧没有了，作为我这个从小唱甬剧的人来说很痛心，又无能为力，既然现在领导想重搞甬剧，不管甬剧小组有多小，搞起来也好，我就接受了。

接受了就要有担当。第一个任务是培养学生。这批学生都是十四五岁的孩子，他们听的、看的都是京剧样板戏，对甬剧是一概不知。我请邵孝衍老师教唱腔，我上表演课。我的表演课堂在排练场，通过排小戏，一边排，一边教，以剧本为教材，教他们如何阅读剧本、分析剧本，如何分析角色、理解角色，一招一式地教他们怎么做、为什么这么做，教他们在舞台上如何进行人物之间的交流等。念白也如此，他们刚开始时像朗读语文课本一样，我就一字一句地教。在教学方法上，为了让他们增长识别能力，我就从正、反两方面教他们。后来排了好几部小戏，有《一副保险带》《红哨兵》《送货路上》《起点》《渔水亭》等。1974年开始排大戏，有《艳阳天》《海岛女民兵》《青春似火》，1977年排《夺印》《棉花姑娘》《枫叶红了的时候》《霓虹灯下的哨兵》，1978年排《雷雨》，8月份从地区越剧团调回了原来搞甬剧的同志，排了第二组《雷雨》和《亮眼哥》。1978年12月，剧团带了《雷雨》《亮眼哥》到上海演出，上海观众连夜排队购票看戏。

1978年12月，我进上海戏剧学院导演系第七届戏曲导演进修班学习。1979年暑假期间，我回团排了《泪血樱花》。1980年排了《少奶奶的扇子》作为实习剧目。1981年回团排了《啼笑因缘》。后来我导演了《魂断蓝桥》，与编剧张天方一起修改，将电影本、话剧本、沪剧本合三为一。舞美中首次出现了三棱镜，舞台处理从情节、人物行动、情感的发展需要出发，舞台上同一时间出现两个场景、两个表演区，观众觉得很新颖，称为"学院派"。

1981年以后，我导演过的剧目还有《返魂香》《琴岛激浪》《浪子奇缘》《茉莉花传奇》《弹吉他的姑娘》《春江月》《魂牵万里月》《杨乃武与小白菜》《借妻》《三县并审》。1986年，《田螺姑娘》被拍摄成甬剧电视剧，我担任副导演，作为拍摄现场表演指导，该剧获全国戏曲电视剧"飞天奖"。1986年到1990年，导演《马马虎虎》《荡妇》《爱情十字架》《浪荡鬼》。1991年导演《东瀛孤女》。1993年导演《邻舍隔壁》。

1994年到1996年为宁波艺校甬剧班上表演课，并为他们导演毕业演出剧目《雷雨》和新版本的《半把剪刀》。2003年为剧团赴香港演出重新排练《天要落雨娘要嫁》。2008年为新一代青年演员导演《春江月》。2009年为甬剧团导演《秋海棠》。此外，还导演过小戏《打窗楼》《拔兰花》《秋香送茶》《庵堂相会》《买豆腐》《吃蹄胖》等。

获奖剧目有：《浪子奇缘》参加浙江省首届戏剧节获优秀演出奖（未设其他奖项）；《马马虎虎》《荡妇》参加浙江省第三届戏剧节均获导演二等奖、优秀演出奖，参加宁波市戏剧节获导演一等奖、优秀演出奖；《爱情十字架》参加浙江省第四届戏剧节获优秀演出奖、导演一等奖及省艺委会最高奖"花仙奖"，次年该剧晋京参加第二届中国戏剧节获优秀演出奖（未设其他奖项）；《东瀛孤女》参加市第四届戏剧节获导演一等奖、优秀演出奖；《邻舍隔壁》参加市第五届戏剧节获导演一等奖、优秀演出奖。

我的导演宗旨是：①导演工作的第一合作人是编剧，我非常尊重编剧，并了解和熟悉他的创作特点。我对剧本不轻易改动，如有意见，我会及时向编剧提出；②我的导演追求是塑造"这一个"人物形象。导演是舞台综合艺术的指挥者，但各类艺术手段最终是为了塑造和体现人物形象，所以我对演员的表演要求非常严格，要求不能雷同。我经常说，一个好演员不能把生活中的"我"带到舞台生活中的"我"身上去。另外，你在这个戏中塑造了一个好的人物形象，他的特征动作千万不要再用到下一个戏中的人物身上，否则会千篇一律。另外，我很注意演员的表演分寸。有人曾问我："你为什么对演员下这么大的功夫？"我说一直记得著名导演黄佐临老师说过："导演要死在演员身上。"

汪莉珍导演《浪子奇缘》

另外，我对自己的要求也很严格。我是剧团的导演，不能离开剧团的演出，我要随时关注演员的表演艺术，尤其是青年演员的成长，所以他们下乡演出，我也下乡。做几场戏我就看几场戏，每次看都像是第一次看一样，百看不厌，看后发现问题，不管是好的还是不好的，随时同演员交流。

我在导演中很注重"出情出戏"。戏是靠各种情节组合起来的，是靠人物之间情感、情绪相互碰撞激发出来的。所以，有情才有戏，真正发自内心才能打动人，震撼人心。比如《浪子奇缘》中的第三场，唐海龙带郑亚娟回家，途中他向郑亚娟坦白自己原是骗过别人钱财的骗子，郑亚娟对唐海龙的突然表白顿时愤怒，举手打了唐海龙一记耳光，但我在导演构思时，觉得这记耳光打不下去，因为唐海龙没有骗过她，还是她的救命恩人，所以我改成：郑亚娟高高举手欲打，却重重地把手落在自己胸前，捶胸顿足，此时幕后爆发出一声无词歌"啊——"，这样更激动人心，更合理。又如《爱情十字架》中的第二场，当孟星华发现照片时，他痛苦又内疚，他需要冲击与呐喊，但他不能自由行动，我就用轮椅的几回激烈转动,最后翻倒在地,来体现他内心的极度激动与悲哀。第四场中,孟星华决定告别白芝兰,告别世界,他的内心同样激动与悲哀,我就用"静"来表现。

一个剧种的兴旺发展,靠各种艺术力量的强大,尤其是演员的新生力量,靠后继有人。所以我对一批批新演员很关注。我经常讲,我没有什么财富,只有唱过几十年的戏,有一点心得体会,谁要问我,只要肯学,我不要任何报酬,我都肯教。所以不管在剧团的排练场还是其他任何角落,只要被我看到有青年演员在自我练习,我都会上去指导。除剧团排练厅以外,我家就是第二排练厅。以前老房子有个方方正正的院子,适宜排戏,《渔水亭》《艳阳天》《夺印》《雷雨》都在这里排过,尤其是排《雷雨》的时候,那是在1978年7月,大热天,每天下午3点开始排到4点30分结束。晚上只能在房间里排戏,地方太小也无所谓,地方小可以排单人戏,如《啼笑因缘》这样的戏。

最后我想说说我对甬剧的感情,我爱甬剧,情有独钟。曾有人对甬剧失去信心,说甬剧不久要消亡,我不同意,回家大哭了一场。现在我看到甬剧不但没有消亡,还有了新的发展,我很高兴,我希望在我有生之年,能看到甬剧的兴旺,看到新生一代层出不穷。我爱戏剧艺术,我爱在这里、气在这里、死在这里。

三、对甬剧今后发展的建议

(1)多演宁波当地题材的现代戏。

(2)多演精品剧目,可以扩大影响,提高知名度,但同时也要多创作排演一般性的观众喜闻乐见的上演剧目,这样既可以满足观众要求,也可以增加收入,同时可以给青年演员更多的实践机会。

(3)可以多写一些反映民国时期和晚清时期的戏,这也是甬剧的表演特色所在。

(4)要使演员识谱,懂乐理,对唱腔要能分析解剖,逐步要求演员能自己设计唱腔。

李微

　　李微，生于1929年，1947年在南京就读于江苏省立江宁师范音乐科，1949年5月参军，先后在35军文工团、104师文工队、22军65师文工队工作，1954年底转入宁波甬剧团任作曲，1988年离休，原单位返聘至1994年。李微在35年的作曲生涯中，共为甬剧作曲百余部，主要作品有《姑娘心里不平静》《五姑娘》《新田螺姑娘》《亮眼哥》《姜喜喜》《三篙恨》《浪子奇缘》《泪血樱花》《啼笑因缘》（合作）、《荡妇》（合作）、戏曲电视剧甬剧《田螺姑娘》（合作）、《爱情十字架》（合作）等。其中，《姑娘心里不平静》《五姑娘》《亮眼哥》《姜喜喜》等灌制了唱片；《荡妇》参加浙江省第三届戏剧节获作曲二等奖；《爱情十字架》参加浙江省第四届戏剧节获作曲一等奖；戏曲电视剧甬剧《田螺姑娘》获"飞天奖"。李微既重视对传统的继承，也善于创新，他谱写的甬剧唱腔和乐曲，旋律优美、情深意畅。

　　李微除作曲外，还对甬剧史、甬剧音乐演变史、甬剧的现状和未来都作了长期的调查研究。1957年至1959年，他编写了《甬剧音乐资料》一书，内含甬剧史和甬剧音乐演变史及谱例二百多首；探索创建了^bB调系列板式唱腔；受聘担任《中国戏曲音乐集成·浙江卷》编辑，负责各滩簧剧种的音乐编辑；还担任《中国戏曲志·浙江分卷》宁波编委，撰写了大量甬剧分类条目。另外，他著有多篇关于甬剧的论文，发表于省内外多家刊物。

李微

　　2002年宁波市音乐家协会授予他"有突出成就的老音乐家"称号，2012年浙江省委宣传部、浙江省文化厅授予他"浙江省第一批优秀民间文艺人才"称号。可以说，在甬剧发展史上，李微是对甬剧音乐唱腔和甬剧史进行探索研究的一个较有影响的开拓者。

为了深入了解李微的剧团工作经历，记录其音乐唱腔的改革经验，以及对甬剧发展的建议，笔者与"甬剧老艺人抢救性保护工程"的成员于 2014 年 2 月 17 日赴杭州爱德医院采访了李微老人，并对其口述进行了详细的记录。

李微口述材料整理如下：

一、工作经历

我虽是学音乐出身，在部队也干过几年音乐工作，但对戏曲音乐工作来说是外行。刚到剧团时，我向周大风老师求教，他对我说："你首先必须虚心向老艺人学习，要沉下去，深深地沉下去，把甬剧的所有家底全部摸清楚。"于是，我每天除演出时参加伴奏外，随时随地都在向"师伯""阿姨"们求教，他们很喜欢我，很愿意告诉我甬剧有哪些曲调和如何唱，我边听边记。

1955 年春，甬剧团排演《金黛莱》要我作曲，我采用扬长避短、先易后难的方法：写配乐是我的长处，我写了许多应该写的配乐；唱腔方面我还未完全掌握，就少动它，只利用原来的男女"同调异腔"的特点，组织了一处男女声二重唱；利用小调改编成合唱；再就是写了些朝鲜舞蹈音乐。结果得到了观众和团内同志的一致好评，第一炮打响了，取得了全团对我的信任。

1955 年春，甬剧团招收了一批青年演员和演奏员，他（她）们不懂发声方法，不识简谱，这是发展、改革甬剧音乐的一大障碍。我征得领导同意，每天上午安排 20 分钟由我教演员练发声；40 分钟的唱腔课，将演员分组，由乐队同志配合，练习上演剧目的唱腔，或者传统唱腔，我和老艺人分别指导。每周上一次乐理课（对演员和乐队），这一制度（包括在甬剧青年队）一直坚持到 1966 年"文化大革命"开始前。

  宁波甬剧团上演剧目中所用的曲调（唱调）、唱腔和全剧的调高，原来都是由担任角色的演员自己定的，这样很杂乱、不统一，还有时与内容不符。1955年底，我对甬剧常用的曲调、唱腔基本了解了以后，与乐队同志商量并决定：将调高固定为1=C，兼用1=F和1=G。与演员们商量并决定：每部上演剧目唱调唱腔的设计和安排，首先由作曲者统一布局，初步安排；对于每段具体唱腔，一般的唱腔由演员设计，重点唱腔或较复杂的唱段由作曲者设计；通过试唱及与表演配合，进行检验修改，然后定稿。这种工作程序一直延用到20世纪90年代。

  1956年，我在上演剧目《草原之歌》中引用了"宁波走书"中的曲调还魂调，这已成为甬剧的常用曲调延用至今。我的原则是：凡是宁波的音乐元素尽量引用，非宁波的音乐元素则尽量不用或加以改造。

  1957年，浙江省文化局通知要出版本省各地方剧种的音乐，甬剧也在内。剧团领导把这项工作落实给我，要我负责收集、整理资料，撰写文章，编辑成书。翁正庭协助我记谱、刻写蜡纸，项敏、周志良、张德林负责印刷、装订。

  我便在前两年调查的基础上，向更大范围、更深层次调研。具体如下：

  （1）去上海，向堇风甬剧团老艺人进行调查；采访分散在上海和宁波周边乡下的以前的"串客""宁波滩簧"老艺人；采访"唱新闻"老艺人，并录音、记谱。

  （2）去上海、湖州、杭州、绍兴、余姚各地采访兄弟剧种的老艺人和专家。

  （3）从旧货店、地摊购买了大量旧唱片进行筛选，记录谱子。

  获得大量资料后，经过再三考证，编出了《甬剧音乐资料》第一稿。上报文化局，根据他们的意见作进一步修改，于1959年完成了第二稿《甬剧音乐资料》，内含《甬剧发展简略小史》《甬剧音乐唱腔演变史》和二百首各历史阶段的唱调、唱腔谱例。上报省文化局后，也不知何故，全省只出版了少数几个剧种的音乐，多数未出版，我们这本书也未出版，只是油印本。但通过编写此书，我找到了甬剧的源头，理清了甬剧发展的几个阶段，总结了甬剧的特色，找出了甬剧兴衰的经验和教训。

通过编写此书，我们还开展了以下系列的工作：

（1）挖掘并记录了自1920年至1958年间各个历史时期的所有代表性曲调和唱腔。

（2）对甬剧所有曲调、唱腔进行了分类整理和筛选，进行了第一次大汇编。并确定甬剧以基本调为主，以四明南词曲调为辅，乱弹曲调次之，民间小调再次之。

（3）大搞基本调建设，并使用于上演剧目中。

①1958年到1966年，掀起学传统、努力创新的高潮，建立基本调的板腔体系，探索建立行当唱腔，探索建立流派唱腔。

②创建 ^{b}B 调系列唱腔。这些举措在1958年到1966年的上演剧目中都进行了实验，实践证明效果良好，如《亮眼哥》《老冤家》《姜喜喜》《心事》等剧。

③改革了主胡，定弦也由52改为了26，还扩充了乐队，增添了上演剧目的音乐表现力和感染力。

虽然工作又多、又苦、又累，但我能在领导和同志们的支持下为我的理想——改革并发展甬剧音乐而奋斗，我还是感到很幸福的。

1964年4月，我被调往宁波甬剧青年队。调入青年队，本以为可以更好地实现甬剧唱腔改革和发展，但由于种种原因，^{b}B调唱腔改革计划还是中断了，很遗憾。

1969年底，我被调到宁波地区文工队（即后来的宁波地区越剧团）担任越剧作曲，干了九年。

1978年我又被调回宁波市甬剧团。这时各方面情况都已不同，无法继续搞 ^{b}B 调系列唱腔，我只能仍在1=C的基础上探索：将新、老基本调相互揉合，创造"板腔系列唱腔"（特别是"慢板"唱腔），努力创作精品唱段。

这两项工作从1978年持续至1991年，在多部创演剧目中都有体现，如《三篙恨》《泪血樱花》《啼笑因缘》《浪子奇缘》《魂断蓝桥》《魂牵万里月》《弹吉他的姑娘》《荡妇》《爱情十字架》《邻舍隔壁》等剧中都有不少精美的唱段。《浪子奇缘》中的"窗外华灯"曾由浙江广播电台作专题报道并长期播出；《马马虎虎》（合作）、《荡妇》（合作）参加宁波市戏剧节均获作曲一等奖，1986年我被评为市"优秀戏剧工作者"；《荡妇》（合作）参加省第三届戏剧节获作曲二等奖；《爱情十字架》（合作）参加省第四届戏剧节获作曲一等奖；戏曲电视剧甬剧《田螺姑娘》（合作）获"飞天奖"。

从1982年起，除在团里担任作曲外，我还受聘担任《中国戏曲音乐集成·浙江卷》编辑部编辑，负责各滩簧剧种音乐的编辑，还担任《中国戏曲志·浙江分卷》宁波市的编委、撰稿人，为甬剧编写了大量分类条目。另有多篇论文发表于《艺术研究》和《浙江戏曲音乐论文集》，如《甬剧渊源管窥》《应时而生，顺时而变》《乱弹在宁波》等。还有一篇2005年参加江、浙、沪滩簧剧种第四届研讨会的论文《近50年甬剧音乐唱腔的演变》，刊登于江苏省刊《百花》。

二、对甬剧发展的建议

（1）甬剧的历史经验就是"应时而生，顺时而变"，否则将出现危机。

（2）甬剧创演剧目应以当代戏为主，近代戏为辅，少演古装戏。

（3）必须有自己的高水平的主创班子，必须不断培养唱做俱佳的演员队伍。

（4）培训内容和培训方式方法必须改革，不能老是简单的"模仿"，要让学员懂得"为什么要这样"。

（5）要向外国音乐剧学习。

以心血铸就的演艺之路——曹定英

新中国成立以来，宁波新甬剧在政府的大力支持下，积极培养新文艺工作者，开办甬剧培训班，培养出了第三代甬剧演员，曹定英、杨柳汀等都是其中的代表。他们具有良好的艺术功底，毕业后在演出实践中迅速成长，可惜不久遭逢"文化大革命"，他们这批青年演员被迫改行越剧。"四人帮"被粉碎后，宁波市甬剧团又正式挂牌，曹定英等才得以重返甬剧舞台，并在之后的十余年充分发挥他们的艺术才华，创造了一个又一个富有光彩的艺术形象。但在20世纪80年代后半期，戏曲界潜在的忧患也日渐显露出来，最明显的就是观众的大批流失，剧团经济上开始陷于困顿，到了20世纪90年代，随着信息技术的快速发展和文化娱乐方式的多元化，这一现象更为明显，曹定英等演员面临极大的冲击，但仍不改初衷。在跌宕多变的时局中，曹定英坚守甬剧，以自己的勤奋、刻苦去打磨角色，推进甬剧的戏曲化，苦心孤诣、英年早逝的她以心血铸就了自己的演艺之路。

曹定英，1947年生，1959年12月考入宁波市戏曲学校甬剧班。1964年从戏曲学校毕业，分配到刚成立的宁波甬剧青年队担任主要演员。就当时的背景来看，1959年，宁波市政府开办甬剧培训班，开始系统地培养曹定英、杨柳汀、卓胜祖、王利棠、郑顺琴等新的革命文艺工作者。他们既学习唱腔，也学习身段、武功，还学习文化课，打下了扎实的基础，他们后来都成为了文艺骨干。1964年4月，宁波市成立了甬剧青年队，演员大多来自于甬剧训练班的学生。他们一反"话剧+唱"的甬剧传统程式，在《红珊瑚》《红色娘子军》《芦荡火种》等新戏中，讲究表演的舞蹈化和身段化，运用音乐的锣鼓经。青年队除演出上述革命历史剧外，还演《半把剪刀》《双玉蝉》等传统戏，更演《夺印》《红花曲》等现代戏。从此，甬剧的戏路宽广了。演员能做跌、打、滚、翻的武功戏，朝着戏曲化的方向大大前进了一步。青年队的演出，在当时获得较大的成功，仅《山乡风云》一剧，就在天然舞台连演四十场。一批新演员在青年队中成长起来，曹定英等都是其中的佼佼者。

1963年底，宁波甬剧在华东会演前演于上海，《传家宝》引起好评，《姜喜喜》搬上电视，《亮眼哥》更为各地剧种竞相移植。1964年，宁波甬剧总共搞了十部现代戏，即所谓从"红"(《红岩》)到"亮"(《亮眼哥》)，一时剧团兴旺，创作繁荣，标志着宁波新甬剧又一个发展高峰的形成。

1964年，正当宁波新甬剧沿着"从'红'到'亮'"的道路发展，处于新中国成立以来最繁荣阶段的时候，一股扼杀文艺"百花齐放"的"极左"思潮泛滥成灾，甬剧当然不能幸免于难。1965年底，剧团即投入社会主义教育运动。"文化大革命"以后，除了1967年偶尔演些《海港》等样板戏之外，新甬剧的演出活动已经基本停止。1965年，宁波甬剧青年队首先解散。1969年，宁波甬剧团解散。曹定英和其他一大批青年甬剧演员调到宁波地区越剧团，改行越剧。宁波新甬剧受到十年动乱的冲击，暂时告一段落。

1976年，"四人帮"被粉碎后，宁波市甬剧团才正式挂牌。1978年，被迫改行去宁波地区越剧团工作的曹定英等29位男女演员、作曲、乐队、舞美等骨干又调了回来，大大加强了甬剧的阵容；加上市甬剧团调回来的金玉兰、陈月琴、王文斌等原来的主要演员，以及石雪松、杨佳玲、沃幸康等一批在1972年进入文宣队的学员，剧团一时人才济济。但宁波甬剧青年队一直未能恢复。在当地政府的支持下，宁波新甬剧开始全面复苏，逐渐进入一个新的繁荣期。

重建后的宁波市甬剧团坚持"两条腿走路"和"三并举"的方针，既抓新剧目的创作，也复排了一批优秀的传统剧目。

1977 年到 1981 年，宁波市甬剧团先后上演了现代戏和时装戏《夺印》《何陈庄》《霓虹灯下的哨兵》《枫叶红了的时候》《泪血樱花》《少奶奶的扇子》《返魂香》《茶花女》《魂断蓝桥》《魂牵万里月》等，又排演了《亮眼哥》《雷雨》《日出》《半把剪刀》《双玉蝉》《天要落雨娘要嫁》《啼笑因缘》等优秀剧目；此外，还上演了由胡小孩、谢枋、天方三人合作编剧的新编古装戏《三篙恨》。其中 1978 年 12 月，宁波市甬剧团重建后首次去上海演出移植剧目《雷雨》，受到广大群众的热烈欢迎，乃至出现观众连夜排队买票、一票难求的盛况。甬剧的唱腔、表演、导演、舞台艺术等，受到了专家和群众的广泛好评。

《返魂香》剧照

1982 年，宁波市甬剧团又演出了由天方、杨东标编剧的现代戏《浪子奇缘》。1983 年，宁波市甬剧团上演由谢宗尧、孙仰芳编剧、陈炳尧导演的现代戏《嫁娘记》。1987 年，宁波市甬剧团上演由天方编剧的《荡妇》、王信厚编剧的《马马虎虎》。1989 年，宁波市甬剧团在浙江省第四届戏剧节上，演出了由王信厚编剧的现代大型喜剧《秀才的婚事》和天方编剧的现代抒情剧《爱情十字架》。这些剧目都屡获大奖。

  曹定英于1978年回到了重建不久的宁波市甬剧团。1979年10月，曹定英出席了全国第四次文代会。1980年她参加浙江省专业剧团青年演员会演，获得一等奖。1982年，曹定英又在浙江省第三届戏剧节上扮演《荡妇》中的梅女，荣获演员一等奖。1984年，她又参加全国第四次戏剧家代表大会。作为剧团的主要演员，曹定英在一系列角色塑造中，表现出出色的艺术才华。她在表演艺术上既具有较强的独立塑造人物的能力，又能熟练运用戏曲表演技巧。表演刚柔相济，感情真切，细腻动人。在唱腔上，她不但熟悉甬剧各类曲调的唱法，还能根据不同人物独立安排设计各类唱腔。她特别擅长演唱长段的清板唱腔，在《杨淑英告状》《半把剪刀》《天要落雨娘要嫁》等剧目中，清板达百句以上，而曹定英的演唱自然流畅，咬字清晰有力，能根据人物感情的需要，正确把握节奏，合理安排板眼。

《荡妇》剧照

曹定英的表演打破传统程式，屡有创新。例如，她扮演《半把剪刀》中的陈金娥，第一、二场反映"宴夜受污"的单纯，表情天真、朴实，显现"被污遭逐"的惊忙，擅用戏曲化的台步和眼神；第三、六场表演"姐弟释疑"和"投河遇救"，突出感情上的"悲"和"呆"；第七场起，重点刻画人物由沉默到仇恨的性格变化；临末一场，才连用一百句长段唱腔，集中抒发她仇恨心理的火山式爆发，最后完成对主人公反抗性格的塑造。曹定英在塑造这个形象的过程中，是基于对人物命运的深刻理解和同情，运用了戏曲传统的创造手法：唱腔、白口上层次分明，圆场、云手、鹞子翻身等身段娴熟；同时，借鉴了话剧表演手法，努力在人物之间的关系和规定情境中寻找金娥的性格基调和舞台的贯穿动作，去除了甬剧中故弄噱头、游离剧情和人物的表演陋习。在"姐弟释疑"一场中的一段白口，她保留了由慢到快、一气呵成的优点。曹定英曾说："我是从人物的情感出发，避免了为技巧而技巧的表演，我借鉴了话剧那种较为写实的表演。"曹定英擅长长段的清板唱腔。"法场辩仇"一场中金娥近百句的清板，达到了运腔自然流畅、咬字清晰有力，根据人物感情需要，正确把握节奏和合理安排板眼，声情并茂，将人物的情感推向了最高点。

《半把剪刀》剧照

《山乡风云》里，曹定英为了表现出刘琴策马戎装、飒爽英姿的大无畏英勇气概，在书房"智斩尾蛇"一场戏中，她合理地运用越剧小生的台步、指法等表演程式，使人物达到典雅、清高、脱俗的境界，以正压邪，使对面的敌人望而生畏、狼狈不堪，突破了以往甬剧表演缺乏身段动作、"话剧+唱"的简单化处理。她扮演《泪血樱花》里的樱枝，根据人物身兼学者、母亲、爱人的特点，主要借鉴话剧手法，通过一系列说白和形态动作，渲染人物身上知识分子的风雅和日本妇女的温良多情，刻画出主人公内心世界里惊喜和激动、抑制和冲动、痛苦和崇高相交织的复杂情感，把人物演得血肉丰满，深深地打动了观众。

曹定英在三十年的舞台生涯中，共塑造了四十多个人物形象，主要有《山乡风云》中的刘琴、《刘胡兰》中的刘胡兰、《红色娘子军》中的琼花、《芦荡火种》中的阿庆嫂、《锻炼》中的姚慧英、《夺印》中的胡素芳、《血榜记》中的杨素英、《红花曲》中的肖桂英、《迎新曲》中的小梅、《双莲记》中的崔红莲、《南海长城》中的阿螺、《红灯记》中的李铁梅、《朝外货》中的青霞、《红松站》中的春岚、《雷雨》中的四凤、《亮眼哥》中的田玉柳、《少奶奶的扇子》中的金蔓萍、《返魂香》中的七小姐、《茶花女》中的茶花女、《泪血樱花》中的樱枝、《三篙恨》中的白玉凤、《筱丹桂之死》中的筱丹桂、《三县并审》中的祝魏氏、《琴岛激浪》中的苏妻、《春江月》中的柳明月、《嫁娘记》中的文静、《未婚妻》中的林淑芳、《茉莉花传奇》中的联弟、《双玉蝉》中的谢芳儿、《天要落雨娘要嫁》中的林氏、《半把剪刀》中的陈金娥、《荡妇》中的梅女、《爱情十字架》中的孟月华，多次获得省市大奖，并得到众多观众的认可。这也是甬剧发展的一个黄金时期。

但就在这看似辉煌的时刻，戏曲界的危机已经悄悄袭来，喝彩的背后是戏曲整体处于徘徊乃至退步的状态，以及观众兴趣的转移。最迟在1982年左右，戏曲界整体开始露出衰退的迹象，"文化大革命"刚结束时出现的报复性的"传统戏曲热"逐渐降温，演出上座率不断下降。这个时期，甬剧整体上处于恢复和发展期，老演员演技臻于成熟，新人开始培养出来，编剧力量较强，有一批新创剧目在省市乃至全国获奖；但在20世纪80年代后半期，潜在的忧患也日渐显露出来，最明显的就是观众的大批流失，剧团经济上开始陷于困顿，到了20世纪90年代，随着信息技术的快速发展，这一现象更为明显。

20世纪90年代是信息化时代，也是知识经济时代。随着改革开放的深入及中国经济的急剧发展，人民的生活水平不断提高，人们的娱乐形式日趋多样化。同时，自1995年中国加入WTO及伴随着互联网在世界范围内的普及，极大的丰富和改善了人们的生活方式，也造成了人们对更高质量的艺术与美的追求。同时，东西方各种新的思潮、观念的涌入，使人们在目不暇接的同时，也离具有浓厚农耕文明色彩的传统戏曲越来越远。于是，传统的戏曲从内容到形式都难以抵御电影、电视、网络游戏等多种娱乐休闲方式和新的表现题材的冲击，走进城市后的戏曲又在城市中失去观众，戏曲事业走入低谷，只好重新回到自己的起点农村，从而引发了严重的戏曲危机。

随着戏曲事业的整体下滑，甬剧也难逃这种尴尬，甬剧市场日渐萎缩，尤其失去了很多年轻观众。号称"天下第一团"的宁波甬剧团进入了"天下末一团"的危机，20世纪90年代中期，甬剧几乎从城市的舞台上消失了，回到了农村舞台。由此直接导致了剧团效益差，演员待遇低，甚至连医药费都难以尽快落实。曹定英又恰逢其时，身患绝症，又忧心医药费用等，加上多年劳累，竟在2000年英年早逝，在其演艺高峰阶段不幸陨落，未能看到其后甬剧新的发展与振兴，殊为可惜。

为了解曹定英的演艺经历，以及当时剧团的情况等，笔者与"甬剧老艺人抢救性保护工程"的成员于2014年7月14日在宁波和美文化艺术发展中心采访了曹定英的丈夫沈瑞龙，并对其口述进行记录，从中可以对曹定英以心血铸就的演艺生涯及为人处世等有更深入的了解。

沈瑞龙口述材料整理如下：

曹定英 1959 年底到戏曲学校，她人很善良，在家里是贤妻良母，在单位以善为本。

她把艺术看得比生命还重要。例如，排《老总和情人》时，她年近五十，人有点发福，她为演角色而减肥，曾经晕倒在宾馆里，后面身体不好也与此有关。

她天赋不算好，长得还好，演唱底子不算好，但关键是她非常努力，非常刻苦，真正做到戏比天大，从不偷懒。演《半把剪刀》唱长功，她天天练几十遍。而且她不耻下问，没架子，虚心请教，尊重人。

从曹定英一生的艺术生涯来看，最大的特点是刻苦，当初调到文宣队，她本不会唱越剧，演《报童之歌》，白口，要讲普通话，她讲不好，又需要唱徐派，这些都是她不擅长的，她就没日没夜地找人学习。她自尊心很强，学东西一定要学好为止。

当时剧团的名利之争比现在厉害，搞得她很焦急，大家争角色、彼此嫉妒等比较明显，她还是比较大气的，也有主动退出演 B 角的。这也是文艺界的痼疾，阻碍了艺术的进一步提高。甬剧表现得尤为厉害，原因在于甬剧局限性大，天地小，与演员所受的教育、本身的教养、出身都有关，京剧、话剧演员有些本身受过高等教育，流派多，视界开阔。甬剧演员中小市民习气比其他剧种严重，勾心斗角。

曹定英始终有自己的定位：我是甬剧出身的，离开甬剧我什么也不是了。为了给甬剧争取经费，她去拉赞助，喝酒喝得吐血。为造白云剧场，当时担任副团长、政协委员的她到处奔走。

1997 年左右，她被查出患直肠癌，住到医院后还在关注《风雨一家人》的出演，还在背剧本。后来癌都转移到肝脏了。2000 年去世，她吃尽苦头，后来在北京治疗，可惜化疗已经做不了了。她求生欲望很强，生病时心情也抑郁，也忧心医疗费。曹定英去世了，家里可谓费尽钱财人也没留住。

甬剧国家级代表性传承人——杨柳汀

杨柳汀，1947年出生，宁波新甬剧的第三代演员。他在"文化大革命"前经历过系统的专业训练，工作不久被迫改行从事越剧等，在"文化大革命"以后得以继续甬剧演艺生涯，屡获大奖，不断把自己的演艺水平推向新的高度，获评国家一级演员，并且获得国务院特殊津贴。他善于把其他剧种的优点融入甬剧中，形成自己独特的表演风格。在新世纪国家保护非物质文化遗产的热潮中，2008年甬剧获评第二批国家级非物质文化遗产，2012年杨柳汀被评为甬剧国家级代表性传承人，悉心研究甬剧，指导剧目排练，培养青年演员。

杨柳汀1961年考入宁波市戏曲学校从事甬剧表演，在48年的表演艺术生涯中，担任过几十部作品中的主要角色，有《半把剪刀》中的曹锦棠、《雷雨》中的周萍、《天要落雨娘要嫁》中的杜文、《泪血樱花》中的村山师光、《啼笑因缘》中的樊家树、《茶花女》中的杜达民、《少奶奶的扇子》中的徐志明等。他扮相俊美，表演自然，戏路宽广，既擅演风流小生，也能演喜剧角色。

《天要落雨娘要嫁》剧照

杨柳汀善于抓住人物的性格特征，他的表演真挚而富有激情，擅长在音色、形态、动作上体现人物内心复杂的心理活动，并能把京剧、歌舞剧、越剧等剧种的元素有机融入甬剧表演中，丰富了剧种的表现力。例如，他演《雷雨》中的周萍，潇洒中透露出轻薄，蕴藉中显出颓唐，并以他那出色的表演动作和声情并茂的唱腔，赢得了观众的热烈赞扬。他的表演十分讲究身段造型，舞蹈、武功尤为出色。他演《亮眼哥》中的王坤生，"飞雪"一场戏把身段、舞蹈、武功有机结合，大获好评。在传统时装戏《啼笑因缘》的演出中，杨柳汀饰演男主角樊家树。这是一部描写20世纪30年代北京大学生樊家树与青年大鼓艺人沈凤喜一见钟情、深深相爱，最后，凤喜又被军阀刘将军霸占直到逼疯的爱情悲剧。在这部戏的表演风格上，杨柳汀主要突出了樊家树的书生气和对凤喜的一片深情。特别是杨柳汀在演唱"西风起，落叶纷"这段唱时，他唱得情浓似酒、深若云天，给观众一种无限悲郁的艺术感染力。在《马马虎虎》的演出中，杨柳汀则突出了马虎厂长在小事上随和豁达，而在原则问题上坚持不让的性格。尽管在剧中，马虎厂长的感情变化落差很大，但杨柳汀的表情和动作节奏处理都显得比较连贯统一。在这部喜剧的表演风格上，杨柳汀把来自人物性格上的喜剧因素与矛盾冲突表现得巧妙精彩，富有特色。尤其是马虎厂长与未婚妻房盼盼为分房问题发生冲突的一场戏，杨柳汀的表演，从形体到念白都显得十分俏皮。他演唱那段"马虎难，难马虎"时，用其清亮圆润的嗓音感叹出现实生活中企业改革者复杂微妙的心理。

2002年，在《典妻》的排演中，他演老秀才，在得知"妻"把他所赠青玉戒给了大夫为大儿子春宝治病时，一时怒不可遏，恶狠狠地白了"妻"一眼，忿忿地说："算我瞎了眼，养了你这条白眼狼！"说着愤然而去。走了几步，又觉得"妻"这一年多来还算不错，觉得自己刚才有些不妥，又转回身来，斜视着"妻"那委屈的身子，若无其事地讪笑着走近"妻"，悄悄地说："刚才我也是一时之气，其实我在心里是疼你的啦！"特意强调一个"疼"字让"妻"知道。此时"大娘"早在门口看到了，一声"老爷"，秀才惊觉，又来一个急转身，摆起架子提高嗓门故意嚷给"大娘"听听——我在教训她："古人说得不错，唯女子和小人难养也，此言不谬,此言不谬。"口吟诗调,足踩方步,一副儒者模样悻悻而去。这段戏以反差、对比的方法,适度强化放大,生动地表现出老秀才的虚伪、自私和两面派的本质,塑造了一个有血有肉的鲜明的人物形象。在几十年的表演生涯中,杨柳汀逐步探索出了一条重人物、重性格、重生活、重内在情感的演剧路子。可以说,松弛洒脱的表演、清澈明亮的嗓音、真实细腻的情感,形成了杨柳汀独特的表演风格。

为了深入了解杨柳汀的演艺情况和他对剧种发展、青年演员培养的想法,笔者与"甬剧老艺人抢救性保护工程"成员于2014年7月8日采访了杨柳汀老师,相比于自己的演艺生涯,杨柳汀老师更着急于甬剧发展中存在的问题和怎样培养好青年演员,让甬剧这一非物质文化遗产能更好地传承下去。

杨柳汀口述材料整理如下:

一、艺术生涯

1. 戏曲训练班时期

我于1961年考进戏曲训练班,那时候戏曲学校的艺训班有京剧、越剧、甬剧、曲艺、歌舞团五家,1960年大批招生,1961年补充招生,我那时就进去了。我之前在宁波栎木小学读书,戏曲训练班招生时,老师建议我去考考,因为我原来在学校有文艺特长。我考试时唱了一首《社会主义好》,老师说嗓子不错,音区高,被入选了。1961年8月10日去戏曲训练班报到,我当时也收到了少体校的报到通知,后来因为考虑到家庭经济情况不好,戏曲班有工资,可以早点工作,就选择去学戏了。

因为我学戏已经算晚了,就先训练搁腿等,再由老师确定去哪里,于是我先去了越剧班,后来才去的甬剧班,因为当时越剧推广男女合演也有困难。当时训练班有不少京剧老师,按照京剧路子来训练学员,我从中学到了不少东西,如戏曲身段、把子功、扇子、越马、毯子功、扫蹚、单刀枪等。学了三年,后来与1960年招进来的一批人同时毕业的。

2. "文化大革命"时期

1964 年，我们毕业没几个月，"文化大革命"开始了，很多戏演不来了，剧团乱套了，几年来基本没演什么戏，1970 年新编《红太阳照耀安源山》，是歌舞剧，选拔男主角，我是候选人之一。我跟着几个老师学舞蹈，赤膊演出。当时也没有分剧种，大家都在一起，叫演出队，去部队等地演出。

1971 年，组建宁波地区毛泽东思想文艺宣传队，我也在其中。那时改革越剧，提出男女合演，移植革命样板戏《沙家浜》，拉了五稿，前后历时两三年，演到后来把我们自己都搞糊涂了。样板戏排戏必须是一招一式，不能走样的，在此期间我确实打下了比较好的基础。《沙家浜》中我演郭建光，此后出演过《奇袭白虎团》《平原作战》等。1978 年，在《报童之歌》中我演周恩来，该剧是向南京越剧团学习的。我搞了八年越剧。1978 年回到市甬剧团。

3. 1978 年至 2002 年

1975 年恢复成立甬剧团，剧团需要加强力量，原来的人回来，演出剧目开禁。1978 年，原来甬剧青年队出来的人回到了甬剧团，排演《雷雨》，我饰演周萍，沃幸康饰演周冲，汪莉珍饰演鲁妈等。1978 年，在上海瑞金剧场演出了《雷雨》，上海观众争相买票，演出一鸣惊人，该剧在剧情、表演等方面都有突破。

我正、反面角色都能演，1978 年排演《亮眼哥》，我曾饰演地主的儿子。《亮眼哥》中"飞雪"一场戏，我边舞边唱，上海观众觉得很新奇，突破了对原先甬剧的认识。我们在排演中加进去了戏曲的东西，不是原来一味的"话剧+唱"，观众反响很好。

回来后，剧团排演《半把剪刀》，这是经典剧目，大家都知道，以前在艺校的时候就排过，我演曹锦棠。《半把剪刀》后来在上海演出，反响很好。当时上海堇凤甬剧团已经不在了，老人也少了，可惜《半把剪刀》录像录了一半就停电了，录像也没能保留下来。

《雷雨》剧照

《亮眼哥》剧照

"文化大革命"后五六年，演出还比较受欢迎，其后港台的东西过来了，演出环境变化，1985年左右戏剧演出热度下来了，老的剧目也演光了，需要移植剧目，之后甬剧境况日趋困难。

回到甬剧团，原来样板戏、京剧的东西用不上了，但对塑造形象等还是有用的。

2002年参演《典妻》，当时我其实已经提前退休了。因为那时候有个阳光政策，允许我们提前五年退休。

二、获奖、评优情况

1980年，《泪血樱花》中演村山师光，获浙江省青年演员会演演员二等奖；1983年，《浪子奇缘》中演唐海龙，获浙江省首届戏剧节优秀演出奖；1984年，《茉莉花传奇》中演郭天亮，获宁波市首届戏剧节演员表演奖；1986年，《马马虎虎》中饰马虎，获宁波市第二届戏剧节优秀表演奖，1987年获浙江省第三届戏剧节演员一等奖；1989年，《杨乃武与小白菜》中饰杨乃武，获浙江省戏剧中年演员精英大奖赛优秀表演奖；1989年10月，宁波市首届文化艺术节暨第三届戏剧节，获评1989年十大戏曲明星；1989年10月，《秀才的婚事》中饰梁书香，获浙江省第四届戏剧节演员一等奖，1990年晋京参加第二届中国戏剧节获优秀演员奖；1991年11月，《东瀛孤女》中饰贵生，获宁波市第四届戏剧节演员一等奖；1995年11月，《警囚重逢》中饰罗忠民，获宁波市第六届戏剧节演员一等奖，获浙江省第六届戏剧节演员一等奖，1995年12月晋京参加全国戏曲现代戏交流演出获优秀表演奖；1995年11月，浙江省文化厅艺术委员会授予金艺奖；2002年，《典妻》中饰秀才，获宁波市第九届戏剧节演员特等奖，获浙江省第九届戏剧节优秀表演奖，2003年获第八届中国戏剧节表演奖。

1979年和1982年先后被评为宁波市先进工作者，1982年当选宁波市第七届人代会代表，1983年加入中国共产党，1986年任宁波市甬剧团团长、支部书记，1983年任浙江省第五届政协委员，1988年任浙江省第六届政协委员，1993年任浙江省第七届政协委员，1998年任浙江省第八届政协委员。

1992年享受国务院特殊津贴，1996年被评为国家一级演员。2009年被评为宁波市非物质文化遗产（甬剧）传承人、浙江省非物质文化遗产（甬剧）传承人，2012年被评为国家级非物质文化遗产甬剧代表性传承人。为中国剧协会员、中国剧协浙江分会会员，入选《中国人才库》文艺卷《中国当代文化艺术名人》及《中国当代戏曲艺术家传略》《世界华人文学艺术界名人录》《当代中国戏剧代表艺术家大辞典》《中国当代文艺家名录》《中国文艺家传记》。

三、对甬剧发展的想法、建议

1. 甬剧艺术改革

甬剧发展关键在于对自身艺术上的改革。甬剧这个剧种还没有定型，基本上还是属于"话剧+唱"，甬剧在浙江省戏曲中属于比较有特色的，不同于其他戏曲，如越剧本体是才子佳人，像《梁祝》这样的；京剧本体是帝王将相等；而甬剧还没有定型。

"话剧+唱"有利有弊，具体说来如下：

（1）利在于甬剧适合于演现代戏，不局限于程式动作，而这是戏曲的致命伤，戏曲人物严格根据行当来分配。我认为根据人物来演角色才更合理，而甬剧没有这个束缚，没有行当的严格区分。京剧、越剧、豫剧等都有行当，以演古装传统戏为主，行当很规范、很细腻，这是戏曲最大的特点，而甬剧没有行当，所以去省里会演比赛很吃亏。

甬剧没有很严格的规范，比较随便，《典妻》之所以被评说为"里程碑"，在于它突破了甬剧原有的本体样式，载歌载舞，符合戏曲本体的要求，剧情、人物、动作、内在表现都不错，演起来很舒服，自己觉得是种享受，这就是成功了。这个戏突破了甬剧原有的表现手法，是个创新，是个成功。当然不可能每部戏都这么去搞，这里有导演的艺术境界，《典妻》不是"话剧+唱"，是戏曲化的东西，而且有时代感，比较超前。我认为甬剧应该往这方面去努力，让剧种戏曲化、耐看，不能总是"话剧+唱"。

五十年前，甬剧演唱很自由、很随意，从《两兄弟》开始规范，有专门的导演、编剧。《两兄弟》在华东会演得奖，出了点名，但与《天仙配》等相比还是有区别的，《天仙配》是戏曲，而《两兄弟》跟它不一样。

（2）弊在于甬剧缺少功底，缺少载歌载舞的能力，适合演现代戏，面临的改革任务很繁重，不知往哪个方向去发展好。现在的演员缺少演古装戏的功底，上几代的演员也是如此。《双玉蝉》剧目，后来出名的是移植该剧的温州越剧团，因为甬剧缺少功底、演员不会水袖等，甬剧的唱腔旋律也不适合水袖，没法把《双玉蝉》进一步演绎好。

甬剧没有锣鼓经（锣鼓经是从京剧搬过来的），姚剧、沪剧也没有，导致这些剧种不像戏曲，而锡剧、瓯剧有锣鼓经，易于移植戏曲的东西，也就没有相应的肢体动作了。所以甬剧难以进入戏曲的范畴，只能算是在戏剧的范畴。目前甬剧只能勉强地生存，继续"话剧+唱"的形式，甬剧急需从中理出一条康庄大道来，然后就按照这个路子走下去，但需要走好。

2. 怎样培养青年演员

甬剧发展的关键还是要在现有基础上演好每一部戏，在现有基础上加点戏曲动作、舞蹈动作等还是可行的，尽量往戏曲化靠拢，但不能把自己接近生活、接近时代、感情交流真实的好传统给丢掉了。学的东西要能用，不能不伦不类的。甬剧表演要讲究人物内心矛盾冲突的展现。甬剧必须要有好的剧目，再加上好演员、好导演、好乐队，才能成功。

软件不上去，光硬件不行。搞艺术只能是爱好、兴趣，不可能发财的，甬剧人要有这个认识，名利追求不是坏事，但不能损人利己，要在追求的过程中有总结、提高，不能听不进去别的意见。甬剧可以在原有基础上重新修整、提高，像青春版的越剧《牡丹亭》，甬剧《半把剪刀》也可以重新修整、提高。现在的问题还在于软件找不到，小生、小旦都缺，缺像样的演员。

甬剧作为"非遗"不能"废"了，国家对此是重视的。演员是"捧"出来的，没人"捧"就没戏了，戏也一样，要靠大家努力的，打铁还靠自身硬。

戏必须要能抓住观众，要培养一批爱好者。现在业余剧团不少，但剧目不够，演的多是《半把剪刀》等老戏，虽然观众也喜欢看。甬剧要有迎合观众口味的好剧目，观众还是爱看西装旗袍戏、古装戏、清装戏，现代戏农村观众不爱看，而且大布景、大舞台在农村舞台也放不下。小创作，大市场，戏曲又回归过来了。

"退休"不了的作曲人——戴纬

音乐唱腔，是一个剧种最大的特色，历代甬剧人不断为丰富、完善唱腔而努力，努力让甬剧变得更好唱、更好听。生于1945年的戴纬是宁波市甬剧团的专职音乐作曲，从1963年进团工作，至今已经累计从事唱腔设计四十多年，成果丰硕。虽然就年龄而论，戴纬早已退休，却一直以来"退而不休"，因为没有接班人，戴纬目前仍是宁波市甬剧团唯一的"在职"作曲。在当下的文化氛围中，小众化的地方剧种，面临着创作和表演队伍共同的不足，其保护和传承皆是迫在眉睫，而地方剧种原有曲调的庞杂和走向现代的不易，使作曲人才尤为急缺。

戴纬既有丰富的实践经验，又有扎实的理论基础，他不断探索剧种本体与外来元素的有机融合，对传统程式进行冲击和突破，在继承与革新中努力使甬剧唱腔的形式与内容、剧种风格与时代气息辩证统一。他参与的主要曲作有《雷雨》《少奶奶的扇子》《魂牵万里月》《泪血樱花》《日出》《三篙恨》《荡妇》《马马虎虎》《爱情十字架》《秀才的婚事》《东瀛孤女》《邻舍隔壁》《阿寿哥》《警囚重逢》（又名《罗科长下岗》）《宁波人在香港》《好母亲》《典妻》《风雨祠堂》《宁波大哥》《安娣》《筑梦》等八十多部。其中，《荡妇》获浙江省第二届戏剧节作曲二等奖、《马马虎虎》获三等奖，《爱情十字架》获浙江省第四届戏剧节作曲一等奖，《警囚重逢》获浙江省第六届戏剧节作曲二等奖和文化部现代戏调研作曲二等奖，《宁波人在香港》获浙江省第七届戏剧节作曲一等奖，音乐剧《桑兰》获浙江省第八届戏剧节作曲二等奖，《典妻》和《风雨祠堂》分别获得浙江省第八届、第九届戏剧节优秀唱腔设计奖。

为了更深入了解戴纬的作曲生涯和他对剧种发展的建议，笔者与"甬剧老艺人抢救性保护工程"成员于2014年7月8日采访了戴纬，下面是他的口述记录。

戴纬口述材料整理如下：

一、工作经历

1960年，戏曲学校招生，当时我在宁波鄞县横街东岗头村乡下学校读初二，我会拉胡琴，老师把我推荐上去了。我在宁波中营巷戏曲学校参加面试，考乐队，拉了一支《社会主义好》的曲子，考进了。先分到了歌舞班，两个月后歌舞班解散，再分到甬剧班。我先学习三弦，后来因为邵孝衍老师需要人记谱、照顾，于是我开始跟着邵孝衍老师学习记谱。

毕业后，1964年下半年，宁波市甬剧团青年队成立，当时杨柳汀、曹定英等都在，团部在冷静街，团长是江梦飞，编剧是王信厚。"文化大革命"后青年队解散，大家等分配，我去了地区越剧团，还有一批人去了工厂，如郭兴根、全碧水等。越剧团里搞音乐改革，成立音乐组，搞样板戏，我担任组长，搞过《沙家浜》《奇袭白虎山》《平原作战》《祥林嫂》《报童之歌》等。

1972年，文宣队组建，缺作曲人，1973年我被调到文宣队搞作曲，排的第一部戏是《鱼水亭》，后来排过《棉花姑娘》《一副保险带》，还有复排《山乡风云》等。之后排过《春苗》《枫叶红了的时候》《霓虹灯下的哨兵》《青春似火》等。1978年排的《雷雨》是个高峰，还有《亮眼哥》。上海堇风甬剧团当时用D调，宁波甬剧团当时用$^{\flat}$B调。

人称宁波人看戏，上海人听戏。我们曾考虑把原来堇风甬剧团的东西拿过来，唱C调，下腔维持宁波原来的曲调，现在是把宁波和上海好的东西结合起来了。

1981年下半年到1983年上半年，我在上海音乐学院专修班读书。当时与本科班一起上课，学校师资力量很强，期间还参排了《啼笑因缘》。从上海回来后，我与李微分工合作，相互借鉴，都有所提高。1992年李微离休，其后排的《大雷雨》《东瀛孤女》《弹吉他的姑娘》等，都由我一个人作曲。

我前前后后参与作曲有八十多部戏，除了《浪子奇缘》没有参加，因为当时在上海读书，其他的戏基本上都参加了。甬剧从《典妻》开始往上走了，《典妻》《美丽老师》《宁波大哥》《筑梦》《秋海棠》《风雨祠堂》《安娣》基本上都得了大奖。我一生都没有离开作曲，前后有四十多年。

二、创作得奖情况

《荡妇》获浙江省第二届戏剧节作曲二等奖、《马马虎虎》获三等奖，《爱情十字架》获浙江省第四届戏剧节作曲一等奖，《警囚重逢》（又名《罗科长下岗》）获浙江省第六届戏剧节作曲二等奖、文化部现代戏调研作曲二等奖，《宁波人在香港》获浙江省第七届戏剧节作曲一等奖，音乐剧《桑兰》获浙江省第八届戏剧节作曲二等奖，《典妻》和《风雨祠堂》分别获得浙江省第八届、第九届戏剧节优秀唱腔设计奖。

三、对甬剧发展的建议

（1）体制问题。从剧种来看，与古老剧种相比，甬剧贴近生活，比较有生命力。问题在于演员的专业心不足，尤其在剧团改制以后，女演员专心工作的很少。剧团后继无人，原来还有事业编制的吸引力，到贺磊一批人还能考事业编制，现在改了企业编制后，更吃不准了。体制问题很突出，不解决的话，前景堪忧。

（2）青年演员培养问题。在艺术上，王锦文一辈在舞台上还能撑得起来，下一辈比起来差一点，更下一辈更不行了，培养下一代的问题非常突出。甬剧青年演员最好在宁波培养，把老师引进来，主要是表演、声乐的老师。政府如果有支持、有投入，对学生有吸引力，甬剧就能够发展起来。

（3）甬剧韵味问题。唱腔很重要，过去演员自己会拗唱腔，现在演员只会照曲唱，老演员还会研究研究曲谱，青年演员只是照谱唱，所以味道都不够。甬剧唱腔要让人似曾相识，又比以前好听，才有韵味。现在对演员缺乏训练，缺乏好的老师，缺乏投入，所以唱得不好听，缺乏韵味。

四、甬剧音乐改革

对于甬剧音乐改革，我的思路一是老路子，二是多用小调。小调板腔，把原来的小调扩展开来；小调综合，把小调揉合到综合唱腔里去。

甬剧音乐的特点是：

（1）结构上是"起-平-落"，"起"可以用多种方法；"平"可以有多种变化，可以用快、慢板；"落"是结束句。

（2）调式是羽调式，而越剧是小调式。

（3）甬剧腔体现在是曲牌体和板腔体的混合，沪剧开始时与甬剧一样，现在是正规板腔体，不再是"起-平-落"。甬剧可以多用小调，小调是曲牌体的。

甬剧音乐已经在改革了，现在唱腔稳定在C、F调。宁波话比较硬，音乐性差，所以甬剧唱腔要加强旋律性，要好听。甬剧有200多种唱腔，现在要去伪存真，让其系统化。现在在用的主要有老调系统（长于叙事）、南词系统（如平湖调、辞调、赋调）、小调系统（可以作为抒发情感的主要内容）。老调可塑性不强，与小调结合起来可塑性就强了。演员的唱法也很重要，高低音区位要分开。要把甬剧传统的唱法融合进去，装饰音、润腔等也有方法的。目前小调系统的运用，是把唱腔扩展开来，把小调融合进来。我就《典妻》中曲调的改革写过一篇文章，里面总结了我的观点：唱腔要综合性运用；唱词、节奏与旋律的关系要掌握好；唱词要注意韵脚入声字的运用，不好拖腔。而《筑梦》音乐向音乐剧在靠拢，导演要求音乐高亢，所以大陆调用的比较多。

越剧音乐变化不多，越剧语言不全是嵊县方言。甬剧流传不广，在于语言的局限性，语言需要向宁波官话靠拢。

戴纬

2000年以来，宁波市甬剧团推出的《典妻》《风雨祠堂》《宁波大哥》三部大戏得到充分的肯定，究其原因，除了剧目的创作、改编和移植成功地体现了戏曲现代品格和时代精神以外，还在于它对艺术元素大胆的扬弃与创新，让人觉得耳目一新。在丰富唱腔艺术、增加形体动作、完善乐队编制、美化舞台背景、巧妙利用灯光，以及演员化妆、服装等方面，剧团都作了不少变革，使甬剧艺术得到了整体的提升，显得大气、典雅、富有象征意味，符合当代观众的审美要求，推动了甬剧的大发展。作为其中最能体现甬剧特色的唱腔，担任唱腔设计的戴纬老师提出"在现代甬剧创腔过程中，程式与内容发生了较大的矛盾，要解决这些矛盾，必然要对原程式进行变革，才能充分表达剧本所要表达的内容。在这个复杂的变革过程中，有两个方面的理论是必须同时把握好的，一个是以艺术发展为中心的宏观理论，包括形式与内容、继承与革新、剧种风格与时代要求辩证统一的关系等；另一个是以作曲技法应用为中心的微观理论，包括创腔原则、多声部写作、曲式结构和现代作曲技法等。"甬剧团也大胆地对传统唱腔进行革新，取得明显成效。

就《典妻》来讲，据戴纬老师介绍并撰文，在这部戏的唱腔设计中，他以开放性的思维，突破传统，寻求剧种本体与外来元素有机、合理、恰当的结合，使这部戏的唱腔在多方面实现了创新，同时也是对他的创腔变革理论的成功实践。

变革之一是在传统程式沿用的基础上进行创作组合。曲调保持基本结构，但有所充实和丰富，风格色彩与传统原貌接近。如根据情绪表达的需要，对传统的不同类唱调进行交替，把这些曲调按调式逻辑与板式对比的原则进行交替（不是把所有曲调都接起来）。这在表达情绪起落较大的唱段，与其他不属滩簧系统的剧种相比，有其独特的功能与风格。例如，《典妻》第二场"房内无人静悄悄"的唱段是"妻"到秀才家后的一段静场唱。陌生的环境，陌生的人，秀才还未出现，就已遭到了"大娘子"一番捉弄，她忐忑不安地在"新房"内思索着往后日子怎么过。感情虽不属大起大落，但也有情可抒。"近了不好，远了也不好"道出了她当时的心境。此段唱由平湖—赋调—大陆调平板—赋调—老调连接而成。另一个"大娘子"与"妻"对唱"叫声小妹妹"唱段，用大小调对置手法，"大娘子"用插曲小调野勿禅，属宫调式（大调）；"妻"用老基本调，属羽调式（小调），较好地表达了"大娘子"的咄咄逼人与"妻"的小心胆怯两种截然不同的情感。

变革之二是在唱腔上有更大的突破和更多的发展，通过综合性技巧运用，使曲调的组织富有生机、带有新意。曲作者对某一（或几个）传统曲调，用专业作曲技法进行冲撞，突破传统曲调的框架，既主动发挥它的再生功能，又鲜明集中地保持着剧种原来的风格神韵，使它以崭新的面貌出现在戏剧舞台上。例如，《典妻》第五场"妻"回家的路上，感情错综复杂，以三大段唱，从不同角度揭示"妻"

此时此地的内心世界。第一段唱"轿杠悠悠泪悠悠,行到途中又回头……",共十二句。她想着春宝,念着秋宝,"一边是愁,一边是忧,我心头总是怨愁两幽幽",这是"妻"在回家路上对两个儿子深切的思念之情。要充分表达"妻"当时的情感,用甬剧基本调来表达显然不够。作者选用了观众比较熟悉的、歌唱性又强的小调——春调作基本素材,用专业作曲技法进行改编,并使之板腔化,又保持了甬剧声腔风格的神韵,用复调手法将轿夫沉重的号子声、女声无字吟唱与"妻"如泣如诉的演唱交织在一起,这忧,这愁,那字字溢血的悲切之声,与舞蹈、音乐伴奏、灯光完美结合,催人泪下。

变革之三是与兄弟剧种(声腔)的结合。传统的甬剧以五声音为骨架音,很少出现偏音,所以缺少色彩;曲调虽多,但板式转换不够规范,基本腔没有成套的板式结构,所以吸收包括歌剧在内的其他兄弟剧种的长处,可以弥补甬剧声腔的不足。具体包括:①旋律素材的引入。素材引入较多的是"妻"在第五场的唱腔,如其中一段"急急走来急急行"唱段,在流水与摇板的基础上吸收了其他剧种的一些因素,既活跃了节奏又丰富了甬剧唱腔,取得了很好的艺术效果;②板式的丰富。板式安排得妥当与否,对音乐组织的严密性起着重要的作用。《典妻》第五场三大段唱,所要求的板式是缓慢的行板、混合板式结构的多层次唱腔、急行板,这三段唱板式有两段是甬剧所没有或不完善的,所以吸收借鉴了其他声腔的东西,这些借鉴而来的板式与甬剧的曲调与板式融合在一起,形成了甬剧新的板式结构。

通过纵向继承与横向借鉴的有机融合,甬剧《典妻》做到了剧种本体与外来元素的有机融合,对传统程式进行冲击和突破,使形式与内容、继承与革新、剧种风格与时代气息辩证统一。不过,也有专家指出《典妻》在这方面改革幅度过大,在一定程度上损害了甬剧的特色。甬剧基本艺术元素的扬弃与创新究竟应该以什么为度,怎样在改革的同时能够保留住剧种的基本特色,哪些元素是必须保留的，哪些元素是可以变化调整的，尚待于在甬剧理论研究和剧目实践中不断尝试和探索。

中为戴纬

用心去演戏——沃幸康

甬剧是一个富有生命力的剧种，它的唱腔和表演，即使在"文化大革命"运动高潮期间，也没有完全绝迹，并在此后迅速恢复起来。1970年，因当时的政治斗争形势所需，宁波市成立了"毛泽东思想文艺宣传队"（简称"文宣队"）。1972年初，应群众的强烈要求，当时的宁波市委决定筹建甬剧队，后来就在宁波市"文宣队"下面建立了一个甬剧队，演出过一些现代小戏和大型甬剧现代戏《海岛女民兵》《艳阳天》等。但在当时，由于人员、经费、政策等都受到不当的干扰和限制，甬剧事业很难有更深入的发展。1976年，"文化大革命"结束后，"宁波市甬剧团"正式挂牌。沃幸康、石雪松、杨佳玲等一批在1972年进入"文宣队"的学员，也成为宁波市甬剧团的主要演员，他们是宁波新甬剧的第四代演员。

沃幸康，1956年出生，国家一级演员，曾任宁波市甬剧团团长、宁波市文化艺术研究院甬剧传习部主任，现任宁波演艺集团艺术总监，是宁波市宣传文化系统"六个一批"（文艺类）人才，兼任浙江省戏剧家协会会员、宁波市戏剧家协会理事。

沃幸康主攻小生，他对演戏极其投入，用心揣摩，在演出中能够根据不同人物的不同性格进行表演，戏路较宽，塑造角色个性鲜明、感情真切、朴实、细腻，人物内心刻画到位，唱腔情深味浓、柔中有刚。从1972年进宁波市文宣队甬剧队至今，他从艺已有四十多年，参加了六十多部剧目的创作，塑造了众多富有艺术魅力的人物形象。他先后在《何陈庄》中扮演何文进、《霓虹灯下的哨兵》中扮演指导员、《雷雨》中先后扮演周冲和周朴园、《半把剪刀》中扮演曹锦棠、《双玉蝉》中扮演沈梦霞、《少奶奶的扇子》中扮演徐志明、《天要落雨娘要嫁》中扮演杜文、《啼笑因缘》中扮演樊家树、《爱情十字架》中扮演谷春霖、《秀才的婚事》中扮演阿旺、《秋海棠》中扮演秋海棠、《守财奴》中扮演守财奴、《风雨一家人》中扮演方玉诚、《典妻》中扮演"夫"、《风雨祠堂》中扮演陈家传、《宁波大哥》中扮演王永强等。沃幸康曾获得第十二届中国戏剧节优秀表演奖、上海白玉兰戏剧表演艺术奖、中国戏曲现代戏贡献奖、浙江省第十一届戏剧节表演大奖、浙江省第七届戏剧节优秀表演奖、第十届戏剧节优秀表演奖、浙江省第四届"戏剧明星"、宁波市第七届及第九届戏剧节表演一等奖等一系列国家、省、市级奖项。

为了深入了解沃幸康的甬剧艺术生涯和甬剧传承工作及对甬剧发展的看法，笔者于2014年9月29日在宁波海曙白云剧场采访了沃幸康，并作了详细的记录。

沃幸康口述材料整理如下：

一、艺术生涯

1. 20世纪70年代

我出生于1956年10月，初中将近毕业时，音乐老师告知我宁波市文宣队招人，因我在五中读书时喜欢样板戏，英雄人物的气质潜移默化地感染了我，在学校又是文艺骨干，所以去报考了文宣队。经五次筛选后入选，文宣队副队长庄天闻亲自把录取通知书送到我家。

1972年4月12日，我开始学戏，半个月后进入培训状态。当时我已经17岁了，练功韧带已经老了，拉不开。我人比较文，不适合唱武戏，黄建平来帮我们练功拉韧带，我练得腿上都是紫血，整整三个月都处于艰难的阶段。爷爷见我畏难，说我已经吃了这碗饭，不能再回头，更不能给自己丢脸，没有过不了的坎。这句话给了我学艺的动力。对什么是甬剧，当年我还很陌生。后来，在郭兴根、汪莉珍、全碧水等老师的带领下，教我唱，给我说戏、排戏，使我慢慢走近了甬剧。

当时我形体上不是很理想，上面吃不准给我演什么角色好，就先让郭兴根老师和全碧水老师带我。经过半年培训后我出成绩了，形体上也大有长进。我当时除了嗓子外其他唱戏的条件并不好，但我这个人很好学，从不退缩，碰到困难选择往前走。在接下来的学习中，我从来没有休息天，一天也不离开排练场，一天不去心里就觉得不安。

我们平时训练是照京剧的路子走，学身段、毯子功等。在一年半后的业务汇报中，我唱、做、念、舞表演的结果令大家出乎意料，书记陈和南对我评价很高，认为我这个青年演员是块好料，以后要多加培养。由此也坚定了我以后学艺的信心。

1974年初演大戏《艳阳天》，当时我19岁，演一号主角肖长春B组，由全碧水老师带我，导演汪莉珍老师给我排戏。同时我还演了另一个角色老地主马小辫。虽然只是个小角色，但我也花了很多工夫去演好这个角色，包括揣摩他的走路、声音等。我记得老师们对我说过"舞台上只有小演员，没有小角色"。这句话也影响了我此后的艺术创作。虽然自己还处于模仿阶段，但在老师的带领、指导下，加上自身虚心好学、刻苦努力，这两个角色在天然舞台演出后得到了团里老师和观众的认可、好评。

1977年排了大戏《何陈庄》，我演一号角色何书记。在天然舞台连演四十多场，一票难求。通过演出实践，我的演技又提升了一大步，这个戏没有东西可以模仿，只能靠自己准备，在导演的指导下我进入了角色。我因连演四十多场，疲劳引起胃大出血，住院治疗，最后几场戏只能停演，是个遗憾。

1978年排《雷雨》，导演是汪莉珍老师。这是"文化大革命"后上演的第一部西装旗袍戏。在表演上，我首次接触了西装旗袍戏的表演风格，也接触到剧情中角色之间复杂的内心情感。《雷雨》在宁波剧院演出时很轰动。1979年，《雷雨》《亮眼哥》在"文化大革命"后首次赴上海，演出于瑞金剧场，得到上海文艺界和观众的热捧，上海电视台主动要求转播，观众连夜排队买票，抢着看演出。作为演员，当时我心中很自豪。那时戏剧相当兴旺。

接下来开始排传统戏。1979年排《半把剪刀》，我从近代戏《雷雨》向清装戏转型，出演小生徐天赐，这在表演身段上对我又是个挑战。这个角色演出后受到观众好评，这个戏后来连演过几百场，具体我自己都数不清了。

2. 20世纪80年代

20世纪80年代初以来，我参加过《天要落雨娘要嫁》《双玉蝉》《茶花女》《泪血樱花》《少奶奶的扇子》等多部戏。

其中，在《双玉蝉》中我扮演小生沈梦霞，这也是我演的第一部古装戏。我没学过古装戏，于是从头学起。我从余玲玲老师那里一招一式学水袖，学得认真、刻苦，再根据导演要求，结合人物的感情、唱腔、节奏，圆满地完成了角色的创作任务。记得在逸夫剧院，胡小孩老师看完演出后，到后台看望演员时，对我说："你的水袖是谁教的？看不出是刚学的，用得很专业，那是下过功夫的。"

有一次在排练厅，在我练功之时，曹定英老师来问我一个问题："我们没过来前，你们都是一路主角，我们来了之后，你们演第二组了。你对此有什么想法？"我说唯一的想法是，可以从你们老师那儿，能多看、多听、多请教，为自己的艺术道路打好基础。曹老师说我心态很好。然而，我经常在排练厅看到老师们对角色的理解比我深，创作能力比我强，我的心里也很纠结：怎么解决这个问题？这时，我碰到了一个高人——天方老师，并向他请教了这个问题。天方老师把他保留的几本介绍导演怎么排戏、演员如何塑造人物的书送给我，鼓励我要多看书、多学文化，这对我今后艺术发展帮助很大。此后我看了很多书，包括一些名著，对我塑造人物很有用。

1989年，剧团排演了两部创作大戏：《爱情十字架》和《秀才的婚事》。《爱情十字架》中我扮演外科医生谷春霖，女主角由石松雪扮演，该剧编剧是天方、导演是汪莉珍。我演的外科医生内心活动非常复杂。后来这部戏参加了浙江省第四届戏剧节，反映很好，获得戏剧节表演二等奖。1990年我获得浙江省第四届戏剧明星奖。《爱情十字架》和《秀才的婚事》于1990年去北京演出过，反响都很好。

3. 20世纪90年代

1990年以后又排过很多戏。其中，1995年排了创作剧《罗科长下岗》，我演罗科长的儿子，是主配，在浙江省第五届戏剧节上获得表演二等奖。1995年底和1996年初，移植京剧剧目《乾隆下江南》，我出演乾隆。为了这个角色，我在唱、念、做、舞上下了很大工夫，演出后受到各方好评。

1997年，剧团创排了《风雨一家人》，我扮演一号男主角香港企业家方玉诚。这个戏参加了浙江省第七届戏剧节汇演，我获得了优秀表演奖。

1998年开始，团里实行"三条腿走路"，精品剧、市场剧、儿童剧同步发展。在儿童剧《一二三，起步走》中，我扮演一个老师。这个戏在宁波、台州等地都演过，其中在台州巡演了两百多场，演出最多的时候从早上八点半一直演到晚上七点多，一天演过七场。我那时是副队长，分管演出质量。当时的文化局局长周时奋还专程来台州看望过我们。这段经历永远忘不了。一个多月同甘共苦，演出结束都自己装东西、卸东西、装台，确实很辛苦，每场演出保证质量，社会反映很好，也为团里增加了收入。2000年，也排了《桑兰》（音乐剧），我演父亲，去过上海等地演出。2002年还创排过儿童剧《网络宝贝》，我在戏中扮演一个孩子的父亲王强。

4. 21世纪以来出演精品剧《典妻》

2002年5月排精品剧《典妻》，我扮演了"夫"。这个角色不好演，人物性格缺陷大，行为上又不讨人喜欢，但他又是矛盾的触发点。演出这个角色对我又是个挑战，过去自己一直扮演儒雅角色，而且曹其敬老师又是个唯美的导演，对演员要求严格。我每天白天排练，晚上自己磨戏，为了走进"夫"的角色，我在创作上花了很多心血，光是跪着的动作就练得膝盖破皮。但排了这部戏，我在演技上提高了一大步，自己觉得很欣慰。虽然只得了浙江省汇演表演二等奖，但我已能完全驾驭这个人物。当有观众看完戏后对我说"我恨死你了"，我听了很高兴，因为我的表演已感染了观众，也完成了这个人物的形象塑造。

《典妻》剧照

2005年5月，出演精品剧《风雨祠堂》，我扮演男一号程家传，导演是上海戏剧学院教授李建平。在第五场中有很多、很大的戏曲舞蹈，这些动作要在唱腔中完成，我在做一个大翻身的动作时，突然一阵眩晕，几乎失控，后经自己努力挣扎才得以站住。中午我去看医生，发现血压很高，医生说这次如果跌倒，必造成中风，要我停止排练，好好休息。我说不可能，时间不允许，我让医生给自己开点药就回到了排练厅。我什么也没说，也没告诉任何人，坚持排戏。这个角色我花了很大的精力，努力挖掘人物复杂的内心情感，并为他设计具有个性特征的外部动作，让这个角色形神兼备地呈现在舞台上，演出后得到专家和观众的好评。

因出演这个角色，我获得了浙江省第十届戏剧节优秀表演奖、上海第二十一届白玉兰戏剧表演艺术奖配角奖。

《风雨祠堂》中扮演男一号程家传

《风雨祠堂》剧照

同年我还参加了《美丽老师》和《好人王延勤》的排练演出。一年中排了三部大戏，非常辛苦。

出演精品剧《宁波大哥》。《宁波大哥》是一部根据真人真事改编的大戏，由艺术剧院郭国强院长亲自抓的创作剧目、大型现代甬剧，它弘扬了中国人"知恩图报"的传统美德，是一部真正的"三贴近"好戏。剧中我扮演男一号王永强。这部戏包含戏曲"唱""做""念""舞"，男一号是具有很大挑战性的人物形象，尤其是"祭坟"一场戏，首次出现了长达十分钟的声情并茂的男演员唱段，唱腔既好听又保留了甬剧的特色，体现了人物内心的万般纠结、悔恨和对人生的感悟。为了完成这个人物的塑造，首先，我多次与原型企业家王国军交谈，作为自己深入角色的创作源泉；其次，与导演、唱腔设计等主创人员通力合作，在体验、体现角色上狠下工夫，克服了一切困难；再其次，在长工唱腔上，虚心学习声乐老师科学的发音方法，逐字逐句地达到了唱腔的字正腔圆和体现人物的内心情感。从2009年7月《宁波大哥》在逸夫剧院首演起，近年来在七十多场演出中，我都以饱满的激情演完每一场，每场演出后观众都给予热烈的掌声。有国家级比赛评委专家评价："沃幸康这样一个男演员，他的嗓子在戏剧界里并不是最好的，但是他用他特有的唱腔情感，用心来体现这段唱腔，所以他的唱腔非常动人，感动了我们，这是个全国少见的男演员，所以沃幸康在这次比赛中拿了优秀表演奖，全票通过，他拿这个奖实至名归。"并说，"《宁波大哥》第七场的戏聚集了戏剧的唱、做、念、舞，应该作为甬剧折子戏的保留剧目，教学传给下一代。"2010年，我在浙江省第十一届戏剧节中获得表演大奖，在中国第十二届戏剧节中获优秀表演奖。

从1972年到2011年，我先后参排过60多部戏的演出。

《宁波大哥》剧照

5. 管理工作

我是2002年下半年走上管理岗位的,当时被任命为宁波市甬剧团(后改为宁波市艺术剧院甬剧团)团长,一直到2011年底,其中2005年艺术剧院副院长王锦文兼任剧团团长一年,但具体的实际工作还是由我负责完成。

我管理工作的第一个困难是,遇上了一批20世纪60年代的老演员可以享受阳光政策而提前退休,这给当时甬剧团的演员力量造成了损失。为了解决眼前的困难,在上级领导的支持下,我着重抓了三件事:①抓艺术质量。在排戏和演出中,提高演职员质量意识;②根据市场需求,抓普通演出剧目,如《守财奴》《陆雅臣卖妻》等,演出后很受观众欢迎;③培养演员,在业务上多给予他们关心和帮助。

此外,我还复排导演了《雷雨》和《啼笑因缘》两部戏,移植导演了《一夜新娘》和《陆雅臣卖妻》(此剧和王利棠老师合作)。

二、传承工作

2012年,我调入宁波市文化艺术研究院甬剧传习部后,具体承接、实施"甬剧老艺人抢救性保护工程"。具体采访、搜集甬剧老艺人资料，并发掘了一批濒临失传的甬剧七十二出小戏中的部分剧目，其中四个滩簧戏已搬上舞台。同时，参与策划、录制宁波《讲大道》栏目中的甬剧节目和参加甬剧电视剧《药行街》的拍摄，该剧收视率很高。2012年，我推出首张甬剧男演员精选唱段专辑。2013年，我把甬剧《宁波大哥》七场中的"祭坟"折子戏，传承于青年演员贺磊，一字一句、一步一跪、精心传教，经过努力，使他在宁波市青年演员大赛中获得表演一等奖。如今我依然活跃在舞台上，为甬剧的发展尽一份力量。

沃幸康看望及采访甬剧老艺人杨云棠

三、对甬剧剧种发展的想法

甬剧不能离开政府的支持，它是整个团队几代艺术家辛苦的结果，没有政府支持、资金下拨，甬剧不可能走到这个程度。

甬剧只剩一个剧团，这不是荣耀，它的危机性很大。甬剧应该成立二团，以实现人才流动。这样一来，不会埋没人才，不会出现人才挤压。成立二团，对甬剧是发展、促进，可以实现人才、表演、剧目的竞争，这对剧种发展是有好处的。

希望上级领导加强关心力度且落在实处上，不单单是出钱而已。把甬剧发展放到宁波文化发展、传承的高度来看，它是宁波文化的延伸。要考虑怎么把这个团队搞得更好。

都市戏剧的实践与探索——王锦文

　　王锦文，1965年出生，宁波新甬剧的第五代演员，国家一级演员，中国戏剧梅花奖、文化部文华表演奖获得者。她为地方小剧种在新的历史条件下实现向现代化和都市化的转型，提供了成功的范例和宝贵的经验，使濒危的剧种焕发新的生机。

　　2004年，她开始享受国务院特殊津贴。2005年，她被文化部和人事部授予"全国文化系统先进工作者"荣誉称号。2009年，被评为浙江省宣传文化系统"五个一批"人才、浙江省151人才。2009年9月被评为浙江省第三批非物质文化遗产——甬剧代表性传承人。她是浙江省第十届、第十一届人大代表、中国共产党浙江省第十三次代表大会代表。荣获第七届中国艺术节文华表演奖，两获上海白玉兰戏剧表演艺术奖，第八、九届中国戏剧节优秀表演奖，多次荣获浙江省戏剧节表演一等奖，曾获首批甬城十大文化名家、宁波市十大优秀青年、宁波市"三八红旗手"等荣誉称号。现任宁波市甬剧研究传习中心主任，兼任宁波市戏剧家协会主席等。

　　2000年，王锦文担任宁波市甬剧团团长，在甬剧的艰难时刻，她带领剧团改革创新，创排了都市新甬剧《典妻》，并一炮打响，几乎包揽了国内所有的戏剧大奖。她带领甬剧第一次走出国门，出访德国、奥地利、匈牙利、美国等，还到中国的台湾、香港等地区演出。此后，王锦文在《风雨祠堂》《美丽老师》《安娣》《宁波大哥》《筑梦》《雷雨》等剧中不断地尝试塑造不同身份、不同性格的女性形象，为甬剧舞台塑造了许多栩栩如生的人物形象。

近几年，她积极策划抢救老艺人的艺术工程；致力于青年演员的培养，包括专业培训，积极创造青年人才跟名师名家学习的机会，参加各种比赛；每年策划组织"甬剧艺术节"，为民间甬剧演员搭建展示交流的平台，并定期举办专业培训和讲座，积极提高民营（业余）甬剧团演员、乐队等的艺术水平和艺术修养。2016年6月，她受组织委托负责筹建宁波市甬剧研究传习中心，并策划组织了一系列大型甬剧推广惠民活动，还建立了"甬剧联盟"。单位创立之初，她带领民营（业余）剧团创排改编了传统滩簧大戏《呆大烧香》；2017年，正值香港回归20周年，她策划创排了大型甬剧《甬港往事》并担任主演；年底创排实验甬剧《小城之春》，该剧根据同名电影改编，把小剧场戏剧与甬剧相融合，采用实景表演的形式，这是宁波首部探索性实验甬剧。2017年，王锦文入选"名家传戏——当代京剧、戏曲名家收徒传艺"工程。2018年，她入选浙江省"万人计划"人文社科领军人才。

为了进一步了解王锦文甬剧艺术生涯与个人艺术特色、对甬剧发展的探索与实践，以及她对甬剧和宁波市戏剧艺术发展的想法和建议等，笔者在2018年7月18日和8月20日两度采访王锦文，进行深入的交流，并将其口述内容记录整理于下。

王锦文口述材料整理如下：

一、甬剧艺术生涯与剧团工作

1. 入学

当时我在宁波五中（现为效实中学）读高一，偶然看到宁波甬剧艺术培训班的招生简章，于是陪同学去参加考试，碰到在招考的沈瑞龙老师，沈老师叫我也报个名。我因为是陪考，心里比较放松，考试的时候唱了一首《洁白的羽毛寄深情》，之后初试、复试都通过了，后来曾问过沈老师为什么叫我报名，他说觉得我形象好，一双眼睛大大的。其实当时我的年龄已经超过了，考试要求13虚岁，我都已经 14 岁了。我被破格录取了。我考进后父母还不知道这个事情，他们当时在杭州工作，于是外婆外公发电报给他们，叫他们过来决定。父母来了，他们都不同意，因为我成绩好，他们觉得读书好，唱戏不是很好的职业。我请父母让我试一周，如果觉得不适应再回来，当时外公很支持，父母也开明，同意让我试一试。一周后，我写信给父母，表示愿意留下。其实当时心中有种新鲜感，觉得集体生活很有趣，可以睡高低铺，老师也很好，就像父母一样，当时对甬剧是一点都不了解的。我那时候回到宁波才两年，宁波话也讲不标准，考进后就在宁波了。

进了甬剧艺训班，练功很苦。我年龄最大，文化最高，就让我当班长。我要以身作则，我练功练得很辛苦，练得腿上都是乌青，走不动路，很痛很痛。年纪小的同学可以哭，我是班长，不能当面哭，顶多背转身在被窝里哭。我要努力点，于是提前去练功房练功，有时提前一小时就去了。到了二年级有实践演出，我会在演出结束后再到舞台上跑圆场，这有示范作用，同学看见了也跟着跑，不愿落下。当时练功是上海京剧院老师来教的，所以我们基础打得非常扎实。四年的学习生活，自己非常努力，也比同学更加刻苦。

王锦文在校学习

我的坚守还缘于老艺人的深刻影响。1979年冬天考试，1980年9月份报到。当时老艺人都还在，如王文斌、黄君卿等老师，还有金玉兰、徐秋霞、陈月琴、邵孝衍等老师，他们培养学生非常尽心。他们把我们当作自己的孩子一样，非常喜欢我们，把我们看作他们的未来，全身心来培养我们。比如黄君卿老师一字一句教我们念白；邵孝衍老师非常认真，给我们打拍子、敲板、拉二胡，教我们唱腔等。他们全心全意呵护我们，巴不得把肚子里的东西都教给我们。演出时还帮我们烫衣服，还教给我们生活的经验。天冷了，演出时，老师拿着棉袄等在台边，下台马上给我们披上。下乡演出，我们不会打铺盖，老师给我们打铺盖，就像家长一样。他们非常质朴。他们都是爷爷奶奶辈的人了。这些给我的印象非常深刻。如果我离开甬剧，会觉得对不起他们。

我这个人的性格是心里会暗暗发奋。我的理解力比较强，年龄也大一些，会学人家的长处，并以此来激励自己，让自己更加努力。看到有的同学长得更漂亮，身体柔韧度更好，我暗暗更加努力。我在大戏《田螺姑娘》中演碧萝，是个配角，但我不争角色。在大戏《借妻》中演老尼姑，我也很乐意，认真完成任务，完成老师的要求。我同时还参加了汉语言文学专业的自学考试，可惜最后还差两门，没能拿到文凭。我在这里没有放弃文化课的学习，这也是受到父母的影响。

其中1982年参加浙江省第一届小百花比赛，我参演折子戏《杨淑英告状》，饰演杨淑英，得了小百花奖。在1991年省第二届小百花比赛中我以《啼笑因缘》中的沈凤喜一角获得优秀小百花奖，当时在获得优秀小百花奖的人中又选出十人颁发"十佳青年演员金艺奖"，我也在其中，这很不容易，当时有全省各剧种参加比赛。

四年艺训班毕业后，我被分配到宁波市甬剧团。

2. 进入甬剧团

当时甬剧团里面的老师（演员）水平都很好，女演员有曹定英、郑顺琴、钟爱凤等一批老师，还有石松雪、王坚、杨佳玲等一批老师，因此我们基本上都是跑龙套。老师演出，我们就在边上看，就坐在乐队那边或上场的地方。1989年排演《爱情十字架》，我担任幕后独唱，后来这个戏参加省戏剧节，我还得了幕后独唱奖，这在省戏剧节上也是前所未有的。

平时老师们排练，我就进去看排练，后来碰到机会了。1991年排演参加中国第二届戏剧节的剧目，主演石松雪老师嗓子哑了，领导让我顶角色，我五天内就学会了。虽然后来我没演，因为石松雪老师经过几天治疗，嗓子又恢复了，但通过这次顶角色，团里领导觉得我做事很上心。我这人以前比较内向，爱看书。后来又有一次顶戏。那是石松雪主演《秀才的婚事》，又是嗓子不好，又跟上一次一样，排练了但没演。但这事也有好处，在排练中我也在提高，锻炼了我自己，剧团领导也觉得我这个人可以用。后来机会终于来了。1991年排演《阿寿哥》，让我演女一号幸子，这是我第一次演大戏中的A角。我之前曾演过《断线风筝》B角等，还有在艺校的时候演过《血染姐妹花》的主角（在艺校时共排过《血染姐妹花》《田螺姑娘》《借妻》三部大戏）。在《阿寿哥》中我与卓胜祖老师演对手戏，演一对恋人。我当时还年轻，觉得有点难为情，导演不断启发我，让我融入角色。后来这个戏参加全省现代戏会演，我得了青年演员一等奖。

之后一段时间没有什么戏演，我多担任石松雪老师的B角。在《半把剪刀》中我演上半场，曹定英老师演下半场。在《断线风筝》中跑龙套。那段时间自己很困惑，什么时候才能轮到我唱主角。曾经有过转行的念头。我曾经为此找过裴明海局长，他不同意我转行，我就又回来了。当时有几个同学都转行了，有去拍电视剧的，也有转行到图书馆等单位的。我也曾拍过几部电视剧。我之所以没有进入影视界，老先生对我的影响很有关系。我觉得如果我走了，老师白培养我了。

1995年，戏曲整体开始走下坡路。当时《警囚重逢》(《罗科长下岗》)参加全国现代戏汇演得了奖，之后戏曲就走下坡路了。我自己总是坐冷板凳，转业又不成，心死了，平时还是自己看看书、看看碟。

3. 去上海戏剧学院读书

1995 年剧团还排了《邻舍隔壁》，去上海演出，我演瞎子亮亮，得了上海第七届白玉兰配角奖，自己也觉得有些意外。领奖是在 1996 年。在上海，我开始觉得甬剧天地太小了，觉得要充实自己，要系统化地去读书。就在那时，我认识了罗怀臻老师。罗老师人很好，是王信厚老师的同学，王老师还关照过我到上海可以去找他。正好在领奖时碰到了罗老师，就此认识了。我跟罗老师表示想学习，罗老师帮我联系了上海戏剧学院。我于是进入上海戏剧学院导演系大专班学习，当时考试已经过了，我就作为旁听生去学习，单位也同意了。其中 1997 年，单位排演《风雨一家人》，我担任了角色，那时就上海、宁波来回跑。

在上海戏剧学院读书这两年使我开了眼界，心中有了怎么提升甬剧的想法。上海的信息量大，看演出多，业余生活很丰富，有空我还去其他班蹭课，如去云南班蹭课，和同学一起去看戏等，老师们也都很好，对我帮助很大。在这样的环境中，我的艺术见解和对本剧种的思考自然就提高了。

4. 担任剧团领导

1998 年回到剧团。当时甬剧团非常困难。王信厚老师当了 11 年团长，当得非常辛苦。王老师自己是编剧，写的剧本给团里排，得过不少奖项。为了剧团的生存，当时团里分出一部分人去演儿童剧，但还有很多人没事干。我回来也组了个团和老演员们一起演甬剧，排《借妻》什么的。

1999 年，王信厚老师向文化局周时奋局长推荐我担任副团长，后来我担任了常务副团长，当时副团长还有王利棠老师、曹定英老师。当时团里有三个重病号，团里没有医保，医药费单位实报实销，单位没钱就报不出来。可想而知，当时单位经济非常困难。

1999 年我入了党，2000 年我担任团长。周局长说我是"受命于危难之中"。当时剧团里面老中青都有。我担任团长后第一次发言，提出要"解放思想，凝聚人心，塑造甬剧团新形象"。

要发展，首先要生存。剧团当时欠债166万，其中有基建的债务，因为造团部时政府拨款不足，不足的部分要单位自筹；其他的欠债就是医药费。全团近70个员工，银行存款只有三千。这跟当时的大环境也有关系。

2000年，全国戏曲"荷花奖"在宁波举办，白云剧场也是会场之一，可以收点场租费。我们当时是靠场租费发工资，还有妇儿医院对面柳汀街的出租房的租金，另外还有点演出费等，以此来维持员工的工资。后来柳汀街的房子拆迁，可以赔偿120万，我们没同意。我们向市里提出柳汀街要拆了，单位没有租金收入了，说明单位经济困难的情况等，通过多方争取，终于得到市领导的支持，2001年市里补贴给了我们150万。这笔钱还了一部分基建债，报了一部分医药费，还有的发工资。这之前单位纷纷走人，情况很不好。

5. 排演《典妻》

2001年，我提出背水一战，剧团一定要搞出一台戏，有作为才能有地位。当时局里很支持，拨了专项经费，于是我们就创排了根据《为奴隶的母亲》改编的《典妻》。这部戏在传统的基础上有所创新，主创团队非常强大，全靠了罗怀臻老师。罗老师除了编剧，还是策划大师，他一步步帮我们规划好。他说："低调做人，高调做事。"事情要做好，宣传也要跟上。当时各级领导都非常重视和关心这出戏的创作。

排戏时，演员们都很认真，杨柳汀、沃幸康老师等都很认真，四个主要演员个个都很努力。导演排完，我们还在练，会练到晚上十点多，回家就更晚了。排戏的过程很艰辛，不断在考虑传统与现代该怎么结合。尤其是唱腔方面，如《典妻》第五场"轿杠悠悠"，我先唱出来给大家听听，觉得可以了，再定下来。舞美周本义老师很认真，会先做出模型来看效果。其他方面也是如此。严谨的创作态度才能成就一个作品。像曹其敬导演扎根在这里50多天，罗老师一直就在现场。

我觉得，罗老师、曹老师他们就是带着使命来的。他们在考虑怎么让甬剧从乡村走向都市，怎么让现代观众喜欢这部戏，怎么符合当代观众的审美要求，怎么让稀有的地方剧种赢得当代观众的喜欢等。《典妻》是戏曲走向都市化和现代化的探索。《典妻》的成功使整个单位信心大增、凝聚力大增，同时经济状况也好起来了。

《典妻》剧照

我当团长以后，把在外面做生意的薄孝波叫回来做了副团长，还有王利棠、谢修乐老师一起搭班，大家合作得很好。谢修乐老师以前做过舞美，后来在兰江剧院当过书记，兰江剧院拆了后来甬剧团当书记。2001年，单位年终奖发不出来，我们班子四个人把自己家的钱拿出来借给单位，先给大家发年终奖，每人发八百块。这样一来，人心稳定、凝聚了。

《典妻》排演成功之后，连续几件事情下来，大家相信我了。而且2000年以来，文化大环境也渐渐好起来了，单位可以做医保了，条件好了。之后又排过《风雨祠堂》《美丽老师》等。剧目创作包括原创剧目、传统剧目和移植剧目。

这些经历对我是一种历练，不过家里人对我意见很大，因为我一点都不管家里。

6.《典妻》之后

《典妻》之后,我在考虑剧团该怎样发展,怎么培养人才,我自己的艺术道路又该怎么走。

我想不断突破自己。之后我演过《风雨祠堂》中的贵妇人、《美丽老师》中的乡村女教师、《宁波大哥》中的东北大嫂、《安娣》中的安娣、《雷雨》中的繁漪等。我试图突破原来塑造过的人物,让甬剧更好看、更好听,让甬剧在"话剧+唱"之外更戏曲化。在《典妻》中就揉进了民族舞蹈的东西。我从剧种的发展和个人艺术道路的发展出发来选择剧目。

我们这个层次的演员还要考虑到梯队建设,让年轻人更多地接受锻炼,如《陆雅臣休妻》《欺嫂失妻》《守财奴》《半夜夫妻》等传统剧目,就更多地让年轻人去演。还送他们去学习,如送搞音乐设计的汪锋去上海音乐学院学习作曲,送搞化妆的乐赛芬去上海戏剧学院学习。作为领导不仅要考虑自己的艺术道路,还要全方面考虑问题,要考虑到剧种的发展,考虑到每一个门类演员更好的发展。

《雷雨》剧照

2003 年，文化体制改革，甬剧团和其他院团等合并成艺术剧院。2012 年成立演艺集团，甬剧团也在其中，期间排过《安娣》《沈三江》（《筑梦》）。我希望下面的演员能接上班，能给他们创造更多的机会。

甬剧不能限于报纸上的宣传，还需要更大范围的传播。近年来在局里支持下拍了甬剧情景剧《药行街》，在电视上播出。电视比舞台传播更大更广。我在剧里担任女一号。后来的《老爷升堂》推青年演员，把孙丹、苏醒都推上去了。

7. 到甬剧研究传习中心

2016 年调到甬剧研究传习中心以后，事情更多，责任更重，心里有点急，幸好和沃老师前几年做了一些工作，出了几本书，还有李微老师前阵子出的一本书。现在在给老艺人拍一些录像，谈谈他们的从艺经历，也给老戏迷拍一拍，"抢救老艺人"。

在宣传方面，2017 年 10 月与电视台合作开辟"甬潮剧社"栏目，每天有播，播出的内容有：采访专业演员、业余演员、小孩子，讲甬剧及艺术经历等，边讲边唱。现在考虑在自媒体上宣传甬剧，吸引更多的年轻人。我们需要留住老观众，培养新观众。我们需要用现代的传播手段，培养更多的年轻观众。

这几年从研究角度做了几个剧目。《呆大烧香》，老滩簧戏，王信厚老师剧本改得很好，可以一代代演下去。《甬港往事》，原创剧目，根据王耀成、天涯的小说《女船王》改编，怎么把它改成两个多小时的戏，也很费脑筋。编剧蒋东敏是上海沪剧院的剧作家。演员都是专业加业余的，他们在排练过程中提升很快。《小城之春》与年轻人合作，编创团队是上戏的研究生。这是个实验剧目，具有探索性。让年轻人来做，给他们提供平台。戏是给年轻人看的。以年轻人的视角去做，他们有很多新的观点。舞美很漂亮，尤其是满地的银杏叶。《秀才过年》是个移植剧，由张海波改编。请上海戏剧学院搞舞美设计的年轻人来设计舞美，很时尚，是学院派的。他们会带来当今风格的舞台设计，尝试新的风格和表达方式，时尚，唯美。每一部戏的唱腔也是不同的风格。《呆大烧香》中传统的东西多一些;《甬港往事》根据人物需要变化,类似《典妻》,根据甬剧原有的调子来变奏;《小城之春》是实验甬剧,可以走得远一点;《秀才过年》可以在视觉上时尚、现代一点,在唱腔上则传统的多一点。

《呆大烧香》剧照

每部戏都要有个思考。成为"家"的人都是有思考的,有提升的,与"优秀的演员"是两码事。现在准备排《暖城》,是个现代戏,讲一个人和一座城的关系,汲取宁波的爱心故事,塑造新的典型。剧本初稿已经出来了,目前还在研讨修改之中。编剧是江苏盐城的徐新华老师。我们研究中心还准备再排一些实验性的甬剧剧目。

局里一年下拨给我们排戏经费35万,不多,我们精打细算着用。实验戏我们是和大学合作的,《小城之春》没出一分编导费用。《暖城》已经入选省、市精品扶持剧目,有专项经费。《暖城》希望能让观众看过后有个思考,而不是看过就完了。剧目一定要有深度、有哲理。

去年电影《典妻》在七月份拍摄完成,拍得很累,有时一天拍十几个小时,但人的精神力量是无穷的。这是甬剧历史上第一部电影，很不容易。电视台张晓东老师在省里申请到三百万，市委宣传部、宁海县委宣传部、市文化局再给一点，终于有了经费拍摄。

我当团长以来，心里有个梦想，甬剧演员实在太苦了，老是下乡演出，要让甬剧重新回归城市。甬剧市场不仅仅在农村，更应占领城市市场。《典妻》探索戏曲的都市化，得到罗老师全程帮助，很难得。另外，甬剧还要去香港演出。越剧都去香港演出过了，甬剧也应该见见世面，去香港演出，去台湾、去国外演出。后来《典妻》去香港、台湾及德国、美国都演出过。我觉得我们唱戏的人要有尊严，我们不是没地位的，要能理直气壮地讲"我是甬剧团的"。

我体会到只要有奉献精神、公平公正，大家是会支持的。要尊重长辈，尊重每一个老师。"唱戏唱到老，还是一个宝。"每一出戏出来，问一下甬剧团每一个离退休老师要不要看，要看的给送票上门。2000—2003年我任甬剧团团长，2003年剧团合并后我任艺术剧院副院长兼甬剧团团长，后来不兼了，推荐沃幸康任团长。2012年演艺集团成立，由薄孝波任甬剧团团长，沃老师去了市文化艺术研究院。

现在甬剧团演员力量薄弱，会唱的、唱得好的人太少。剧团缺主创人员，没有编剧、唱腔设计、舞美设计人员，人才紧缺。我做现在岗位上力所能及的事情，尽量把基础打好，让后人有资料可查，有剧目可以研究。培养业余团队，提高他们的艺术水准。由点到面，支持业余剧团，尽量扶持他们。《呆大烧香》《秀才过年》的剧本无偿提供给业余剧团演出，并为他们提供导演，研究成果和他们共享。

"戏曲进校园"，甬剧要面向小学、中学和大学。针对不同年龄段、不同对象设计不同的教学内容、教学方式。例如，编写小学课本剧，给爱菊艺校编写了《孔子拜师》，由传习中心的陈也喆编剧；给鄞江小学的孩子排对子戏《田螺姑娘》，教他们台步、身段，让孩子们有静有动地去表演；在宁波城市职业技术学院给学生上戏曲化妆课，已经上了一个月了；还在大学里做甬剧艺术欣赏讲座等。对"戏曲进校园"项目，市委宣传部有专项经费下拨。

目前最发愁的是接班人问题。像甬剧唱腔设计后继无人，年轻人不愿意学。

二、个人艺术特色

（1）个性内敛，表演的人物有深度，塑造角色由内而外，表现出人物的深度和内涵。

（2）演唱有感情，不是为唱而唱。以情动声，在这个基础上尽量唱得唯美，声音有穿透力。专家认为有深度、有文化、表演有激情。

（3）研究唱腔、发声的位置，研究正确发声方式，怎么运用声腔，让甬剧的音域宽起来。甬剧基本上用本嗓唱，音域窄，需要用科学的发声方法，让声腔的表达能力更强，发声更准。要研究音高。我还跟宁波大学的沈浩杰老师学习怎么发声。甬剧要字正腔圆。我曾专门请老师来给大家做声乐训练。

作为演员，艺无止境，要把全部精力都放在艺术上。演员还要多看书，如《中国通史》等。把一件事情做到极致，这一辈子就已经很值得了。

三、个人印象最深刻的角色，怎样塑造这个角色，有哪些创新和突破

我印象最深刻的角色就是《典妻》中的"妻"。这是甬剧的代表作，代表着全新的甬剧，实践了"新甬剧"的概念。这部戏是剧本、表演、导演的全面成功。

我虽然之前也演过很多角色，但以模仿老师的为主，再加上一些自己的体验，而《典妻》是全新的。以前的甬剧多是"话剧+唱"，需要让甬剧戏曲化。《典妻》的形体设计是孙大西老师，唱腔设计是戴纬老师。在导演的要求下，在《典妻》中进行了不少新的尝试。一是舞蹈和戏曲身段的结合，是个全新的探索；二是唱腔方面。原先的唱腔已经无法满足人物的情感表达，需要拓展甬剧声腔的表现力。

以前甬剧的音域比较窄，需要拓宽，使其高能高得上、低能沉得下，塑造人物更有唱腔的感染力。肢体语言和声腔都在继承传统和不断创新，所以这个角色是我演艺生涯中印象最深刻的。

这个过程也是在学习。这个戏请来了编剧罗怀臻、导演曹其敬、舞美周本义等人，他们完全是学院派的。曹老师非常仔细，排练过程也是我学习的过程。排了《典妻》，我一下子开悟了，仿佛醍醐灌顶。导演讲解时层层深入，让演员一步步达到高点，而且所塑造的角色要让观众能非常清晰地感觉到。在导演的启发下，我悟到今后该怎样去塑造其他角色。

这部戏也是戏剧"大家"在探索怎样在新的戏剧环境下让剧种很好地发展。罗怀臻老师有种使命感，有种担当，他把甬剧这个剧种怎样发展、创新作为研究课题来做，曹导也是如此。这些"大家"有着严谨的工作态度和对艺术的敬畏之感。曹导说："舞台是个非常神圣的殿堂，你们走上舞台也要把脚底擦干净。"所以我们在舞台上不敢有一点瑕疵。

记得《典妻》第五场以肢体语言表达自己的情感，"妻"出门、进门那段，以及回家路上的奔跑，这些肢体语言情感非常强烈，富有感染力。这个跑的动作怎样与戏曲语言相融合，怎么让戏曲舞蹈结合新的身段进行创造，都要反复思考。

"轿杠悠悠……"这一大段独唱，以及在两端追光下的表演都有难度，也很过瘾。不能为动作而动作，要带着感情去动作，每个动作要富有生命力，以情感带动动作，而且这些形体语言演起来心会很累，感觉心是抽紧的，否则演起来没那么有感染力。

很幸运，我能碰到这么一些大师级的、有担当、有责任感的艺术家（老师），碰到这么好的剧本。通过他们，我悟到了戏剧创作的一个规律：要尊重传统，但不要拘泥于传统。曹导曾把甬剧老戏剧本拿去看，反复进行研究。创新不能没有根基，但剧种又需要与时俱进，有所发展。我们要让甬剧更好听、更好看。

《典妻》剧照

　　曹导觉得甬剧比较平稳，缺少有张力的唱腔，甬剧的抒情性比较强，很有江南特色，但表演比较生活化，因此她提出要让甬剧更戏曲化。她要在剧中增加戏曲的身段，于是用了古典舞，把它和戏曲身段相结合。为此，在我排戏之前，形体设计孙大西老师给我进行了三个月的古典舞动作训练。后来，在《典妻》的第四场"出门"一节，运用了细致的肢体语言，又比较戏曲化，唱唱段时也要有形体动作，合于节奏，在韵律中做形体动作。还有《典妻》中第一场"春宝病中哭声哀"，在表演中加入抽搐的动作，来体现"妻"哀痛的心情。在戏中把表演动作进行提炼，使之趋向程式化。还有第五场的大段唱，把舞蹈动作也结合进去了，使之适当的舞蹈化。虽然是打着补丁的衣服，却让人感觉是时尚、唯美的。导演曾经说过，即使穿着的是破衣服，但给人的感觉也是很现代、很时尚的。曹导曾说："艺术就是要给人美的享受。"曹导把剧种的品格一下子提高了。甬剧原来比较粗糙，随意性比较强，还是需要把它规范起来。甬剧缺少像曹导这样负责任的大师。

　　考虑到剧种的前途问题，我心中真正有种使命感。对不同的剧目，一戏一格，不能以一种风格去规定它。现代戏适合"话剧+唱",但有的戏不适合。要在每部戏中考虑怎样很好地解决甬剧戏曲化的问题。甬剧比较贴近生活表现的状态,适合"话剧+唱",但现在也在考虑怎样糅合进戏曲的身段。比如江苏省京剧院表演的《骆驼祥子》,其中拉车一段演得很好。它的研究方式、创作方式可以供甬剧借鉴,但是不能照搬照抄。对《典妻》也是如此,掌握这种创作方法,以后创作就可以多一种手段了。

《典妻》之后,我也想进一步拓展自己,要努力做一个性格演员,不再是本色演员而已,要不断挑战自己。之后演了《风雨祠堂》中的贵妇,是个非常复杂的角色,也是对自己的一个挑战。里面用了一些形体语言,也是孙大西老师设计的。唱腔也有变化,从人物情感出发去设计唱腔,而不是纯粹套用曲牌和现成的唱腔。唱腔中根据对花十送、五更调等进行变奏,对小调进行扩展、变奏。小调可塑性比较强,可以拉长或缩短,加强旋律性,能更好地体现人物情感,而基本调起一平一落固定,很难拓展了。《风雨祠堂》《美丽老师》《宁波大哥》《安娣》的创作方法都受到《典妻》的影响,但是一戏一格。每一次创作过程我都会去研究一些新的问题,思考着每个角色可以用什么样的肢体语言去表现。每个角色都应该有自己特定的站姿、坐姿、手势等。演唱方式也会不一样。以前甬剧用气声唱得很少,我现在加进去了,收着唱,该放的时候放出来,对比很强,更抒情,让观众可以从声腔中听出演员心情的变化,更能体现出层次感,表现出情感的浓度,也让观众会觉得更好听。

艺无止境,需要不断地去研究、琢磨,把最好的呈献给观众,让演唱更加唯美,更加动听。戏曲艺术是美的艺术,要把最美、最动听的呈现给观众,可以是优美的,也可以是惨烈的、凄美的。如《典妻》最后一场,春宝死了那场戏,甬剧中的表演还是比较文的,呈现方式往往就如《双玉蝉》的结尾方式一样,甬剧表演惨烈的少、凄美的多。

每个剧种都有自己的表演特色，有自己固有的东西。甬剧基本上没有武戏。每个剧种都有自己特有的题材和表现风格，使其区分于其他剧种。比如甬剧从说唱艺术演变而来，语速快，不可能配合甩水袖的动作。每个剧种的气质不一样，甬剧没有必要去演武戏，而且演起来也不像。以前曾经移植高甲戏《玉珠串》，后来发现移植不是很成功。甬剧里面缺少丑角，缺少相应的形体动作，缺少丑行那一套身段、动作，连相应的语气语段都没有。以前甬剧的草花戏主要在语言表达上，动作是很少的，表演也比较生活化。

甬剧缺少程式化的东西，表演生活化，家底薄，需要后人去创造，以不断丰富甬剧的表现手段。甬剧需要戏曲化，但具体要根据戏来定。如《呆大烧香》，传统戏，戏曲化动作可以多一些；《甬港往事》，西装旗袍戏，要表现出民国的味道；《小城之春》因为是实景下沉式舞台，适合生活化的表演；《秀才过年》则设计了新的程式化动作，戏中有很多戏曲化的动作。

每出戏特点不同，体现的手段也要不同。每出戏都可以作为研究对象进行仔细研究。接下来要打造的《暖城》又会是一种新的样式。打造新戏，编剧、导演都需要进行深入探讨。《暖城》的灯光等会考虑新的表现方式。甬剧的节奏、表演、唱腔都需要进行研究。现在的问题在于演员完全依赖于唱腔设计。照理，演员与唱腔设计人员之间应该能够互相探讨，不断改进。演员要能把自己的感受、体验与唱腔设计进行交流。演员需要不断学习，可以学学京剧的唱腔，让声音慢慢出来，还要研究甬剧这样唱行不行。只有这样，演员才会进步。演员需要自己多去研究。我们要研究京剧科学的发声。我听李丽芬老师唱《海港》，69岁的人，还因生癌动过大手术，还能唱得这么好，我们应该分析、学习。像以前的甬剧老艺人，没有话筒，露天演出，声音响亮，富有穿透力，也有自己的一套发声方法，都值得我们学习。

四、老艺人的影响

我见过徐凤仙老师，还有范素琴、金刚、王宝生老师等都来艺校教过课，教我们唱腔，把我们当孩子来教。我还专门去上海徐凤仙老师家学过唱腔，学《杨淑英告状》，在上海住了将近20天。

这些老师都很平易近人，很质朴。当时徐老师五六十岁，范老师四十几岁。范老师教我们《悲蝉》《借妻》，唱得非常好听。徐老师小腔用得非常好。《天要落雨娘要嫁》中的清水二簧，"山林不穷鸟不飞"一段，徐老师唱得非常好。徐老师善于用小音、滑音，我学不来。我很佩服这些老师自己拗唱腔、运腔，好听、圆润，韵味特别足。范老师来宁波就住在团里，我们晚上也可以去请教她。

老艺人对甬剧的热爱，是融入到血液中的情感，对我影响很大。老艺术家对甬剧执着的精神，促使我坚守在甬剧艺术岗位上。对甬剧的深厚感情难以割舍，所以要一直做下去，不仅仅为了养家糊口，而是作为事业在做。甬剧也给了我很多，我身在其中很快乐。做好甬剧，需要执着、专注，甘于清贫，甘于寂寞，而且生活上要纯净一些、单纯一些。

五、对甬剧发展的建议

甬剧发展的关键是人才问题。

（1）甬剧团需要独立出来，按照甬剧自身规律去培养人才，按照剧种特点去创排剧目，加大对主创人员的培养，对此上面要有特殊的政策。现有体制和机制不适合甬剧的发展。甬剧团只有独立出来才能好好规划，可以有近期和远期的规划。

（2）必须加大投入，提高演职员的待遇和地位。待遇差，工资低，无法留住人。

六、对宁波戏剧发展的想法

宁波的戏剧发展形势不好,我的看法主要是以下四点:

(1)演艺集团的体制需要改变。演艺集团目前的模式不利于戏曲的发展。每个剧种都有自己的特点,应该依照本身的规律各自独立发展,才能实现良性循环。而歌剧、舞剧、越剧、甬剧属于不同门类的艺术,不适合放在一起。现在国内的情况是同个地方的不同剧种基本上都没有合在一起,有的只是名义上合在一起,如上海戏曲艺术中心,事实上各剧种都是独立发展的。浙江省也只有宁波真正改了。所以,戏曲院团应该各自发展,不能放在演艺集团的框架里面,因为各自的特点不一样。

(2)继续加大对戏曲的投入。现在政府对戏曲的投入力度还是比较大的,像宁波市对"戏曲进校园"有专项经费投入。另外,还有文化补助项目,如天然舞台文化惠民、"天天演"文化惠民,市里给专项拨款,各县市区再根据情况给予配套补助等。

(3)提高戏曲演员的待遇。培养戏曲演员需要有专项经费,目前有,不过需要有长效性,还有对主创人员的培养。提高戏曲演员的待遇,才能让他们安心地去打造剧目,现在收入偏低,难以留人。员工有生病、怀孕不能参加排练,收入极低,很伤人心。只有保证基本的生存条件,才能出人出戏。浙江婺剧院发展得很好,得到当地政府的全力保障,成为地方文化的一张名片,可以学学他们的做法。

(4)宁波其他剧种情况。宁海平调濒危,没有专业剧团,只是和宁海越剧团放在一起,挂个牌子,需要赶紧招一批平调学生,办个平调班,不能让越剧演员来唱平调,平调有自己的特色。这需要宁海地方政府的支持。姚剧得到余姚市政府的大力支持,发展得比较好。

戏曲不能光搞政绩工程,为评奖而评奖,花巨资评奖后却束之高阁,我们需要排演留得住、传得下去的作品,需要排演老百姓真正喜欢的作品。

附

《典妻》导演手记

曹其敬

悼柔石

惯于长夜过春时,挈妇将雏鬓有丝。

梦里依稀慈母泪,城头变幻大王旗。

忍看朋辈成新鬼,怒向刀丛觅小诗。

吟罢低眉无写处,月光如水照缁衣。

这是鲁迅的诗作《悼柔石》。

柔石短暂的人生只有三十年,作为"左联五烈士"之一,在生命最美好的年华惨遭"反动派"杀害,身中十弹,壮烈牺牲。生前曾出版《三姐妹》《旧时代之死》《二月》《为奴隶的母亲》等小说,创作和译作达118万字,许多作品先后被翻译为日、英、法、俄等文在世界各地出版。小说《为奴隶的母亲》深受法国著名作家罗曼·罗兰的赞赏。

一个外貌孱弱的文人,内心激情汹涌。然而,柔石并不呐喊。作为一位"左翼"作家,作为无产阶级文学的先驱者之一,他的作品并不带有标签式的阶级性,而是具有深刻的人民性,具有深邃的人文主义精神。

他淡淡的笔触就像江南雨后的云雾,白描式地述说着人间的苦难,显示出不动声色的成熟与老练。

他的笔锋锐利、深刻,笔下蕴含着一股沁人心脾的力量。

剧作家罗怀臻把柔石的小说《为奴隶的母亲》改编成了甬剧《典妻》,改编忠实于原著的精神。

甬剧《典妻》取材于现代文学的名家名篇，脱胎于"五四"以来的优秀文学遗产，先天便具有了文学性的品格，也同样具有了现实主义的深刻性。

前童古镇

前童古镇位于柔石的故乡宁海县，是浙东山区一座典型的古镇。起伏的山峦，在朦胧的雾霭中时隐时现，令人产生神秘的遐想。古镇有数百年的历史，建筑还保留着原貌。我们在古镇倘佯、寻觅，想象着数百年来生命存留的痕迹。

漫步在前童古镇上，脚下是绵延的碎石子路，路边有潺潺溪水流淌。偶一低头，不觉怦然心动。数百年来，被无数人踏过的小路显出一片沧桑，石子已斑驳、破碎，与溪流一同诉说着无尽岁月留下的前尘往事。突然，我看到，在黯淡的石子缝中滋长出一片绿色。碧绿的青苔与嫩绿的小草，从石子缝里坚韧地钻了出来，默默地蔓延着，顽强地连成一片——这是一片被踩踏的生命，是一片努力挣扎的生命，一片有尊严的生命。

剧中的"妻"，那个无姓无名挣扎在生命线的边缘像草芥一样卑微的女人，不正是这样一种生命么！她备受践踏，却顽强地生存着，维护着生命应有的尊严！

让这雨雾朦胧的大山，这不倦流淌的溪水，这绵延不尽的石子路和在石缝中倔强生长的青草，来共同述说这个被岁月掩埋了的不幸女人的苦难吧！

两难的女人

一个贫寒之家的女人，为了生计，抛下自己的儿子，被丈夫典给了有钱的秀才，替不生养的秀才娘子借腹生子，为秀才家传宗接代。女人如约给秀才生下了一个儿子，却不能享受母爱、亲情；三年期满，被赶出秀才家门，等待她的却是更加破败的家，更加颓废的丈夫，和她刚一见面就死去的儿子春宝。剧本改编之初,曾召开过研讨会,与会者曾对改编切入的角度和剧本的走向热情地提供过意见。有一种意见认为,这是"一个女人和两个男人的故事",要写出女人周旋在丈夫和秀才这两个男人之间的情感痛苦。我认为,这是"一个母亲和两个孩子的故事",应当表现的是女人被戕害的母爱和在无可挽回的失子之痛中挣扎。原作的题目是《为奴隶的母亲》,这个题目显而易见地道出了本质。女人只是一个奴隶,在自己家中可以被丈夫随意典当;在秀才家中只是一个性的奴隶,一个生育的奴隶。女人,只以一种自然人的状态存在着,在生存线上挣扎,而作为一个社会人所应享有的尊严、亲情、母爱统统被剥夺了。母性,是人性中最基本的属性,也是最伟大的属性,对母性的伤害即是对人性最大的摧残。女人陷入了命运的悖论之中,她有两个亲生骨肉,却不能团聚在一起;为了其中的一个孩子,她必须舍弃掉另一个孩子。出也难,入也难;舍也难,要也难。每一次选择,都是撕心裂肺的痛!可怜的女人,只能在幻觉中,与自己的两个孩子欢聚;梦醒后,空留遗恨。

人生最大的痛苦莫过于此!

"天下唯一团"

甬剧,听来有些陌生。可是,在四五十年前,这个剧种也曾一度辉煌。在浙、沪一带拥有一片领地,《半把剪刀》《天要落雨娘要嫁》等甬剧作品也曾脍炙人口。

时过境迁,甬剧萎缩了,成了稀有剧种;最后回落到了宁波,只剩下了一个剧团。一个剧团撑持着一个剧种,这就是宁波甬剧团。

甬剧由滩簧小调发展而来,源于说唱,擅长叙事。有人说,甬剧就是"话剧加唱和讲故事",此说不乏一定的道理。看了甬剧保留剧目的音像资料,感觉其舞台魅力来自于:一是剧情故事性强,二是唱腔动听,三是表演细腻。

传统甬剧,一定要有个好的故事。情节错综复杂,曲折动人,悬念迭生,一波未平，一波又起，令观众透不过气来。非如此，不能满足观众听（看）故事的强烈愿望。而这种故事又多以市井文化的爱情、婚姻、家庭内容为主体，以悲剧见长，配之以哀婉动听的唱腔音乐和演员细腻的表演。旧甬剧对舞台艺术的综合性要求不高，观众的审美需求也比较简单。

时隔半个世纪，社会已进入到多元文化时代，信息迅速传递，整个社会的文化素质不断提升，观众的审美需求不断发生变化。特别是面对文化素质较高的青年一代，甬剧若不进行与时俱进的改革，怕是真要如稀有物种一样濒临灭绝了。

还是回到《典妻》。《典妻》是一出新甬剧，相对于旧甬剧，有一个跨越性的变化。《典妻》情节简单，故事性不强。因而，需要由讲述故事变为塑造人物；由展示情节的发展，转为呈现人物的内心；由剧情的浅层面转入人物内心世界的深层次；戏剧悬念由情节悬念变为心理悬念；戏剧功能要在叙事中强化抒情；观众也由在剧场看故事，变为全方位地欣赏舞台艺术的呈现。

实现这一切，需要手段，旧甬剧的手段已经不够用了。

借鉴与吸收

演员的表演需要新的手段，舞台综合艺术需要新的手段。姊妹艺术拿来为我所用。所幸甬剧不似京剧、昆剧那些古老的剧种，有那样严格的程式规范。

"话剧加唱和讲故事"的形态已经成为历史了。《典妻》的文学性品格要求舞台上应有诗意化的呈现。舞台除了表现环境，还要有意境，要形象化地展示创作者的哲理思考。主人公虽然穷困，舞台却要富有美感，每一处细节都应散发出动人的力量，要让形象说话。于是，一幅浙东山水水墨画风格的舞台布景出现了。大山深处的朦胧、凄迷，使女人的命运笼罩着迷雾一般的苦涩与悲凄。

表演的深化，人物情感的表达与宣泄，人物内心世界的层层揭示，唱段是重要的手段之一。抒情唱段可以直抒胸臆，直达人物的内心深处，但是决不可忽略视觉的观赏性和冲击力。尚有许多文本所不及之处，需要去开掘，需要音乐和演员的表演来共同构筑人物的多重心理空间。这里需要引入舞蹈化的身段，提升演员的形体表现力，创造鲜明、强烈、动人的舞台形体语汇，用来表现人物的内心冲突，用来抒情。

女人命运转折的瞬间，要把文章做足。她的出门也难，进门也难；她在心中与两个孩子相会；她为了回家见离别三年的儿子，一路狂奔……这些无言之处，都要用音乐和肢体语言给观众以震撼。

戏曲，本就是载歌载舞的艺术样式；舞台艺术，本就应视觉形象与听觉形象并重，直观地作用于观众。"听戏"的时代已经过去，现代艺术，更注重表现手段的多样化和信息量的丰富。

甬剧要发展，多方地借鉴与吸收，已是势在必行。

小而精

甬剧是小剧种，由两小戏（小旦、小丑）逐渐发展为三小戏（小旦、小丑、小生）。甬剧所能承载的容量和分量有限，难见甬剧表现重大题材或恢弘场面。

《典妻》讲述的是最底层小人物的悲剧命运，全剧只有八个人物，场景只有"夫"家、秀才家和路上。小剧种，小人物，小场面；故事单纯，心理复杂。因而，《典妻》这出戏不求宏大，振聋发聩；而求深邃，沁人心脾。《典妻》追求的是精致化，精心打造，精益求精。力求达到精细、精美、精纯的艺术境界。精在何处？精在追求完美，绝不以简单、粗陋示人；精在与时俱进，立足于当代审美理念，进行广泛的借鉴与吸收，最大限度地丰富甬剧的表现手段；精在实现思想内涵的深刻性、舞台综合艺术的完整性和艺术风格的独特性的统一；精在独特鲜明的舞台艺术美的强烈诉求与形象化展示。

小剧种完成大转型，这是时代的需求。《典妻》迈出了一步。甬剧的存活与发展,乃至整个戏剧的发展,任重道远。

面对着大千世界多姿多彩的文化艺术生活,我们难道没有勇气立下这般志向吗?朋友,只要你走进剧场,定会让你满意!

(摘自《探索与追求——甬剧<典妻>评论集》,薛若琳、史小华主编,中国戏剧出版社,2004年出版)

一个甬剧世家——王霭云、王文斌、王利棠、王红刚

有一个甬剧世家,从男小旦时期延续至今,历经四代,历时近百年,经历了起起落落的时代风云,却最终坚守甬剧,执着于甬剧的传承和创新,这就是王霭云、王文斌、王利棠和王红刚,由于历时久远,材料所限,这里主要介绍王文斌、王利棠、王红刚三代艺人。为了了解这个甬剧世家几代人的学艺经历、从艺情况、传承和创新甬剧的经历,以及时代变迁对他们的影响,和他们对甬剧发展的建议等,笔者先后采访了王利棠和王红刚,并透过他们父子俩的讲述了解其前辈的艺术生涯与甬剧的发展历程。在几代人的甬剧艺术实践中,他们都在不断地学习、吸收、融汇、创新,对于甬剧未来的发展,正如第四代王红刚所说:"甬剧需要与时俱进,现在观众的欣赏水平和要求不一样了,必须在继承传统精华的基础上再提高、创新,这是甬剧唯一的发展之路。"

王文斌

王文斌,1917年出生,是从宁波滩簧到新甬剧时期的重要演员,也是宁波新甬剧的第一代演员。他在1930年跟随父亲王霭云学艺,1932年正式进入"滩簧班",1937年开始登台演出,当时演出的主要剧目是《拔兰花》《双落发》《打窗楼》等。1949年,王文斌与其他艺人合作在宁波郡庙剧场演出。新中国成立以后,王文斌曾任宁波甬剧团团长,并以扮演反派角色和风趣老生出名。他扮演的主要角色有:《一贯道》中的道主、《杨乃武与小白菜》中的绍兴师爷、《王鲲》中的史

旺、《亮眼哥》中的金守山、《老冤家》中的牛大伯、《啼笑因缘》中的沈三弦、《红珊瑚》中的沈富贵、《罗汉钱》中的张木匠、《新事》中的大伯、《姜喜喜》中的姜喜喜。王文斌的表演不仅戏路较宽，身段活泼，而且行腔顺畅，韵味独特，感情真切而细腻。

为了了解已经过世的王文斌的演艺情况，笔者与"甬剧老艺人抢救性保护工程"成员于2013年7月12日采访了王文斌的儿子王利棠。

王利棠口述材料整理如下：

一、生平经历

我父亲王文斌享年81岁（1917—1998）。13岁起，我父亲王文斌跟我爷爷学戏。我爷爷小时候一边干活一边哼小调，嗓子很好，平时被人叫去唱几只，他名叫王蔼云，人称"四只眼蔼云"。我父亲15岁正式拜先生。当时行规要拜两个先生，他拜的先生一个是滩簧先生，72只小戏包圆，姓名不详；另一个是南词先生柴彬章。我父亲辈分蛮高，师兄弟很多，他是先生的关门弟子。他15岁进了滩簧班，十八九岁拜南词先生，与徐凤仙是师兄妹关系。他唱滩簧以清客为主。

1949年新中国成立，徐凤仙等回到宁波，徐凤仙与沈桂椿搭班。徐凤仙未去上海时与我父亲曾经临时搭班。徐凤仙到宁波时带来贺显民等人，并与贺显民正式结婚。徐凤仙来了以后，剧团改名为凤仙甬剧团，以演大戏为主，当时滩簧不大有人看了，演出场地主要在民乐剧场。不久，徐凤仙带一批人又回上海，只留下王文斌、徐秋霞等四五个老演员，以及徐凤仙、贺显民的学生汪莉珍、汪莉萍、余盛春等。

徐凤仙等曾叫我父亲一起去上海，我父亲没有去，考虑到家在宁波，以及去了以后剧团无人支撑。贺显民托我父亲负责一下剧团，剧团别散了，大家一致推荐我父亲为团长（1952—1953年）。后来在凤仙甬剧团的基础上正式成立宁波甬剧团。不久军管会成立,袁孝熊、夏炎等政治指导员派下来,我父亲把团长推掉了,一直担任业务副团长到"文化大革命"前。

"文化大革命"中我父亲王文斌被分到压铝厂,后因上班路太远,想办法调到工艺美术厂,工艺美术厂考虑到我父亲年龄太大,调他做门房直到退休。

二、从艺情况

我父亲王文斌以演老生、反派为主,出演过《姜喜喜》《亮眼哥》《老冤家》《罗汉钱》《王鲲》《女飞行员》《红珊瑚》《金沙江畔》《霓虹灯下的哨兵》《心事》等四五十部大戏。

《心事》剧照

我父亲对甬剧一直提出要改革,不要死守老东西。他支持李微、刘思维的唱腔改革,认为既要保留老东西,也要随时代发展创新。他认为甬剧本身是滩簧,后吸收了话剧的东西,但还应该加入戏曲身段的东西。他支持我去艺校学习提高。他认为剧种一定要改革,否则会被淘汰的。

我父亲平易近人,关心年轻人,批评善意,严于律己,生活、业务上都从严,演戏精益求精。他信守老实做人、认真做戏、名利淡泊、平安是福。他做人心态比较平衡，退下来后不再复出，但一直很关心甬剧情况，因叔叔和我都在甬剧团，他每周都会向我问起剧团情况。

"文化大革命"中我父亲未受大的冲击，与他为人厚道也有关系。徐凤仙、贺显民也一直对我父亲和黄君卿另眼相看。《亮眼哥》《姜喜喜》在上海打响名声后，更令人佩服。徐凤仙、贺显民在艺术上有成就，贺显民过世也可惜，否则甬剧可以发展得更好，若贺显民在世，上海堇风甬剧团不至于散了。一枝独秀不利于发展提高，团结很重要，带头人对下面的人和后辈要关心、爱护。

王利棠

王利棠，1947年出生，王文斌之子，宁波新甬剧的第三代演员。1960年进宁波戏曲学院甬剧班，毕业后分配到甬剧青年队。"文化大革命"期间，王利棠在宁波地区越剧团担任越剧演员。1978年以后，他回到宁波市甬剧团，曾任宁波市甬剧团副团长。王利棠扮演的主要角色有：《三篙恨》中的江郎、《阿寿哥》中的铁算盘、《浪子奇缘》中的宋金宝、《马马虎虎》中的阮则副厂长、《荡妇》中的来旺爹、《秀才的婚事》中的退休教师、《啼笑因缘》中的沈三弦、《三县并审》中的郭士荣、《亮眼哥》中的大队长、《雷雨》中的鲁贵、《风雨一家人》中的钱老等。曾因饰演《三篙恨》中的江郎获得浙江省庆祝新中国成立三十周年调演剧目优秀演出奖，饰演《秀才的婚事》中的梁父获得浙江省戏剧调演二等奖，饰演《马马虎虎》中的阮则副厂长获得浙江省戏剧节演员表演二等奖，饰演《阿寿哥》中的铁算盘获得浙江省现代戏调演演员表演奖，饰演《风雨一家人》中的钱老获得浙江省戏剧节演员表演奖等。王利棠擅演老生，演风趣老生更是得心应手。他表演细腻，行腔顺畅，韵味浓厚。

笔者与"甬剧老艺人抢救性保护工程"成员于2013年7月12日采访了王利

棠，了解其从艺经历及对甬剧发展的建议等。

王利棠口述材料整理如下：

一、从艺经历

我 1960 年进戏曲学校，当时戏曲学校办了多个戏曲剧种的综合班，自然灾害期间规模缩小，改为培训班，具体有京剧班、甬剧班、曲艺组等。每天上早课，练毯子功、身段、唱腔、念白；上午以业务课为主，学习唱腔、念白；下午以文化课为主，主要是语文、历史；晚饭前练毯子功、翻跟斗。这些学了两年半，学制共四年，三年不到开始排折子戏。业务老师有汪莉萍、汪莉珍、周廷黻、邵孝衍、黄君卿、王文斌等，陈月琴教唱腔。毯子功和身段由京剧老师教，有周国斌、潘章琳老师等；身段后来由王龄童老师教。毕业达到初中文化程度。戏排了不少，如《红色娘子军》《南海长城》《红花曲》《芦荡火种》《刘胡兰》等，以及小戏《荡湖船》等。我老生、小生都学过，到后来定位为老生，四年下来角色位置确定了。

当时成立了甬剧青年队，由江梦飞负责，我 1964 年毕业就分配到甬剧青年队，当时青年队有男演员十二人，女演员九人，乐队七八人，加上一些老人。

在甬剧青年队里，我排练演出过《半把剪刀》中的周鸣鹤、《芦荡火种》中的陈天民、《红色娘子军》中的大管家、《红珊瑚》中的孙富贵、《红花曲》中的书记、《南海长城》中的反共司令独眼龙、《山乡风云》中的七爷、《夺印》中的陈友才等，还参演过小戏《打窗楼》《荡湖船》《买妹成亲》《亲女婿》《心事》等。

1966 年下半年，我正在贵驷搞"四清"，根据当时的文件要求，我们被叫回来了，"文化大革命"开始了。宁波戏曲剧团本来有七个，包括越剧团、越剧青年队、京剧团、甬剧团（大团）、甬剧青年队、专区越剧团等。"文化大革命"期间剧团被合并，成立毛泽东思想文艺宣传队。

1970 年下半年，中央把越剧改革放在浙江，要求男女合演，浙江把点放在杭

(《红灯记》剧组)、甬(《沙家浜》剧组),组建样板团。宁波挑出 120 人成立样板团,因为还缺少翻跟斗的,又从宁海平调剧团招了六七个人,自身再培养一部分。样板团排演了第一部戏《沙家浜》,我演刁德一,白口讲普通话,唱用老法子。去杭州演出有人提出异议,白口还是应该用嵊县话。我演一号反面人物。因涉及政治,样板戏的演出相当认真,不敢有丝毫差错。唱越剧,用京剧动作,这些也为我日后提高甬剧表演水平打下了基础。

我排了二十多部戏,演出了不少角色,得益不少。我饰演的主要角色有《沙家浜》中的刁德一、《平原作战》中的龟田、《杜鹃山》中的温其久、《海岛女民兵》中的刘阿太、《奇袭白虎团》中的美国顾问、《铁流战士》中的敌团长、《苗岭风雷》中的韩团长(敌人)、《风雪烈火》中的安行、《边疆新苗》中的苏修特务、《江姐》中的沈养斋、《五把钥匙》中的大队书记、《祥林嫂》中的鲁四老爷、《红松店》中的老红军冯松、《立月》中的匪连长独眼龙等。"四人帮"粉碎后,王鹏年任领导,主排《江姐》,这个人很有魄力,让我和杨柳汀担任主要角色。经过这些年的舞台实践,我的舞台经验老练了,演戏很稳。

1978 年回到甬剧团。当时甬剧团原来的人员回归,有四十多人,包含演员、舞美、乐队等,都直接顶上去了。1978 年剧团去上海演出《雷雨》,引起轰动。

1978 年回甬剧团后,我参加排练演出的剧目和角色有:《雷雨》中的鲁贵、《亮眼哥》中的金守山、《三篙恨》中的江郎、《半把剪刀》中的周鸣鹳、《天要落雨娘要嫁》中的周厚德和杜八哥、《少奶奶的扇子》中的刘百英、《啼笑因缘》中的沈三弦、《琴岛激浪》中的王福来和王福生、《泪血樱花》中的吉文、《春江月》中的刘二、《三县并审》中的郭士荣、《嫁娘记》中的韩光甫、《未婚妻》中的史徒龙、《浪子奇缘》中的宋金宝、《马马虎虎》中的阮则、《借妻》中的周百万、《风雨一家人》中的港商钱老,以及《守财奴》《秀才的婚事》《济公活佛》《茶花女》《返魂香》《荡妇》《警囚重逢》等。

《守财奴》剧照　　　　　　　　　　《风雨一家人》剧照

从1996年开始到2002年退休，我这几年任业务副团长，排了不少新戏，包括《桑兰》等，比较辛苦。2002年排《典妻》压力也很大，尤其是资金压力，当时大家工资才发70%。当时王锦文为排《典妻》，让我主持日常工作。《典妻》首演成功，心一下放下来了，接着就退休了。

2002年退休，正逢文艺改革，三团合并成立艺术剧院。我在甬剧团留用六年搞业务工作，其间在文艺学校从教两年，培养了2003届和2004届甬剧新秀。在聘用其间，我协助沃幸康做好剧团管理、排戏等工作，为剧团业务建设出了一些力。我参与排练《杨乃武与小白菜》，复排《三县并审》《大雷雨》《守财奴》《陆雅臣卖娘子》《半把剪刀》等，一直到2008年结束。

我感到十年越剧经历对自己来讲很有收获，使我在艺术上有很大提高，后来不少越剧中的东西用到甬剧表演中去了。甬剧应该多用些戏曲的东西，包括肢体语言。我从样板戏中也学到不少戏曲的东西，用到甬剧中去了。以后的青年也应该多学些戏曲的东西。甬剧家当太少，需要多向其他剧种借鉴。

二、对甬剧发展的看法

我担心甬剧后继无人。剧团体制改革后，招生更难，演职员待遇也不是很好。主演只有一两人，大部分是一般演员，编制又不是事业编制了，成企业编制了，更难吸引人。学戏毕竟辛苦，唱、念、做、打样样要好，扮相还要好，能否培养出来做主角还不好说。现在独生子女多，父母不一定愿意让其学戏。招生要抓紧，政策、资金要到位。演员名利要看淡，心态要平衡。

现在的年轻人钻研不够，不懂要问，要能吃苦。现在演的传统戏大多不到位。剧团缺少竞争，发展有问题。艺术考核要动真的，不要走过场。演员基本功不够，老师力量也不够。女演员长功很重要，要加强训练。演员在舞台上要认认真真，不能坍台。

王红刚

王红刚，1968年出生，王利棠之子，宁波新甬剧的第五代演员。1980年进宁波艺校甬剧艺训班，毕业后进宁波市甬剧团；1991年饰演《阿寿哥》中的阿德，获得宁波市第四届戏剧节演员三等奖；在甬剧第一部电视剧《田螺姑娘》中饰演阿牛，此剧得了飞天奖；1995—2000年在外运集团工作。2000年回到宁波艺校做老师，在艺校工作八年，带甬剧班和越剧班，并担任班主任；2008年去上海戏剧学院进修导演专业两年；2010年回到甬剧团后的导演处女作是《借女冲喜》，2010年下半年起参加《宁波大哥》的导演工作；2012年导演青春版《半把剪刀》；2013年导演《欺嫂失妻》；2014年导演《珍珠塔》；2013—2014年还担任《沈三江》（《筑梦》）的副导演，陈薪伊任导演；2015年导演新版《雷雨》，对原戏做了较多的改编创新；2016年导演滩簧大戏《呆大烧香》，期间复排了传统剧目《借妻》；2017年任《甬港往事》导演，该戏为庆祝香港回归20周年而创排。

为了了解王红刚从事甬剧艺术的经历和他对甬剧发展的看法等，笔者于2018年7月17日在宁波市甬剧研究传习中心采访了王红刚。

王红刚口述材料整理如下：

一、从艺经历

我家四代甬剧人，我太公王霭云处在"串客"到滩簧的"男小旦"时期，他们演出以宁波、姜山为主，也去过上海。我爷爷王文斌，我父亲王利棠，都是宁波甬剧团的。

我小时候出生在文艺大院里，里面有甬剧、越剧、京剧、曲艺各单位的人，平时经常听唱、看练功，对戏曲比较熟悉，可谓从小耳濡目染。"文化大革命"期间，我五六岁的时候，当时我父亲改唱越剧样板戏，我去看戏，主要是为了去后台玩刀枪。父亲去省里比赛也会带上我，所以从小跟演员非常熟悉，小时候常常在舞台上下跑得满头大汗。

1980年进艺校也很偶然。当时考试在天然舞台，我外婆家就在对面，我走过天然舞台时，被几个甬剧团的青年演员叫过去唱一个，就这样过了初试。父亲后来看到我的名字，还挺意外。我又在懵懂中参加了复试。当时我刚刚小学毕业没多久，在十七中学读了将近一个礼拜的书，就收到了甬剧艺训班的录取通知书。当时自己就是觉得好玩，胆子也大，于是就进了甬剧艺训班。

四年艺训班期间，很怀念爷爷王文斌，当时他也在艺校任教。那时每个星期天上午都要去爷爷家，让他给我纠正唱腔、念白，爷爷还教我怎么演角色、怎么把人物演好等。等毕业到甬剧团工作了，爷爷还教我怎么做人。他说，先学好做人，再学好做戏。我成家立业后，慢慢领悟了爷爷和父母给我的教诲。演员的素质非常重要,否则塑造不好人物。"是你的肯定是你的,不是你的不要强要。"爷爷等人的教育,使我从小受到影响,因此我做人很低调。

在甬剧艺训班,一年后就排大戏了,艺训班事实上已经形成了自己的演出团队。其中印象最深的就是1981年演出《借妻》,这个戏在天然舞台连演了将近一个月,很受观众欢迎,有时候甚至演日夜场,那时早上还要练功,人都快搞不清楚早晚了。

到了甬剧团,我一开始没有大的突破,当时团里有我父亲、曹定英老师这一辈,后面还有石松雪、沃幸康、王坚、杨佳玲老师等一辈,演出机会少,男生当时就跑跑龙套,女生更可怜,没有演出机会,有的人只好离开了,因为当时剧团也不需要这么多演员。1991年,我参加宁波市第四届戏剧节,饰演甬剧《阿寿哥》中的阿德,得了演员三等奖。在甬剧第一部电视剧《田螺姑娘》中饰演阿牛,此剧得了飞天奖。

甬剧艺训班按照京剧的训练方法来训练演员,到甬剧团以后很难有发挥,甬剧的表演手法太单一了,导演也有一定的责任。我后来做了导演便着重解决这一点,注意加入戏曲的程式化动作,有个别演员的基本功比较突出,有个性化的东西尽量结合进去,使演员在舞台上对剧中人物的呈现更加细腻、有激情。这在2010年创排的《借女冲喜》、2014年排的《珍珠塔》中已经全面体现,也使甬剧的表演手法多元化。

1991年之后,戏曲进入萧条期,没人看戏了。我中途离开甬剧团去了外运集团,搞电讯,一来是因为戏曲不景气,二来爱人身体不好,三来收入也不高。当时大家都去经商。1995年到上海演出《半把剪刀》结束后,我就去了外运集团。2000年我又回到艺校做老师,从事原来的专业。我在艺校待了八年,带了甬剧班和越剧班,我都做班主任。甬剧班就是苏醒、贺磊、张欣溢、沈超等这一批人,曾排过《半把剪刀》作为毕业汇报,请了杨柳汀、钟爱凤、沃绵龙、杨佳玲、王坚及我父亲等老一辈老师来辅导。2007年学生毕业后，我又回到甬剧团，之后又带了这些学生一年。这一年我们与剧团相对独立，单独练功、排戏，曾排过一部大戏《春江月》，请汪莉珍老师来排，我做助手。白天汪老师来指导，晚上我再加工排练，演出后反响很好。

艺校这八年对我认识戏曲和积累艺术经验帮助很大。一个好演员不一定是一个好老师，要做好老师，还需要补充很多东西。这为我后来去上海读书、做导演打下了良好的专业基础。2008年我去上海戏剧学院进修导演专业两年，这个研修班专门针对戏曲导演，学生来自全国各地，都是有舞台经验的，有的还是台柱子。目前大家都发展得很好。我当时是这个班的班长。

2009年，上戏副院长田蔓莎老师让我参加上海青年京昆剧团的《死水微澜》助导工作，这部戏是由川剧移植到京剧的，田老师担任导演。还有上海京剧院的《封神榜》，总导演是我的美籍老师朱楚善，我作为副导演协助总导演工作。从这两部戏中我学到了很多京剧方面的知识。当时我同时分管文戏导演组和武戏导演组，在文武场之间穿梭，人一下子瘦了五六斤，但我觉得非常值得。有一点我很佩服京剧演员，就是在上午九点排练之前，演员已经把功练好了，他们坚守着"一天不练，自己知道；两天不练，同行知道；三天不练，观众知道"的警示。

2009年12月进行毕业作品汇报演出，我的毕业作品是《挽桥》，与一位女同学合作，纯粹以戏曲程式化的肢体语言来讲述故事，同时配上几段音乐，是一个新的尝试，也得到了专家们的一致好评。

2009年，我整整一年没回家，泡在上海，收获很大，也很感谢爱人、父母和岳父母的支持。

2010年，我回到甬剧团后的导演处女作是《借女冲喜》。很感谢编剧天方老师的支持与厚爱，我们两人成了忘年之交。我去昆山请教天方老师，还住在他家里，一住就是四五天。昆山去了两趟。两人一起商量剧本，之中也问了他关于上海甬剧界的情况，对上海甬剧界曾发生的事情也有了清晰的了解。天方老师的突然去世对我个人的打击很大。本来我和天方老师约好了还有几出甬剧剧本拿出来进一步修改，现在不知以后还有没有机会展演了。天方老师给了我无私的帮助。

2010年下半年到2011年，我参加了《宁波大哥》第二稿的导演工作，在这部戏中我具体负责沃幸康饰演的人物，做到精心雕琢每一个细节。《宁波大哥》在重庆"中国戏剧节"演出时大获成功。参加"中国戏剧节"演出的是《宁波大哥》的第四稿，我先生郦子柏（中戏教授，上戏客座教授）加入第四稿排演，出了很多好点子。

2012年排演青春版《半把剪刀》，其实这是一次综合艺术整体提升的创作。期间我第三次到昆山，商量文本、舞美、音乐等各方面的创新。因为时代在变革、在推进，观众的欣赏水平在提高，原有的舞台呈现太老旧了，难以满足体现人物情感的需要，还有一部分戏需要做删减，天方老师让我自己去改剧本，改完了再寄给他。后来公演时天方老师到剧院来观看，看后他非常满意，认为我走这条甬剧传承创新的路是对的、准确的。青春版《半把剪刀》获得浙江省优秀保留剧目奖。之后天方老师给鄞州越剧团写剧本《沈光文》，才完成大部分就去世了，很可惜。天方老师的去世对甬剧而言是损失，对我个人而言，也是一个很大的损失。

2013年排了《欺嫂失妻》，是从上海沪剧移植给姚剧，又从姚剧团兑换剧本过来再修改后上演。剧本由我来修改，改了不少。创作过程断断续续，期间经历《安娣》排演让出排练厅，以及女主角的多次更换，排练热情也渐渐消失了。

2014年排演《珍珠塔》。把江苏锡剧院的文本与越剧文本、扬剧参考资料相结合，合成了适合甬剧的演出文本。整理形成甬剧文本的是马敏，我是边排边改的。

2013—2014年还排了《沈三江》（《筑梦》），由陈薪伊导演，我担任副导演，2014年这个戏去北京演出。

2015年排《雷雨》。这个戏从运作到首演将近三年。郦子柏老师想给王锦文量身打造一部戏，他对《雷雨》有研究，觉得比较适合王锦文。2014年文本初稿出来了，以京剧文本为蓝本写成的底稿。锦文有兴趣，她希望把老版甬剧《雷雨》中的经典唱段放进去。但是两者在文学上差异很大，尤其在文采方面。为此，我专门把老版的拿到北京供骊先生参考，先生看了表示很难融合，因为还要考虑历史原因、观众因素等。2015年确定排《雷雨》时用的是先生再修改过的剧本。为了这个剧本，我在北京住了四天三夜，终于说服了先生，把老版甬剧《雷雨》精彩的唱段融合进去。我和先生商量好了以后，我再回宁波整理打印，再投入排练。排这个戏压力很大。我之所以要这么做，一是受先生影响，二是考虑到甬剧的继承和创新，同时也是个人展示的平台。为了这部戏，花了很多心血，前后花了两年左右的时间。

这部《雷雨》的创新之处在于：

（1）有序幕和尾声。这也符合曹禺先生的心愿，因为结局太惨烈了，有尾声可以给观众一个缓冲。

（2）把以前暗场处理的东西拿到前台来。①第三幕，四凤家里，屋里屋外，窗户是可以移动的，把繁漪、周萍、四凤三个人各自的心态、情怀都体现出来了；②有个三重唱。这是以前甬剧所没有的，戴纬老师为设计这个花了很多心血，这个地方也得到了观众一致好评；③最后一幕，"美丽的触电"。死得要唯美，场面立体、震撼。四凤出场，她在雷电交加中跑出去，舞台上原本考虑用跑步机，也得到了北仑一家生产跑步机的企业的支持，能帮助我们解决很多问题，但唯一的遗憾是发动机的位置不行，我要求发动机在后面，但它目前只能在前面，最后只好放弃不用，很遗憾。最后这个动作只好改成了慢动作，视觉冲击不够了。

对这部戏的付出，我自己觉得很值得，心血没有白花。郦子柏老师看了首演以后，给予了充分肯定。我父亲评价说这部戏的综合艺术超过了他们那一代，是一部经典的甬剧大戏；要感谢戴维老师在唱腔设计上花的很多心思；这是王锦文继《典妻》之后又一个成功的人物塑造。

演出时一票难求，好评如潮，有很多人包括老观众反映《雷雨》中三个女演员王锦文、陈雪君和沈超超过了上一辈，就唱腔、表演、人物塑造等综合来看，男演员稍微弱一点。再回过头来看现在甬剧团演出老版的《雷雨》，观众反映就跟原来不太一样了。甬剧需要与时俱进，现在观众的欣赏水平和要求不一样了，必须在继承传统精华的基础上再提高创新，这是甬剧唯一的发展之路。

我最大的遗憾是这部戏本来可以参加上海艺术节的，上海逸夫剧院都拿着演出合同来的，可惜因种种原因，没能参加。这部戏的成功在于当时刚好符合了天时、地利、人和，主要演员也正好符合他们的年龄、气质、演艺水平，现在再排不可能了。现在甬剧团在排的又是老版的《雷雨》了，演员也换了，但舞美、音乐方面借鉴了新版的。

之后我到了甬剧研究传习中心，主要挖掘传统题材。2016年创排了滩簧大戏《呆大烧香》，这个剧本王信厚老师重新写过的，首演后又改过一稿。期间复排了传统剧目《借妻》。2017年排了《甬港往事》，为庆祝香港回归20周年而创排的。

二、对甬剧发展的建议

（1）当地政府要支持甬剧的发展，甬剧研究传习中心做好自己的分内工作，把甬剧继承、发扬好。

（2）不要在我们这一代人手上把甬剧丢掉了，我们要有好的成果留给下一代接班人，希望他们能传承好，比我们这一代人有作为。

（3）作为甬剧人必须有责任和担当。

王红刚、庄丹华合照

甬剧必须在传承中创新——严耀忠

严耀忠，1964年出生，宁波新甬剧的第五代演员，国家一级演员。1982年进宁波姜山镇甬剧团，接受系统训练，师承堇风甬剧团老艺人王宝云等，打下扎实的演艺基础；1982年和1983年任姜山甬剧团团长；1986年9月，特招进宁波市甬剧团。他饰演的主要角色有《半把剪刀》中的曹锦棠、《东瀛孤女》中的叶丰、《阿寿哥》中的阿寿哥、《秀才的婚事》中的梁自强，以及《邻舍隔壁》《郎中与情人》，还有《天要落雨娘要嫁》中的太公、《乾隆下江南》中的太监、《典妻》中的秀才、《安娣》中的老船长、《宁波大哥》中的张二康等。其中，在《东瀛孤女》中饰演叶丰获得浙江省戏剧节演员二等奖，在《阿寿哥》中饰演阿寿哥获得浙江省戏剧节演员三等奖，在《郎中与情人》中饰演郎中获得宁波市戏剧节优秀演员一等奖等。

从事甬剧演出三十年，严耀忠从童子生演到小生再到中年生再到各种角色，具有丰富的艺术积累，创造人物富有个性，表演元素丰富，其唱腔师承堇风甬剧团，原汁原味，韵味足，表演风格风趣、幽默。

为了深入了解严耀忠的甬剧艺术生涯、艺术观点和对甬剧发展的建议，笔者于2018年7月22日对严耀忠进行了采访。在采访中，严耀忠多次提及甬剧需要创新，但必须在传承中创新。

严耀忠口述材料整理如下：

一、甬剧艺术生涯

1. 在姜山镇甬剧团

我十三四岁在姜山中学读书，十五岁开始登台演出甬剧。因为我从小喜欢蹦蹦跳跳，人家说我像潘冬子。中学时有个偶然的机会，就是1978年鄞县招文艺班，就设在姜山中学，有跳舞、戏曲、唱歌什么的，我也进去了，在舞蹈班。后来文宣队搞甬剧小戏"园丁之歌"，少一个演员，挑到我去演这个小淘气，那时我十五岁。我从那时开始就朦朦胧胧在演甬剧了。

十五岁那年，鄞县越剧团就把我招去了，也是演学生，正好我有基础。十六岁曾经代表鄞县文化馆参加省里的演出，演甬剧《三盖印》，由裘明海局长带队。1985年（或1986年），我代表鄞县文化馆参加宁波市第一届音乐舞蹈艺术节，获得独舞二等奖。

周时奋老师曾经做过鄞县越剧团团长，那时他是剧团的舞美工，我们一起共事过，一起工作、生活，我称他为"大哥"。周老师多才多艺，拉大提琴，画油画，都很好。他在生活上帮助我，在艺术上教我，非常关心我，是我的良师益友。一生中碰到某个人都是缘分，但碰到不同的人，得到的东西不同。

在鄞县越剧团待了四年，但一直没有把关系（编制）弄好，那样下去不行。后来鄞县越剧团改成女子越剧，我和唐嘉芳老师一起去了姜山。唐老师是我的启蒙老师，他去了姜山文化站。1982年以唐老师为主组建姜山甬剧团，开始招人，我就去了。

姜山甬剧团四年给我打下了坚实的基础。在姜山甬剧团，我和胡艳梅、张海波等合作，在那里也很开心。在那里，我真正学到了甬剧演唱的基本功。唐老师给我们姜山甬剧团请来了一位高人——关松安老师，关老师在宁波戏曲界很有名气。我从关老师身上学到了不少精华，受用终身。我从越剧团开始，跟关老师足足学了八年，一生都受益匪浅。后来我到了市甬剧团，业务比赛屡获第一，圆场到现在年轻人也跟不上我，就是那时候打的底子。我们还跟王宝云老师学唱腔、表演，另外还有范素琴老师教唱腔。在这里，我把演艺生涯的基础打好了。

在姜山甬剧团，我演过《半把剪刀》中的曹锦棠、《杜鹃》中的桂阳哥、《借妻》中的张古董等。《借妻》类似草花戏，张古董是丑角，是个很讨喜的人物，这个人物的表演很接地气。所谓"无丑不成戏"，王宝云老师最大的特点（特长）就是演丑角、草花，我跟他学。另外，还演了《双落发》《金生弟》等。1982年和1983年我做过姜山甬剧团的团长。张中强是姜山甬剧团的老领导，编剧，也是个才子。我在姜山甬剧团待到1985年。那四年是姜山甬剧团最辉煌的时期。

1985年，宁波市甬剧团和群艺馆等联合举办"宁波市群众甬剧大奖赛"，我得了一等奖，记得奖品是一台彩电，大家都非常开心。

2. 在宁波市甬剧团

因为甬剧男演员比较难培养，那时宁波市甬剧团缺男小生，金玉兰老师建议补充一批男演员。1986年9月，宁波市甬剧团把我特招进去了，当时团长是天方老师。进了市甬剧团，户口拿上来了，当时居民户口很不容易，这件事在家乡很轰动。因为光招我一个人不合适，于是还同时招了黄明、陈雪君、周晓珺等，一共五个男的、七个女的。我们一起培训，他们只参加培训，而我一边参加培训一边直接参加演出。从此，我真正踏入甬剧的舞台，剧本、导演、老师都有了。我一生中演过很多人物。开始我曾顶替杨柳汀老师演《半把剪刀》，我演上半场。后来随着年龄增加，我唱中年生，再后来唱老生。

我早年演过的印象比较深刻的角色有《半把剪刀》中的曹锦棠、《东瀛孤女》中的叶丰、《阿寿哥》中的阿寿哥、《秀才的婚事》中的梁自强等。还与曹定英合作演出《邻舍隔壁》《郎中与情人》等，其中《郎中与情人》两人合作演小两口，双双获得宁波市戏剧节优秀演员一等奖，记得曹老师为了演好戏还特地减肥。

从姜山甬剧团到宁波市甬剧团，平台不一样了，导演、编剧、演员都跟原来不一样了，个人得到很好的发展。郎友增老师是我唱甬剧的启蒙老师，我当初得到宁波市一等奖的《借妻》中的"李成龙自叹"就是郎老师辅导的。他那时在宁波市群艺馆，我直接去找他的。我曾经得到过不少名家、名导、高人的指导，觉得很幸运。我刚进市甬剧团时报名参加了中国戏剧电视创作中心的函授，学了一系列戏剧理论，主要是斯坦尼斯拉夫斯基的表演体系。这对我后来的表演非常有帮助，帮我把表演引入正轨。后来的演员考级也是个学习、提升的过程。

我看得多，演过的人物多，感受、感悟多，素材多。我看各大剧种的戏，包括越剧、京剧、豫剧、河北梆子等，有的给我留下了很深刻的印象。我小时候跟鄞县越剧团演到哪走到哪，剧场里白天放电影晚上演出，我白天正好在剧场里偷偷看电影。看也是一种学，我从小喜欢"偷学"。环境决定人。我家里出身农民，但我爸爸也曾经演过样板戏，看我好动，家里把我送进了文艺班。从文艺班到鄞县越剧团到姜山甬剧团到获得群众甬剧大奖赛一等奖，再到1986年进宁波市甬剧团，一直到2016年生病倒下，我甬剧一唱就是三十年。我在鄞州（原名鄞县）戏迷很多，从在鄞县越剧团演《宝莲灯》中的小白兔开始就让戏迷记住了，虽然那时我还只是跑龙套的。

在宁波市甬剧团我主要演小生，后来年纪大了也演老生。我演老生是因为一个偶然的机会，年轻人过来了，《天要落雨娘要嫁》中的太公没人演，我说就我来演吧。在演这个角色的时候，我吸收了前人的东西，又加入自己的想法，把太公封建礼仪气势压在林氏身上的感觉演出来了，得到大家肯定，从此就演上老生了。以后有这些杂七杂八的角色就都给我了。我还演过丑角，在《好人王延勤》里面演卖甲鱼的，也得到了傅丹老师的好评。

我演过《乾隆下江南》中的太监，我动脑子边演出边调整，琢磨人物的动作、声音、节奏、语气、性格，找各方面的元素，还从影视中找素材，再加入戏曲元素。念白也很有趣，我仔细琢磨适合人物的发音位置，演出得到大家的认可。做演员花工夫、动脑子、用心是必须的。

我感受比较深的是《典妻》中演秀才。有一次去象山演出加场，演A角的杨柳汀老师有点累，身体吃不消，王锦文让我顶上去一场。为了保证演出质量，我要求必须先排过。于是第四场演过后,大家留下来,把我的戏都来一遍,也很感谢杨柳汀老师指导细节和要点。第二天白天,我就顶上去演出了。那天很难忘,既冷静又激动,既不要慌又高度重视,演完后大家都说效果不错,很顺利。再往后这个角色就由我来演了。这个角色虽然不是我原创的,也很感谢杨老师的指导,但是看别人演和自己演感受完全不一样。这个戏绝对是经典,我能演这个角色感到很荣幸。《典妻》是甬剧发展史上的里程碑,王锦文功不可没。"都市甬剧"是个名称,关键在于把都市化为广告意识,化为人脉。事业、文化需要继承、发展、创新,否则社会不会进步。

《典妻》剧照

《风雨祠堂》中我演老生,演族长,我努力把人物性格演绎出来。这出戏中的族长是个举足轻重的人物,是个代表人物,用于激发矛盾,相当于现在的"村官"。我仔细琢磨角色的行动、风格、气势,把人物的个性表现出来。这部戏表现的是人性的东西,不是流于表面的。

《风雨祠堂》剧照

《安娣》是王晓鹰老师导演，我演老头（安娣的父亲），演得也很过瘾。有名导来导演，我觉得很荣幸。这个戏表面来看是写安娣，事实上是在表现老头一生的悲惨命运。我尽量多积累些素材来表现人物，表现其复杂的心态，表现出人物内心的纠结，非常难演。2013年，这个戏得了浙江省第十二届戏剧节优秀演员表演一等奖。同年，我也顺利通过国家一级演员评审。

《宁波大哥》中演的张二康也得到大家的肯定。我虽然不是演一号、二号角色，但这个角色贯穿全剧，也很重要。我努力把握分寸，人物把握得很到位。我努力做到演啥像啥，尽可能把人物演绎到位，有驾驭人物的能力，能把观众带进去，尽可能靠近人物本身。

《宁波大哥》剧照

我以前演出时，在舞台上"死"过四回。第一回是与杨佳玲一起演出《霓虹灯下的哨兵》，胆囊炎发作，演出完第二天就住院去了。第二回是与王锦文一起演《桑兰》，中途晕倒在舞台上，昏迷了一刻钟，醒过来脑子中空白一片。当时才演出一半，只好拉上幕布。醒过来我坚持到演出结束，全凭第六感觉在演。第三回是《宁波大哥》浙江省会演，我胰腺炎发作，演出前去打激素。演出时注意力高度集中，把病痛都忘了。演出回来痛死了，回到单位后我开小车准备回家，路上连油门也踩不动了，只好连夜去住院。第四回是演出《守财奴》，鼻子不好，自己不知道，其实副鼻窦癌的毛病已经发作了。不久后因病不得已离开舞台。

3. 老艺人的影响

当年王宝云老师说过，一个人什么角色都要做，一个行当长期做下来是不可能的。要好好学习，要有好的唱腔，要多演角色，要去感受，要在生活中找影子。

王宝云老师的生活经历相当丰富。他在上海生活有困难，后来只好来宁波。1990年他去世前住在姜山敬老院。王宝云老师很有人格魅力，个人很自律，人很清高，是个上档次的人，没品的人他不愿意交往。王宝云老师对我说一个人生活要自律。他自己在正式场合都穿西装，很登样（像模像样之意）。王老师的思想相当新潮，敢于创新。范素琴老师对王宝云老师非常尊重。

记得当年在乡下演出，听到收音机中范素琴老师唱的歌，太好听了。宁波话断字音很多，很难唱，到上海以后不一样了，受上海方言的影响，发音位置不一样了，音变柔了。也是受到了海派文化的影响。

老师们对我也很关心。在姜山甬剧团的时候，有一次外出演出时我胆囊炎发作，记得范老师抱着我一路喊。

二、个人艺术特色和艺术观点

（1）我出道早，看得多，演得多，老师教得多，偷（学）得多。我从童子生演到小生再到中年生再到各种角色，接触多，积累也多。创造人物的感觉，有自己的方式和依据，元素比较丰富。

（2）我演过的人物特别多，其中有我喜欢的，有模仿的，也有一晃而过的。印象深的有《半把剪刀》中的曹锦棠，需要自创的有《杨子强》《白魔恨》等现代戏。我与曹定英、杨佳玲、石松雪等都演过对手戏。

（3）我的艺术风格是擅长演风趣、幽默、接地气的小生，后来也演老生，如《风雨祠堂》中的族长。

王宝云老师对我影响很大，我在舞台上创造人物是受到王老师思想的影响的，还有斯坦尼斯拉夫斯基理论体系的影响。老一辈人的表演，能看到的我都去看过。甬剧团塑造人物是有传统的。我塑造人物还可以，对甬剧唱腔，我立足于原汁原味，实打实，土味的；我的表演风格则是风趣、幽默的。演员唱腔、表演都大有文章可做。我感谢李建平、王晓鹰等知名导演，虽然他们不懂宁波话，但他们会规定逻辑重音，这样一来台词自然就到位了。甬剧的台词有字头、字身、字尾，都有点点滴滴的。感谢曹定英老师对演出的认真付出，感谢汪莉珍老师的认真导演，不行还要骂，不是这样可能还不会改。

我非常赞同演员李雪健，欣赏他的演出功底和表演方式。他以前在一个颁奖仪式上曾说过"只想做一个不像演员的演员"，我很赞同。我认为戏曲演员首先唱、念、做、打的基本功要扎实，这是作为演员最基本的东西。当年关老师曾经单独教我教了足足半年，他的严格训练让我受用终生。

我的演出有戏曲程式化动作在里面。甬剧老前辈塑造人物能力非常强，我继承了他们的优良传统后，又加了自己的程式化动作在里面，我觉得否则就不成戏剧了。清装戏，传统程式化动作多一些；现代戏，塑造人物多一些，程式化的东西少一些。分寸如何，随着时代、人物、年龄、职业而变化，要综合人物各方面的因素来考虑。文学形象和人物的程式化动作有机结合，也需要从生活中找影子。

演角色，演人物，都要把握一个度，演得多了过了，演得少了不到位。把文学形象化为立体形象的过程是二度创作，过程痛苦而复杂。演员的基本功，比如云手怎么用，清装戏和现代戏分别怎么来表现，怎样让它们自然而然地有机结合，都需要好好琢磨。

我对舞台上的人物塑造非常挑剔，对同事表演不到位的地方也要讲（指出）。甬剧创造了我，我对甬剧的付出也是有一份的。甬剧培养了我，我也融入了甬剧中。风风雨雨，酸甜苦辣，我觉得自己是幸运的，我抱着感恩的心。三十年，我对甬剧是有感情的。

三、对甬剧发展的建议

事业要靠人去传承、去做。像王宝云老师这样的辉煌，应该继续发扬。人造就辉煌，也会造成不好的东西，会影响事业。如何再提升甬剧、创造辉煌，是一个很现实的问题。有钱了干什么？有相当一部分人会有文化的需求，也会有人爱好戏曲，也有宁波甬剧的戏迷，这些人是甬剧最大的财富和支持者，我们专业的人要去引领他们。

如何把戏迷引导好，如何搞好剧目，如何去生产、创造、塑造人物，这有赖于剧团领导人的思考和引领，这是当前甬剧人的责任。这项事业是要靠人去做的，不仅是一个人、一个团队，而是要靠一班人。甬剧人一定要齐心协力，不要仅仅考虑个人私欲。

记得王宝云老师在姜山敬老院去世前喊的最后一句话是"甬剧一定要兴旺"。那时他一手拉着我，一手拉着其他人，虽然已经不大会讲话了，却从喉咙底喊出这句话。他第二天就"走"了，我和其他人一起把他送上山（出殡）。

老人有经典的东西留下来，也会有陈旧的东西，我们要善于筛选、学习。希望年轻演员继承老前辈的优良传统，尤其是表演和唱腔方面，同时也要在继承的基础上创新。《典妻》让王锦文成功了,"都市甬剧"把甬剧艺术推上了一层楼,但现在甬剧何去何从值得我们思考。这需要甬剧领导人、领军人物重视,这也是甬剧老前辈的心声。

我对剧团发展的建议:

(1)我希望甬剧人一代胜过一代。受到体制、经济等问题的影响,目前愿意唱戏的年轻人很少,招生招不到,生源不够,没有挑选的余地,学生素质下降。在宁波生源招不足,只好去舟山、象山等周边地区招,导致所招学生在语言上咬字有问题。有些学生又不够努力,发音没有逻辑重音,字头、字身、字尾不到位,导致台词听不清。而且,有的学生平时有些懒散,得过且过;有的学生缺少平时的积累,急功近利,需要多引导他们。

(2)对团队的管理者、引领者来说,要好好考虑怎么去引导、管理团队。

(3)希望文化局等领导部门多给甬剧团发展机会,多扶持它。

(4)甬剧人要齐心一点,要能凝聚人心,人散了,什么都没有了。只有团队齐心协力了,才能做好事情。内耗是最可怕的。

(5)希望下一辈继承老一辈的优良传统,再加入自己的思想观念,勇于创新,不要怕失败,大胆去改革。

甬剧更要让年轻观众接受——郑健、张欣溢、贺磊

时代在发展，人们的审美趣味和审美眼光在不断发生变化，审美要求也在不断提高，让甬剧从内容到形式走向"现代化"，已是甬剧必须面对的选择，也是当下甬剧人正努力在做的事情。要让甬剧能够长远地发展下去，获得继续发展的生机与活力，必须要让它能被尽可能多的年轻观众接受，为此，需要对戏曲的传统艺术元素作适当的扬弃与创新，让它更多地符合现代观众尤其是年轻人的审美需要，让表现形式与时代相衔接，与具备现代意识的内容相衔接，让甬剧具有更多的现代民族元素，形成具有民族特色的现代化戏曲表演形式。只有与时俱进，完成其现代化的过程，它才能找回观众，再放光彩。

郑健，1976年出生，是宁波新甬剧的第六代演员，也是当下宁波甬剧团的中坚力量。他主攻小生，1993年进宁波艺校甬剧班，毕业后进宁波市甬剧团。进团后，饰演过《天要落雨娘要嫁》中的杜文、《杨乃武与小白菜》中的杨乃武、《借妻》中的李成龙、《陆雅臣卖妻》中的陆雅臣、《雷雨》中的周萍、《宁波大哥》中的青年王永强、《筑梦》中的沈三江和《江厦街》中的寿得得。2010年荣获宁波市首届青年演员大赛一等奖，2011－2013年入选宁波市优秀青年人才培养工程，2014年被评为宁波市第二批"文化艺术新秀"，2016年11月因饰演《筑梦》中的沈三江荣获浙江省第十三届戏剧节"优秀表演奖"。

1990年出生的张欣溢和1988出生的贺磊则是宁波新甬剧的第七代演员，也是目前甬剧团最年轻的一代。他们在2003年进宁波艺校甬剧班，毕业后进甬剧团。张欣溢，主攻花旦，进团后先后饰演《春江月》中的柳明月、《半把剪刀》中的金

娥、青春版《典妻》中的"妻"、《啼笑因缘》中的沈凤喜、《田螺姑娘》中的田螺姑娘、《三县并审》中的秀英等。张欣溢以《杨淑英告状·死谏》获得宁波市青年演员大赛一等奖,以《半把剪刀·法场辩仇》获得浙江省"新松计划"比赛二等奖。

贺磊,主攻小生,进团后先后演过《半把剪刀》中的曹锦棠、《雷雨》中的周冲、《药行街》中的阿东、《啼笑因缘》中的樊家树等。2013 年,贺磊以《宁波大哥·祭兄》获得宁波市青年演员大赛一等奖。

在甬剧团培养新人的急迫需求下,他们拥有前辈所难以拥有的担任主演的机会。但是在多元的文化环境中,在戏曲日趋小众化的形势下,演戏不再是他们的首选或唯一的选择,那这个职业能吸引他们的因素是什么呢?年轻的他们,是甬剧传承的希望所在,剧团也把培养的重点放在他们身上,众望所归的他们又怎样传承和发展甬剧,让甬剧的观众尤其是年轻的观众更好地接受他们呢?

郑健

为了了解郑健从事甬剧的经历及他对甬剧发展的想法,笔者于 2018 年 7 月 25 日到宁波天然舞台八楼甬剧排练厅,利用中午休息时间采访了郑健。在采访中,郑健强调"甬剧更要让年轻观众接受",但到底怎么做好,还需要在实践中不断探索。

郑健口述材料整理如下:

一、从事甬剧的经历

我从小喜欢文艺,初三的时候正好甬剧团来我们学校(鄞县茅山中学)挑人,杨柳汀老师来招生的。他直接到教室里面来挑人,看到我,就跟我说哪个日子去考试。那是 1993 年,初试地点在姜山镇文化站,参加初试的有两千多人。考试考音准、唱歌、试听什么的,招生老师觉得我还行,于是进入复试。复试在一个月后，要唱甬剧，我跟董阳焕老师和严耀忠老师现学，后来复试也过了。还有总决赛，考唱腔、念白、即兴小品、命题小品，考试地点在解放南路老艺校，最后录取了八男八女，因为种种原因，现在留在甬剧团的只有五个人了。

到了艺校甬剧班，从基本功开始练起。练早功、毯子功什么的，还有声训，请宁波市京剧团的老师教的，男生的唱腔、念白是全碧水和沈永华老师教的。学了一年半以后，开始排折子戏。我们排过《杨乃武与小白菜》《啼笑因缘》《双推磨》等。第三年排毕业大戏，有《雷雨》和《半把剪刀》，我分别演周朴园和曹锦棠，另外还有一台折子戏专场。这三台戏作为毕业汇报，在凤凰影剧院演出，那时艺校就在剧院旁边。

毕业后进了甬剧团，我们是属于甬剧团委培的。我演小生。进团后演过《天要落雨娘要嫁》中的杜文、《杨乃武与小白菜》中的杨乃武、《借妻》中的李成龙、《陆雅臣卖妻》中的陆雅臣、《雷雨》中的周萍、《宁波大哥》中的青年王永强、《筑梦》中的沈三江及正在排演的《江厦街》中的寿得得。

《雷雨》剧照

在这些角色中，我印象最深刻的有下面两个：第一个是杨乃武，差不多十年前演的，通过演这个角色，我的业务能力提高了，也得到了观众的认可，是个好的开端；第二个是沈三江，这是我最重要的转折点。这是一部真正意义上的原创大戏。当时领导对我出演男主角还有点不放心，种种原因，最后导演还是选了我，我也没让大家失望。这是我演艺生涯中关键性的转折点。通过演这个角色，我在艺术创作上，对人物的理解和把握有很大的提升。陈薪伊大导演来排戏，很认真，要求高，台词一句句把关。通过演出，我在人物性格把握和表演方面都有了明显的提高。

2014年6月中旬，《筑梦》去北京梅兰芳大剧院演出，舞台感觉不一样了，来看的名人也不少，演出得到肯定。那次是去参评全国"五个一"工程奖的。后来全国的没有评上，得了省里的"五个一"工程奖。2016年，这部戏参加浙江省第十三届戏剧节，那时没有大导演给排戏了，只能自己琢磨自己排。演员队伍也有很大的调整，王锦文、严耀忠、虞杰因为各种原因不能参加演出了，只能由苏醒、贺磊、孙丹顶上，后来得了新剧目大奖第四名，个人觉得很不容易。我个人得了优秀表演奖。因为这部戏是戏剧节的开幕戏，压力很大，演出结束评委点评了四十分钟，给予了充分的肯定，对年轻演员也给予了充分的赞赏。通过这部戏，奠定了我在甬剧团中坚力量的地位。

《筑梦》剧照

在甬剧60周年晚会上，根据剧团安排，我拜甬剧国家级代表性传承人杨柳汀老师为师。

二、对甬剧发展的建议

（1）甬剧更要让年轻观众接受。现在观众群偏老，尤其是农村观众更是如此。需要考虑甬剧怎样在传承中创新出能让年轻观众接受的东西，包括唱腔、音乐、表演手段等。

（2）增加武戏等。甬剧缺少程式化动作，可以学学越剧的程式化动作、唱腔等。甬剧不能光是清装戏和西装旗袍戏，期望甬剧以后能排古装戏，增加水袖、武戏等，这样观众的接受面就大了。像京剧、越剧、婺剧那样，能打能翻，很吸引人。甬剧太文了，缺少这方面的东西，"话剧+唱"的局限性太强，走不远。像婺剧武戏很多，也很好听。

（3）在学生培养上，师资力量薄弱、学生年龄偏大都是问题。现在招初中毕业生，年龄偏大，初中毕业才练功，骨头已经硬了，很难练出来。练了以后，演出剧目本身又不需要翻、打，学的又荒废了。建议下一辈或下下一辈在练功方面加强一些，以后可以排排武戏，这对甬剧会有好的发展与影响。需要有这类常演的剧目，演员才会每天去练功。

（4）招生难。现在年轻人想学戏曲的少，甬剧更是如此。家长对此也不是很支持，觉得读书更重要，实在书读不下去才来试一试。其中有极个别学生是很喜欢甬剧才来考的，但是太少了。

张欣溢

为了了解张欣溢从事甬剧的经历、这个职业对她的吸引力，以及她对甬剧发展的想法，笔者于 2018 年 7 月 24 日下午到宁波天然舞台八楼甬剧排练厅，利用排练新戏《江厦街》的间隙采访了张欣溢。

张欣溢口述材料整理如下：

我 12 岁进杭州艺校芭蕾舞班，后来受伤离开。那时刚好宁波艺校去象山文化馆招生，馆长跟我妈认识，告诉我妈这件事，我就去考了。当时甬剧、越剧一起考，两个地方都让我去，甬剧招生的老师说甬剧团有事业编、待遇好，于是我就去了。我初一就进来了，才 15 岁，属于特招。其实当时我一点都不了解甬剧。因为象山话跟宁波话不一样，所以我拗唱腔拗得很辛苦，上唱腔课学得很辛苦。第一次见到教唱腔的董阳焕老师，不是想象中的帅哥，还觉得有点失望。因为我有舞蹈基础，所以练功学起来还好。我妈当初也没想着我要去唱主角，只是觉得有个稳定工作就行，哪怕跑跑龙套也没关系。

因为我的声音像王锦文老师，所以就学她的。三年级下半学期排折子戏，就演《典妻·回家路上》。毕业汇报，《半把剪刀》中我演金娥的下半场。原先也没有什么荣誉感，但领导都来看毕业汇报，很重视，而且面对鲜花、掌声的感觉很好。虽然之前排练的时候觉得很枯燥。

《半把剪刀》剧照

进甬剧团以后，我的机会也好，正好团里大力培养年轻人。我演花旦，第一部大戏就演《春江月》中的柳明月，由汪莉珍老师来排戏，从 16 岁一直演到 40 岁左右。之后，我大多担任主演，演过的角色有《半把剪刀》中的金娥、《典妻》（青春版）中的"妻"、《啼笑因缘》中的沈凤喜、《田螺姑娘》中的田螺姑娘、《三县并审》中的秀英等。

《三县并审》剧照

我从 17 岁开始演主角，压力大，但人也是有韧性的，渐渐就习惯了下乡演出，身体的机能已经适应了。有时候三天演出五场，有时候六个大戏中五个主角都是我，有时从头唱到尾，很累，甚至提出能不能让别人来当主角。但老师说戏就是唱出来的。我在艺校时人还小，还在变声期，后来得了声带小结节，声音不好，再后来唱得多了自然就唱出来了。演戏精神上的压力很大。有时演出，我让我妈坐在台下当间谍，去听听观众的反映。

甬剧发展的矛盾在于守旧与创新的问题。创新得不好会被老的老师骂死，但是老的舞台呈现方式已经满足不了现在观众的审美需求，大家追求新颖的东西。既要吸引年轻人的眼光，又要传承老的东西，很难。

我们也在挑戏、挑导演。像李建平导演来排戏，大家都很尊重他，自然都很自觉，很遵守纪律。

甬剧演员基本功不够深厚。我们应该用京昆的东西来打基础。《珍珠塔》中也可以用水袖。2016年的宁波市青年演员大赛中，我演《杨淑英告状·死谏》，参考了越剧版，请杭州越剧团的老师帮忙指导。舞台上出现血书、僵尸等，不同于原来的舞台呈现，给人全新的感觉。甬剧戏曲化的东西少，描述内心的东西比较强，但甬剧中技巧性的东西有待加强。宁波艺校的师资力量不够，对演员来说，扎实的基本功很重要。

甬剧发声的位置很难找，甬剧咬字很实，归音难，要唱出老底子的韵味不容易。甬剧发声是先出字，再归音，再耍腔。

甬剧的观众大多数喜欢看内心戏。有一次去金华演出《半把剪刀》《珍珠塔》，观众自己买票为主，没想到第二场演出，来看的人更多了。甬剧的内心表现很细腻。甬剧可以既跟上时代步伐，又保留内心戏。甬剧中也可以加入舞蹈元素，就像《典妻》一样。

这个职业对我的吸引力在于观众对我们的期待值。宁波市场离不开甬剧。"戏曲进校园"，甬剧演出能吸引孩子，包括小学生和初高中生。他们看了演出，发现甬剧原来是这么丰富多彩的。观众的反应会带动演员的情绪。

贺磊

　　为了了解贺磊从事甬剧的经历、这个职业对他的吸引力，以及他对甬剧发展的想法，笔者于 2018 年 7 月 24 日上午到宁波天然舞台八楼甬剧排练厅，利用排练新戏《江厦街》的间隙采访了贺磊。

　　贺磊口述材料整理如下：

　　2003 年，我从宁波十九中初中毕业，老师推荐我去考影视专业，在排练厅碰见甬剧的老师，老师见我形象不错，有意吸收我，问我是否喜欢甬剧。父母希望我留在身边，怕学了影视我会"北漂"，知道了这件事，很支持我考甬剧。其实那时我一点也不了解甬剧。考试的时候，就是听一下五音，再唱几首歌，于是我就进了宁波艺校甬剧班。

　　三年时间里面，我学习了唱腔、声训、技巧（就是练功，有毯子功之类的）等。在艺校，文化课是不同剧种的同学一起上，专业课分开来上。沈永华老师教我们唱腔，沈老师很认真。教声训的是京剧团的王沪勇老师。我中途也遇到过比较大的挫折，因为我变声期比较晚，C 调唱不上去，一直破音，考试的时候压力就很大，降低了半调还是会破音。一年半后，剧团领导曾经找我爸妈谈话，说我是否不适合唱甬剧，建议另谋出路。我想自己还是再试试，毕竟已经对甬剧有感情了。关键还是要多练，曲不离口。我这个人爱钻牛角尖，白天晚上都琢磨，多练多练，终于突破了。但毕业汇报时还不行，一直到进团之后的第三年，大约 2008 年和 2009 年，终于可以唱上去了。

　　进入剧团以后，我演小生，先后演过《半把剪刀》中的曹锦棠、《雷雨》中的周冲、《药行街》里的阿东、《啼笑因缘》中的樊家树等。现在条件好，演出机会多，领导很重视，都希望赶紧把我们培养起来。

甬剧更要让年轻观众接受——郑健、张欣溢、贺磊

《啼笑因缘》剧照

  在演过的戏中，印象比较深刻的是《啼笑因缘》和《药行街》。《啼笑因缘》是我演的第一部现代戏，程式化的东西比较少，全靠内心戏来表达。老师专门教导，教我怎么去演，怎么慢慢克服声腔的问题等。而且那时正逢天气酷热，印象更加深刻。《药行街》中演的是一个从山区进城市的小孩，加了不少技巧，一下子很吃力，排练时跪得膝盖上全是血。演了这个戏，自己有很大的提高。经历过程必然是痛苦的，但看到成果很欣慰，以后再碰到至少不怕了。

  我认为青年演员对自己的认识很重要，从事演艺会有瓶颈期，那时候会很迷茫。要感谢我师傅沃幸康老师，我是前年拜他为师的，老师对我艺术生涯起到很大的作用。2013年2月，在他的指导下，我以《宁波大哥·祭兄》得到了宁波市青年演员大赛一等奖。这出戏是在酷暑中沃老师手把手地教会我的。这场戏虽然难度大，但要想拿奖就要选有难度的。每经过一部戏，自己都会有提高，都在不断丰富自己。

这个职业对我个人的吸引力在于舞台上的光环、主演的成就感等，在于观众的认可所带来的成就感、满足感。一场戏下来会觉得很过瘾，觉得吃过的苦都值了。我希望不断接触新的人物，演出新的角色，而不是限于一个路子。我的形象适合演小生的行当，比较文雅、书生气的那种。

对甬剧的唱腔我有自己的想法。老的甬剧咬字很实，现在要把腔唱得有味道，弯子要拐得好，我认为咬字不一定要很实。我现在学金刚老师的唱腔，学就要学别人不会的。有时学了唱不好，我心里会很难受，会想各种方法去攻克它。

我现在自己学会了某个唱腔，会尝试去拗腔，因为自己毕竟嗓音条件不好，只好动脑筋去克服，阴差阳错之下，反而使我慢慢养成了这个好的习惯。

甬剧比其他剧种难唱，因为它基本上用真声，不像瓯剧是真假声结合，我觉得可以学习。甬剧在唱腔、音高上可以找找其他的方法。甬剧用真嗓唱，嗓子不经唱，可以学学温思杰老师提出的发声方法。嗓音条件是天生的，要在原有基础上高半调都很困难。要唱好，只能曲不离口，光靠理论没用的。启蒙老师很关键，他能以最快的速度帮你走出瓶颈，我很幸运碰到了沃幸康老师。沃老师的投入会让我们豁然开朗，他用真心感动了我们。

碰到好的导演是运气。他们对每个细节的考量，他们的思路都让人不得不服。他们太厉害了，一针见血，使我明白原来戏还可以这么演。现在在排《江厦街》，请李建平老师导演。李导很儒雅，为人也很好，他无形中就有一种威信。有一次我迟到了，连门都不敢进，后来我再也没迟到过。这就是导演的人格魅力，让我服他。

我现在也在做新的尝试，与宁波的音乐人合作演唱结合了现代元素电音、rap的甬剧《新拔兰花》，希望通过这种尝试可以让更多年轻人接触到甬剧。

《新拔兰花》剧照

一个"专业"的业余演员——钱后吟

钱后吟，1975 年出生，一个堪称"专业"的业余演员。他先习越剧，2008 年以越剧《何文秀·算命》获浙江省剧协主办的第二届"顾锡东戏剧艺术"长三角越剧票友大赛"十大名票冠军"；2010 年他主演的越剧《家》入选第二届"中国越剧艺术节暨中国越迷节"全国越剧戏迷团队展演剧目；2011 年以越剧《杨乃武·姐弟牢会》获宁波市文联、宁波市剧协主办的宁波市"相约梨园"首届戏迷折子戏展演金奖，获宁波市文化局、宁波广电集团主办的 2011 年宁波市"天然舞台·我来秀"才艺大赛亚军。

钱后吟从 2011 年开始接触甬剧，先后在甬剧《借妻》《半把剪刀》《天要落雨娘要嫁》《半夜夫妻》《双投河》《杨乃武与小白菜》《呆大烧香》《甬港往事》《小城之春》《雷雨》等戏中任男主角，受到观众的欢迎。2013 年获宁波市第二届甬剧业余剧团优秀剧目展演"最佳男主角"；2014 年 6 月获浙江省文化厅主办的第九届非物质文化遗产节暨"浙江好腔调"传统系列展演"浙江好腔调奖"；2014 年 11 月率小堇风甬剧团参加中央电视台戏曲频道《一鸣惊人》栏目年赛，获"年度总决赛十二强"；2016 年 5 月凭甬剧《杨乃武与小白菜》一剧，参加"宁波最美乡音"甬剧票友群星汇展演，荣获"我最喜爱的票友"称号；以甬剧《宁波大哥·荒原祭兄》获 2016 年宁波市甬剧艺术节业余甬剧折子戏比赛一等奖。

为了了解钱后吟的个人业余艺术生涯和对甬剧艺术的见解，以及他对甬剧发展的建议，笔者于 2018 年 7 月 20 日采访了钱后吟，也进一步感受到他对甬剧艺术的投入和钻研、对传统甬剧的吸收传承和对现代甬剧的大胆改革、创新的意识和创新的表演形式，为甬剧的发展另辟蹊径，而专家和观众的接受、认可也促使他不断前行。

钱后吟口述材料整理如下：

一、个人艺术生涯

1. 越剧情缘

作为业余戏迷，虽然老师和观众认为我已经不业余了，但我认为自己还是业余的。我从事戏曲是受到了家庭的熏陶，我阿姨以前是唱越剧的，受她的影响，我们姐弟两个从小跟着唱。开始是偶尔唱唱，一直到16岁，我到杭州读书，学校旁边是浙江小百花越剧团，我去听得多了，真正喜欢上了越剧，尤其喜欢听茅威涛的，听她的带子，看她的演出，她的戏我都会唱了。最爱《陆游与唐婉》，很有家国情怀，出乎我的意料，而风格又婉约、柔美。看《唐伯虎》《西厢记》等都会对我内心有触动，会让人感慨、掉泪，我看得是痴、迷、狂。回到宁波，看不到小百花的演出，我只能看碟。宁波的越剧也看，但能让人发自内心喜欢的很少。我将近三十岁才出来唱戏。之前在大学里的学生会宣传部唱过越剧，参与过会演，有幸与茅威涛老师同台演出过，这个回忆很美好。

我从大学毕业到现在一直在工商局工作，刚开始在下应工商所，后来到鄞州分局。这时才开始在业余时间出来唱戏，就是自己喜欢。2006年6月，我参加宁波市文联主办的宁波市纪念越剧诞辰100周年暨"贝斯特纺织杯""锦绣梨园"戏曲票友大奖赛，意外地获得了三等奖。这使得宁波剧协的老师发现了我，我也才发现宁波戏迷还有这么多活动可以参加，是曾经担任鄞州越剧团团长的宁波剧协秘书长李钦祥老师发掘、培养了我。在剧协的这段时间，他们也发现我能唱、能写、能主持等。还有宁波越剧团的虞秀玲老师、海曙区文化馆的王丽娟老师、鄞州越剧团的许子龙老师、戚小红老师，都在艺术上给我很多辅导。虽然我唱的是尹派，跟他们不同，但艺术是相通的，这使我成长很快。2008年3月，我参加浙江省剧协主办的第二届"顾锡东戏剧艺术"长三角越剧票友大赛，以越剧《何文秀·算命》获得"十大名票冠军"，因为越剧界男演员不多，我是男的就更受人关注。那次比赛由李钦祥老师带队过去，他知道我得了冠军很激动，我自己也觉得很意外。

这之后，我对自己仅仅作为戏迷也不是很满足了。我根据自己的情况看了一下，发现《家》《春》《秋》虽然是现代戏，但比较适合我，2000年左右我演过大少爷觉新。我们在宁波文化馆成立了一个群星越剧社，是以我为中心的一批年轻票友。大家在一起，彼此有审美上的碰撞，后来大家决定排《家》，因为里面的角色比较适合大家。大家称呼我为"大哥"，一方面是比较尊重我，另一方面因为觉新在剧中是"大哥"，称呼本身有感情在其中。《家》排了将近两年，王丽娟老师对此很支持，大家也不在乎经济上的付出。2008年12月，在宁波逸夫大剧院演出《家》，引起轰动，观众认为我们很专业。浙江越剧团的老师看了我们的演出后，表示这几个主演他们都想要。我半路出家，自己信心不足，也喜欢现在的工作，没有去，演三少爷的黄剑勋后来就去了浙江越剧团。施妙花后来进了鄞州越剧团，几年后又出来了，现在从事工艺美术方面的工作。张旦恒也是浙工大毕业的，她很向往浙江"小百花"，当时她在宁兴公司工作，工作也不错，也没去。徐雪艳后来回到专业的民营剧团，演出也比较频繁。因为《家》比较轰动，嘉兴剧协的老师看了演出后也给予了高度评价。2010年10月，由我主演的越剧《家》入选第二届"中国越剧艺术节暨中国越迷节"全国越剧戏迷团队展演剧目，入文化部展演，获得嘉奖。在这个过程中，大家彼此之间感情都很好，很纯真，没有功利之心。

得到老师和观众的认可之后，我们后来排了《杨乃武》，这部戏适合男女合演。这部戏对我有纪念意义，这个角色也是我自己喜欢的。2013年5月，越剧《杨乃武·姐弟牢会》参加第十一届江浙沪经典越剧大展演开幕式"同唱一台戏——名家名票折子戏专场"。因为只有我一个男演员，被人称作"宝贝"，我的演出被专家认为是专业的。杨乃武这一角色对唱、念、做和情绪表达要求都比较高，要演好不容易。以后还演出过多次，这个角色我觉得比较符合我自己。虽然我越剧演得不多，但有我最多的感情在里面，我在这里收获了兄妹般的感情，很难忘。

2. 初涉甬剧

2011年5月，宁波市文联、宁波市剧协主办的宁波市"相约梨园"首届戏迷折子戏展演，我以越剧《杨乃武·姐弟牢会》获金奖。最后拿到第一名，自己都没想到。在颁奖晚会上，我又演了这段戏。因为在金奖获奖剧目中也有甬剧，因此认识了张海波。张海波那时刚好在负责甬剧戏迷俱乐部，她知道云龙有个业余甬剧团刚好缺少男小生，就动员我去，我那时一口拒绝了。当时我对甬剧不了解，印象中觉得甬剧很土。但我还是给她留了联系方式。

后来，王锦文老师来找我，因为文化局有个晚会演出，需要合作的男演员，希望与我合作。王锦文老师建议唱《半把剪刀》，让我试着唱唱看。我一方面感激她的信任，另一方面考虑也可以试试用宁波话唱，于是就开始学了。记得《半把剪刀》第一场"银装玉楼雪花飞"中的唱段，五分钟演出里面我占了四分钟，王老师的只有一分钟，变成给我在配戏了，王老师她是"梅花奖"的得主，名角儿，我很感动。学了一周，王老师认为我唱得有点像了，半个月后就去演出了，现场反响很好。这次演出之后，王老师认真跟我讲，希望我为甬剧做点事情。她说我能把越剧唱的那么好，作为宁波人，甬剧也是可以唱的。我觉得也许可行，想想自己说不定也可以做到呢。之后，张海波又来找我，说业余剧团急需男小生，把我给说动了，于是约法三章去试试看，我排一部戏，大家看看我是否合适，双方都尝试一下。

3. 在云龙乡音艺术团

2011年12月，我去了业余剧团云龙乡音艺术团。进去后排的第一部甬剧大戏是《借妻》，张磊老师导演，我演李成龙。因为我那时对甬剧没有兴趣，投入不进去。张海波说给我听一段录音，是金刚、范素琴唱的《借妻》。听了之后我才发现甬剧原来还可以这么唱。那时我正好出差，在路上足足听了一个礼拜。之后，我根据自己的理解，对唱腔做了少许的调整，于是前面按照张磊老师的行腔，后面融合了金刚老师的唱腔，也结合了自己的嗓音特点，还加了点越剧的东西。这部戏在逸夫剧院公演后，我发现自己拥有了大批甬剧的戏迷。以前越剧的戏迷大多是年轻人，现在的戏迷有很多大妈大爷了。对这次演出，王坚老师等都给予了肯定。

通过这次演出，给我很大的触动，原来甬剧还有这么多的观众。我开始彻底反省自己原先对甬剧的认识，开始去研究甬剧。我开始钻进去了，发现自己以前的认识有错误，觉得自己很渺小。我知道甬剧是很质朴的，它不张扬。我钻研了当年上海堇风甬剧团的资料后，发现现在的甬剧做得还不够，从那以后我对堇风甬剧团无比崇拜。在领会了甬剧真正的特点之后，甬剧吸引了我。我认为宁波甬剧团排的《典妻》《宁波大哥》这两个剧目是当前最好的两个剧目，主演的两位老师也都是我的良师益友，之后我对甬剧比对之前的越剧有更大的投入。

从2011年12月到2012年5月，在乡音艺术团，我排了《半把剪刀》《天要落雨娘要嫁》《借妻》《半夜夫妻》四部戏。通过演出，在云龙、横溪、东钱湖等地形成了相对固定的忠实戏迷群体，他们会租车来跟着看戏。我的唱腔、表演得到大家认可，他们说："你在舞台上的投入是很多专业演员所没有的。"在《天要落雨娘要嫁》中我演杜文，跨三个行当，云龙的大妈们看了以后说："其他人再演不大要看了。"我演戏的时候感情非常投入，如拿绝命书之前眼泪先下来了。我认为在舞台上必须百分之百地投入，可能手、眼、身、法、步不一定完美，但感情必须要投入，所以我很喜欢《杨乃武》这部戏，甬剧和越剧的《杨乃武》都是我的代表性剧目。

这四部戏演出之后，由于我与基层演员和负责人之间在理念、价值观、艺术追求等方面存在分歧，我离开了乡音艺术团。

离开乡音艺术团之后，我本来准备离开甬剧了。当时有很多剧团来找我，请我去演戏，包括老年大学甬剧队。老年大学甬剧队是董阳焕老师负责的，董老师说让我去帮帮他们。我与下应、姜山、古村、东钱湖、塘溪的甬剧团（队）都合作过1~2个剧目。演出与工作时间有时候会产生冲突，我一向把工作抓得很牢，不能因为业余演出而影响工作。

4. 小董风甬剧团

2013年，计划成立小董风甬剧团，是群星原来到乡音艺术团的几个人，加上乡音艺术团的几个人，大家一起搞起来的。大家说让我做团长，负责事情，我想既然大家信任，玩玩也可以。这时候横溪民乐团知道了，让我们合过去，也算他们团队的。过去了才知道横溪镇的镇长还是我原来工商所的同事，就是李钦祥的儿子，镇人大主席是我的堂哥，大家见面觉得很意外，他们也叮嘱我用心搞剧团。我很用心，正经把大量精力投入进去，于是大家一起成立了横溪甬剧团。

我在考虑怎样提高剧团的能力，出戏出人。我觉得可以从传统剧目开始，我们要有自己的审美。"三大悲剧"《天要落雨娘要嫁》《半把剪刀》《双玉蝉》是必排的，《借妻》也要排出来，还有公案剧目《杨乃武与小白菜》。小生当家，要演有代表性的小生戏。《杨乃武与小白菜》专门请了导演来排戏，导演就是黄剑勋，他去了浙江越剧团，后又去中戏学习四年，有自己的理念。他利用暑假来帮我们排戏。《杨乃武与小白菜》主要按照宁波甬剧团的版本，但也根据越剧版本改了不少戏。这部戏在艺术节公演，有些跟宁波甬剧团打擂台了，因为前一周他们刚演过这部戏，我们是后演的。业余剧团有不如专业剧团的，但也有自己值得肯定的东西，包括演出氛围和团队，这次演出得到观众的充分认可。后来这部戏成为小董风甬剧团最出挑的戏。

《半把剪刀》剧照

  2013年7月,我主演的甬剧《半把剪刀》公演;2013年8月,与东钱湖宁东艺术团合作主演甬剧《半把剪刀》;2013年9月,主演的甬剧《借妻》《天要落雨娘要嫁》公演;2013年10月,与宁波市文化艺术研究院合作,将滩簧"七十二出小戏"之一的《双投河》搬上舞台;2013年12月,小董风甬剧团参加宁波市第二届甬剧业余剧团优秀剧目展演,创作演出经典甬剧《半夜夫妻》,我出演男主角王文龙;2013年12月,与宁波市江北文化馆北岸甬剧社合作,携甬剧《折子戏专场》参加宁波市第二届甬剧业余剧团优秀剧目展演,我出演其中的《借妻·定计》《借妻·结拜》《天要落雨娘要嫁·探兄》《杨乃武·密室相会》;2013年12月,还与塘溪甬剧团合作,主演甬剧《天要落雨娘要嫁》参加宁波市第二届甬剧业余剧团优秀剧目展演。2013年12月,我获得宁波市第二届甬剧业余剧团优秀剧目展演"最佳男主角"。

  在演出《李敏》的2014年,我利用业余时间三个月排了三部戏,很紧张。《李敏》是原创剧目,在公演彩排时,我在舞台上失声了。我恐惧了,下台后看到沃幸康老师就掉泪了,沃老师安慰我,让我去打个激素。第二天我打了激素上台演出,嗓子只能发出一点点声音,觉得自己很无助。

那一年任务特别重，上央视，还有浙江省文化厅主办的第九届非物质文化遗产节暨"浙江好腔调"传统系列展演。本来濒危剧种展演应该由市甬剧团去，但他们正在巡演《沈三江》，没时间去，市文化局邝菁琛处长打电话给我，让我代表宁波甬剧去参加，我答应了。我本来以为都是业余演员参加的。因为还有一个月，她让我好好养嗓子。为此我打了半个月的激素，医生都劝我别打了，多打不好，人都浮肿了，让我做雾化。2014 年 6 月，在金华婺剧院参加比赛。到了我吓了一跳，没想到参赛的都是专业的，人一下子就懵了。我们是包车去的，当时唱了《杨乃武·密室相会》，没想到还得了"浙江好腔调奖"。

2014 年，中央电视台来联系我们，我们也很意外。可能他们觉得我们像半专业的了，觉得我像个专业的甬剧演员。中央电视台戏曲频道《一鸣惊人》栏目请我们参加，这是个好事情。我仔细思考了一下，也准备了相应的剧目。正好 2014 年 7 月的周赛，有一期放在浙江，可以减少支出，我们就参加了。第一个节目是四明南词"古韵新苗"，中间和张旦恒合作《半把剪刀》中的片段，第三个根据甬剧小调改编成的表演唱"阿拉村里的巧匠郎"。这三个节目在杭州参加了央视的周赛，没想到还胜出了，获得周冠军。这让我们对自己有了新的认识。回来对月赛进行准备，2014 年 8 月去北京参加中央电视台戏曲频道《一鸣惊人》栏目月赛。业余剧团很难，没有任何经费。后来我们自己花钱去，道具什么也都自己带着。原来以为就此止步了，没想到那次比赛又胜出了，获得了月冠军。

在央视舞台上，当主持人按照常规问我"家里人是否支持"，我一下落泪了，情不自禁地喊出"母亲你为什么不能支持我一下"，其实父母一向都不支持我业余演戏的。当时我已经调到宁波市工商局了，一直从事业务工作，我的业务能力还是比较出色的。我在工作上有原则，业务上也做到可以独当一面。有人觉得我外面演出多，会影响工作，我父母也这么认为，央视播出后，母亲看了，观念有些转变。后来她又看了我的演出，对我有了新的认识，也看到了我的不容易，感受到了艺术的气氛，从此再也不说不支持了。父母亲从小对我比较严格，而我也不愿意违背自己的心意去做事情，母亲的同意让我心中放下了很多，我感到前所未有的轻松。

以《杨乃武与小白菜》参加《一鸣惊人》栏目比赛现场

2014年11月，我率小董风甬剧团参加中央电视台戏曲频道《一鸣惊人》栏目年赛，获得"年度总决赛十二强"。我把《牢会》放到了总决赛。《牢会》部分唱词我们自己写，曲自己抝，推倒了原来的版本，相当于原创剧了，由我和施妙花合演。甬剧是地方戏，小剧种，不指望冲什么奖，有展示就行了。我们要有平常心，做好、演好自己就行了。评委惠敏莉老师等给予我们极大的肯定，央视栏目的总导演也给予我们肯定。在2017年3月，我们还应央视三套之邀，赴北京中央电视台录制《群英汇》宁波专题节目。我带去了宁波小调《三番十二郎》，把团队尽量多的演员带去，一共有10个演员。后来还演了个越剧，由张旦恒等演唱《十八相送》。我们尽量打地方元素，也因为考虑到观众熟悉这些，可看性强。

在央视参加《一鸣惊人》周赛的时候，栏目组提出希望我们团队有个名字，我一下想到的就是上海董风甬剧团，于是小董风甬剧团的名称由此而来，因为我希望学习上海堇风甬剧团的东西，向它靠近，包括艺术特色和老艺人的风格。央视的三次比赛是小堇风甬剧团比较辉煌的一页。

2014年12月，小堇风甬剧团参加2014年宁波市甬剧艺术节，以经典甬剧《杨乃武与小白菜》参加展演，我出演男主角杨乃武；同月还与上海、宁波专业及业余的甬剧演员共同合作甬剧《半把剪刀》（沪甬合作版），上演于宁波逸夫剧院，我出演曹锦棠。

2015年4月，我赴东南大学参加"第三期宁波市文艺界骨干综合素质提升研修班"并结业；同月，我在宁波市创建全国文明城市"四连冠"工作中，被评为创建工作先进个人。

2015年6月，我出演甬剧《杨乃武·牢会》获得鄞州区"我才我秀"职工才艺大比拼"最佳才艺奖"；同月，我受宁波电视台之邀，出演甬剧情景剧《药行街》中钱斯文一角；2015年9月，参加宁波市第二届市民文化艺术节开幕式演出，演出甬剧小调《三番十二郎》；10月，宁波市文化广电新闻出版局聘我为宁波市文化馆第一届理事会理事，我还与甬剧名家全碧水老师合作演出甬剧小戏《镇家宝》；同年12月，甬剧《杨乃武·密室相会》获2015年宁波市甬剧艺术节业余甬剧折子戏比赛二等奖。

但也在2015年，有人见我这几年在艺术上突飞猛进，有点气不过去，也用各种手段打击过我，让我对业余的圈子有点失望。

2016年5月，凭甬剧《杨乃武与小白菜》一剧，我参加"宁波最美乡音"甬剧票友群星汇展演，荣获"我最喜爱的票友"称号。

小堇风甬剧团是我的第二个阶段。

5. 跟王锦文老师合作

第三个阶段是跟王锦文老师合作。

在2015年和2016年，王锦文老师排大戏找了我，我觉得可以借此学习、提高自己，就答应了。2015年12月，与宁波甬剧团、宁波业余优秀甬剧团共同合作演出甬剧《借妻》，上演于宁波逸夫剧院，出演李成龙，与王锦文老师合作、压轴出演最后一折"结拜"。2016年12月，与宁波市甬剧研究传习中心合作、与王锦文老师共同主演的传统甬剧《借妻》公演。

2016年，甬剧《呆大烧香》排戏后，也消除了我对和王锦文老师这个名角合演的恐惧感。这部戏有一定的代表性。演这部戏，我当作拓宽自己的戏路，呆大这个角色和我以前演的其他角色都不一样，不贴我的气质，为演出我付出了很多。演员需要自己去创造。演《呆大烧香》时我总是想着再去调整，让自己越来越贴近人物。2016年9月，与宁波市甬剧研究传习中心合作、与王锦文老师共同主演的滩簧大戏《呆大烧香》公演于广德湖剧院，受到观众的欢迎。跟王锦文老师合作，我自己觉得表演很自然、很放松。王锦文老师有"大甬剧"的情怀。2016年9月，《呆大烧香》入选浙江省第十三届戏剧节参评剧目；11月，《呆大烧香》入选浙江省民营文艺表演团队展演，获"优秀剧目奖"；2017年1月，甬剧《呆大烧香》《借妻》登陆上海天蟾逸夫剧院，并受上海电视台之邀，录制甬剧专题节目。

2017年2月，我应香港同乡会邀请，赴香港演出；4月，参加了浙江省文化厅举办的传统项目濒危项目（甬剧）培训班，圆满结业。

2017年4月，我首次尝试"四明南词"，与宁波市海曙区文化馆合作、创作演出根据诺贝尔奖获得者屠呦呦事迹创作的现实题材作品《幽幽青蒿魂》，参加浙江省曲艺新作大赛，获得金奖。

2017年7月，为纪念香港回归20周年，与宁波市甬剧研究传习中心合作、与王锦文老师共同主演的原创现代甬剧《甬港往事》在宁波大剧院公演。《甬港往事》原本是我个人最不喜欢的，也是演得最辛苦的，最终却获益最多。这是原创大戏，由王乃兴导演来排戏，剧本边改边排。我与导演接触多，从导演身上学到很多东西。在逸夫剧院合演之后，蒋东敏编剧说看不出我和王锦文老师之间明显的差距，这是对我的肯定。2017 年 10 月，应江苏常州凤凰谷剧院邀请，赴常州参加 2017 年江浙沪滩簧剧种展演，又演出了《甬港往事》。

2017 年 11 月，与宁波市甬剧研究传习中心、上海戏剧学院研究生部共同合作、与王锦文老师共同主演的实验甬剧《小城之春》公演，这是甬剧史上第一部沉浸式实验甬剧，这也是我自己最喜欢的戏。剧中人物更贴近我，排练、演出我都觉得是享受。大家认为我比在其他戏时有更大的进步。这个角色的风度、气质、年龄都比较贴近我本人，也贴近我个人的审美。而且，这个戏主要是和王锦文老师两个人的戏，演起来很舒坦。我可以发挥，王老师会烘托、提升。这个戏是在《雷雨》排演的中间排的，虽然时间比较赶，但人物之间会有烘托、比较，我自己还专门写了小传，对这部戏里演的角色，我自己还比较满意。《小城之春》《杨乃武与小白菜》是我自己最愿意向人介绍的，是我自己真正喜欢的，也认为比较有表现力的。

《小城之春》剧照

2017 年 12 月，小荳风甬剧团参加 2017 年宁波市甬剧艺术节，创作演出现代经典甬剧《雷雨》，于宁波逸夫剧院公演，我出演男主角周萍；2018年3月应上海电视台七彩戏剧频道《百姓戏台》之邀，我携宁波市文化馆群星甬剧社赴上海录制《甬江之声》甬剧专题节目；2018年4月，与宁波市鄞州区云龙镇徐东埭艺术团合作，携甬剧折子戏专场走出浙江，登陆昆山保利大剧院"百姓百戏堂"，普及甬剧艺术；2018年6月，我参加中国戏剧家协会中青年一线文艺骨干培训班并结业。

我认为自己就是一个戏迷。

6. 艺无止境

我把沃幸康老师视为自己的老师，我们都是演小生的，他在艺术上、业务上给了我很多帮助。

我离开乡音艺术团之后，沃幸康老师找我演《双投河》，我接了这部戏。因为没有可以借鉴的，沃幸康、全碧水、王乃兴三个老师一起指导我，演出后反响不错。后来市甬剧团、业余剧团都在演这部戏。每场演出我都在变化，都在思考，不断调整自己，有几次我甚至加了台词。《双投河》大部分戏是沃老师辅导的，指导我理解人物，亲自做示范等。他是我心目中的授业恩师。

《天要落雨娘要嫁》中我演杜文，很多东西都是沃老师教我的。我的眼神运用都是学沃老师的。2016年12月参加宁波市甬剧艺术节，我选了《宁波大哥》，因为我想突破一下自己。"荒原祭兄"这个长调是以前的甬剧所没有的，很考验演员的唱腔和表现力，沃老师辅导我，我也融入了自己内心的东西。后来，《宁波大哥·荒原祭兄》获得2016年宁波市甬剧艺术节业余甬剧折子戏比赛一等奖，使我对甬剧的感情进入新的阶段。沃老师是我的良师益友，也非常希望今后能得到他进一步的指点。

因为"堇风腔"，我喜欢上了甬剧，当然还因为王锦文老师、沃幸康老师的指点、帮助。小堇风甬剧团只是一个载体，现在我会更在意某些东西的质量，但也不会像以前那么疯狂了。

二、越剧表演的经历对甬剧表演的影响

其实戏曲都是相通的。之前学习越剧，表演越剧，其实对于后面唱甬剧是个很重要的铺垫。艺术都是相通的，在舞台上的表演都是相似的，无非就是越剧中古装戏程式化的东西比较多，但是在人物的内心体验上都是一样的。所以说，学过越剧表演，之前也有多年的越剧表演经验，对我后来唱甬剧其实是有很大的帮助的。

还有一点，越剧的话，因为我是唱尹派的，之前戏迷观众觉得我唱得挺好，韵味挺足的。后来改唱甬剧以后，我其实有尝试着把越剧的一些耍腔，包括一些归韵，也包括一些越剧尹派的韵味和特色，部分嫁接到我的甬剧唱腔里面。所以，后来好多观众就说这个甬剧怎么听着跟以前的不一样，以前都很硬的，但是钱后吟唱的甬剧很糯的。所以，我觉得这应该也是有一定的借鉴吧。

而且之前我虽然越剧排的戏不多，主要有现代越剧《家》和越剧《杨乃武》《沙漠王子》《何文秀》等。但是，排的这些戏实际上都有比较深刻的内涵，尤其是《家》和《杨乃武》，所以这两部戏排了以后在自己的艺术审美上打下了一定的基础。后来我们自己排甬剧《杨乃武》，我就觉得可能甬剧在艺术审美上跟越剧还是有蛮大的差距的，所以在排的时候，我就把有一场"牢会"的戏，包括一些唱腔、表演，都进行了调整，按照越剧的版本进行调整，所以出来的东西比原先的甬剧可能在艺术审美上感觉会更强一点、更美一点。

三、对甬剧发展的建议

（1）改变观念，要有"大甬剧"的情怀，要能够让更多的观众看到甬剧。要抛弃小的格局，多方努力，把甬剧搞上去。年轻一代多排些好的东西、传统的东西，不断提升自己。

（2）宣传推广途径广一点，政府要多宣传、弘扬。甬剧人要有大格局，好的东西要放到网上去，这样会促进剧种的发展。专业剧团没有在演的剧目，本子可以考虑给业余剧团去演。甬剧音乐和唱段因其特殊性，很少有伴奏带，希望多出伴奏带推动甬剧的传播。

（3）政府要多扶持民营剧团和业余剧团。现在资源都集中给专业剧团，可以考虑抽一部分给民营剧团、业余剧团，这样可以让戏曲更好地走基层。事实上，民营剧团、业余剧团做了更多传承的事情。比如，有些年轻人了解我，看了我的戏，又因此去了解了甬剧。我带出了一批业余的年轻的甬剧从业人员，还带出了一批年轻的甬剧戏迷，其中有一批是宁波各大高校的大学生，甚至有的人因此进入甬剧界。所以政府也应该多扶持民营剧团和业余剧团。

（4）要培养观众，尤其是年轻观众。培养小朋友要有好的老师，要能因材施教。

（5）不能只着眼于对演员的培养。目前甬剧形势很严峻，甬剧唱腔设计后继无人，乐队里面笙应该是特色，但目前少有人会吹，都急需培养。

艺在民间——业余剧团的苦与乐

新中国成立以来，虽然专业甬剧团只有宁波甬剧团一个，但以农村为主的业余甬剧团却一直活跃在宁波基层、农村、社区，包括市区及鄞县（现名鄞州区）、北仑、奉化一带，近年来更是发展迅速。这些业余剧团数量多，活动地域广，群众基础好，也为专业剧团输送了人才。他们继承传统、勇于创新，在创、排、演方面都取得了不少成果。2012年12月，宁波市文化广电新闻出版局主办、宁波逸夫剧院承办的宁波市首届甬剧业余剧团优秀剧目展演活动启动，前来参加的有宁波老年大学甬剧社团、石碶塘西甬剧团、云龙乡音艺术团、宁波市甬剧戏迷俱乐部、石桥甬剧团、古林星光甬剧团、下应甬剧团、姜山甬剧团八支业余甬剧表演团体；2013年12月，在宁波市第二届甬剧业余剧团优秀剧目展演时，参加的业余甬剧团队有十余支，这些队伍分别来自基层社区和农村街道，几乎涵盖了海曙、江东、江北、鄞州等全市各个区域。在这些业余甬剧团中，影响较大的有姜山甬剧团、下应众兴甬剧团、横溪甬剧团等。

从业余甬剧演出活动蓬勃发展的情况来看，在当前戏曲处于低迷状态，专业剧团孤掌难鸣的情况下，拥有深厚的群众基础和浓厚的创新意识的业余甬剧团应当成为甬剧事业的重要构成部分，与专业剧团互为补充，共同推进甬剧事业的发展。2016年，宁波市甬剧研究传习中心牵头建立的"甬剧联盟"，也为之搭建了一个很好的平台。

2017年4月28日，中宣部、文化部、财政部三部委联合印发《关于戏曲进乡村的实施方案》，提出到2020年，在全国范围实现戏曲进乡村制度化、常态化、普及化，增加农村公共文化服务总量，解决农民看戏难的问题，形成政府、市场、社会协同推动农村文化建设的良好局面，其后各地区推行的一系列支持戏曲进乡村的政策，有力地推动专业和业余甬剧团的进一步发展。

为了了解业余剧团的发展现状、他们的努力与困难，以及他们对甬剧发展的想法和建议，笔者采访了姜山甬剧团和下应众兴甬剧团的负责人及相关成员，听他们介绍剧团的今昔，讲述团员们的支持与配合，讲述观众对他们的欢迎与不舍，笔者既感动于业余剧团的兴旺，也深深感受到其中的艰辛与不易。

姜山甬剧团

姜山甬剧团从新中国成立初期建立以来，一直延续至今，节目多，质量好，影响力大。根据《甬剧发展史述》和《鄞县姜山镇业余剧团》（杨余庆、张中强撰，《宁波戏曲志史论资料汇编》（油印本）第九、十合刊）的记载：

早在新中国成立初期，宁波青年文工团就在姜山镇配合"土改"运动演出过《刘胡兰》《赤叶河》等戏剧。在文工团的示范辅导和影响下，姜山镇的群众文化活动十分活跃。当时，姜山、首建、华山三个乡都建立了剧团，同时在姜山镇的周围还有两店、东新、墙弄、上张、陈鉴桥、陈家团、华山等村办剧团。这些剧团演出的甬剧剧目大都是自编的配合"土改"的"宣传戏"。当时，首建乡剧团负责人张中强创作的小戏《阿庆参军》还得到浙江省文化厅奖励的大幕布一块。

1954年，首建、姜山两剧团合并成"姜山剧团"。当时团长有张中强、周惠丰，其中张中强任编剧，周惠丰任导演，主演演员有张元军（生角）、陈爱梅（旦角），演出以越剧为主，也兼演甬剧和地方小曲。当时他们上演的主要剧目有《姐妹争积肥》《小姑贤》《中秋之花》和《两兄弟》。

20世纪60年代，姜山剧团以演甬剧为主。他们演出的甬剧大戏有《亮眼哥》《秋海棠》《半把剪刀》《杨乃武与小白菜》《天要落雨娘要嫁》等戏；小戏则一般以自编为主，内容大都配合农村宣传工作。由于剧团的演出剧目很受观众欢迎，他们在省、市的影响也越来越大。

在改革开放以后，随着文艺政策的放开，业余甬剧团获得了更大的发展空间。1982年，由鄞州区姜山镇文化站出面招收了一批新演员，在原有基础上组建姜山镇甬剧团，并聘请上海甬剧老演员王宝云、范素琴等为老师，对新演员进行培训。姜山镇政府每年拨款扶植甬剧团演出。成立以后，剧团发展很快，曾演出不少剧目，培养了一批演员。1987年因故解散。

2000年下半年，由镇里的甬剧爱好者发起，又重新成立姜山甬剧团。开始是自己出资的，镇里知道后也支持，演出后各方反映很好。鄞州区文广局对业余剧团考级，姜山甬剧团2009年被列入一级团队。目前，剧团拥有完善的设施和管理，购置了20多万元的灯光道具设备，乐队阵容较强，音响灯光设备完善，表演水平较高。演出代表剧目有《半把剪刀》《天要落雨娘要嫁》《啼笑因缘》《借妻》《雷雨》《三县并审》《半夜夫妻》《凤鹊姻缘》等九台大戏，以及折子戏、小品等。

姜山甬剧团建团以来，足迹不仅遍及鄞州当地的乡村，甚至连奉化、宁海、象山等偏远山村都来请他们前去演戏，在宁波市享有一定的知名度。姜山甬剧团近年来协同其他业余甬剧团参加了一系列具有较大影响力的活动，并产生较好的社会效益。2009—2010年，姜山甬剧团被列入鄞州区"天天演"文化惠民工程演出，2003年、2007—2009年被鄞州区文化广电新闻出版局命名为鄞州区甲级文艺团队，2007—2009年还被命名为鄞州区有特殊贡献业余文艺团队，2011年被评为宁波市十佳基层团队、鄞州区特级团队。

为了了解剧团现状和胡艳梅个人甬剧从艺情况，以及她对甬剧发展的想法，笔者于 2018 年 7 月 20 日采访了姜山甬剧团团长胡艳梅。

胡艳梅口述材料整理如下：

一、姜山甬剧团发展情况

1982 年，姜山成立姜山甬剧团，当时也是一个专业剧团。剧团里面最小的十六岁，大的二十二三岁。跟专业剧团一样练功，很规范，工资一个月 18 元。我初中毕业考到剧团来，我是第二批进来的。我不是姜山人，我娘家在下应。我母亲是村甬剧团的，在农村剧团也是唱主角的。我来考姜山甬剧团，我母亲很支持。好不容易考进来了，一般六个月转正，我三个月就转正了，还有不少人被"回头"（辞退）的。进来后还经常考试，考试的时候领导在台下看，不好的会被"回头"。我自己比较努力，如果被"回头"了也不好意思。剧团邀请了原来堇风甬剧团的范素琴、王宝云老师长驻指导。演出、排练、练功，都跟专业剧团一样。每三个月要写一份小结，年底要写总结。

当时姜山镇委书记周祥华、党群书记周秀娥都非常重视甬剧，给姜山甬剧团社办企业一样的待遇。20 世纪 80 年代的时候，现代戏《家庭公案》曾在二轻剧场连做七场，《半把剪刀》在高桥连续演出十场。1985 年市里的甬剧大奖赛，大部分被我们姜山甬剧团得来了。那次严耀忠获得一等奖，我获得二等奖。

1987 年，因为剧团主要演员严耀忠考入宁波市甬剧团，剧团缺少男小生，加上演员们年纪也大了，有的结婚，有的去外地，人手不足，剧团就解散了。人员被重新安置，一部分人去了企业。我被安置到姜山镇文化中心，先做剧场出纳，后负责剧场一块，镇里有活动也叫我组织一下。

2000 年下半年，由镇里的甬剧爱好者发起，与我一起商量后，又重新成立姜山甬剧团。开始是自己出资的，镇里知道后也支持，对灯光、音响等经费都给予支持，演出后各方反映很好。鄞州区文广局对业余剧团考级，我们姜山甬剧团于2009年被列入一级团队，每场演出给补贴4500元，2011年考入特级团队，每场演出给补贴5000元，还安排列入了"天天演"惠民演出。现在剧团置办了灯光、舞美、音响、服装、箱子等，经费主要来源于自己演出提成、镇里补贴和区里奖励。演出基本上在宁波市内，演出费一般8000元一场。曾经去杭州和上海展演，其中2008年11月，剧团参加由鄞州区文广局组织的"农村剧团进省城"活动，在杭州胜利剧院演出甬剧《借妻》，取得圆满成功；2010年8月，剧团"与世博同行"赴上海兰心大剧院演出；2011年再次受邀赴上海兰心大剧院演出经典剧目《半把剪刀》，得到了上海观众的强烈共鸣和专家的肯定。

鄞州区文广局和宣传部都很重视剧团发展。2008年与鄞州越剧团一起参加赴韩艺术团交流演出，我代表宁波市鄞州区参加，演出了折子戏《半把剪刀》。

在业余剧团中我们剧团得奖最多。2006—2008年连续三年被鄞州区文化广电新闻出版局命名为鄞州区甲级文艺团队；2007—2009年被命名为鄞州区有特殊贡献业余文艺团队；2011年被评为宁波市十佳基层团队、鄞州区特级团队，多次与专业剧团同台演出，同年由姜山甬剧团为班底在宁波逸夫剧院演出非遗小戏《拔兰花》等得到了专家的一致好评；2012年荣获宁波市首届甬剧业余剧团优秀剧目展演奖；2013年荣获宁波市第二届甬剧业余剧团优秀剧目最佳演出、最佳主角、最佳唱腔三个大奖；2014年荣获宁波市第三届甬剧业余剧团最佳组织奖和优秀演出奖；2015年荣获宁波市甬剧艺术节业余折子戏比赛一等奖；2016年被评选为宁波乡音最喜爱的剧团，同时被授权为宁波市甬剧传承加盟剧团；2017年在鄞州区举办的"梨园雅韵"群众自创自演中荣获创作一等奖、演出一等奖；2018年荣获浙江省新农村题材小戏会演金奖。

荣获 2015 年宁波市甬剧艺术节业余折子戏比赛一等奖合影

姜山甬剧团在农村演出

　　主要是因为我们有基础，在艺术上又比有些业余团队正规一些。剧团主要演员也是年轻人，有不少原来是唱越剧的。艺术都是相通的。成员大多从事自由职业，也有二三十岁的大学生。我们也组织他们参加培训，文化馆、省里、市里都有培训。我们也是宁波市甬剧研究传习中心的加盟单位，他们也组织我们的年轻演员去省里培训。有时与宁波市甬剧研究传习中心一起参与演出，《秀才过年》的男一号、男二号都是我们团里的。我们这里也有六七个演员。王锦文老师对我们很支持。

剧团从2000年成立至今已经十八年了，风风雨雨不容易。剧团管理不容易，需要有凝聚力，有团队精神。我这个团长是大家满票选出来的。我老公也很支持，我有时不想干了，他还劝我："大家这么信任你，你就干下去吧。"他平时有空也在剧团做电工、音响等，演出也一起出去。剧团成员就像兄弟姐妹一样，有的本身是师兄妹，有感情。甬剧是大家自己的爱好，剧团也要吸收比较好的人进来。

业余剧团中大家都有自己的工作，要抽出时间排戏、演出不容易。大家比较有责任心，有演出尽量克服各种困难，如碰到小孩生病、老人去世等。剧团像一个大家庭一样，团风很好，如演出完了拆台，大家一起来做，没有人先离开上车的，也没有人故意避开的。出去演出，个个准时，从来没有拖拉的情况，已经养成习惯了，当然我自己也要带头。

现在团里一共有51个人，平时乐队就有10个人，去大剧场演出时乐队13个人，演员合计有30个左右，还有音响、打字幕、灯光、电脑布景、换景、拉幕、服装、电工（有证书）各1个，道具2个，还有出纳、会计各1个。剧团有1个团长、2个副团长，基本上以我为主，乐队也专门有个负责人。

现在负责业余剧团，只有付出，没有挣钱的。区里的"天天演"经费不是演出完就下拨的，会比较滞后，而演出的费用是需要马上支付的，我自己先垫上去。乐队不少人是从市甬剧团退休过来的，演出一场一般150元，路远的给贴个车钱，最多200元。专业老师也才给150元。

大家做事不计较，有时需要日夜场演出，会与大家白天正常上班时间冲突，大家尽量克服。所以我们平时尽量不安排日场，放在双休日来做。十多年坚持下来真的不容易，我是最老的团长了。平时要演出了，我会在群里发信息，大家会来参加。以前一年演出有百把场，大多数在村里演出，主要是宁波市范围，以鄞州区、海曙区、江北区为主，去象山演出是小型的。姜山文化站对我们很支持。镇里也支持，专门给了我们放道具、布景的场地。我们也很争气，刚刚去省里演出得了金奖，领导觉得很有面子。我们已经成为姜山镇的一张文化名片。不久前我们还参加了走马塘的乡音乡情演出。我们与专业剧团也同场演出过好几次。

现在团里的设备也值二十多万，需要好好使用。排练大多数是自己排，过去有去上海演出，请导演来排，现在也请导演，请过王红刚、应礼德、沃幸康老师，主要排传统戏。老一批人自己能扽腔。我也兼做唱腔老师，还在鄞州区老年大学甬剧班教唱，每周教三次。团里作曲是董阳焕老师。流水、二簧什么我们自己可以扽腔。创作剧本也有，如《赖婚记》，从越剧移植过来，请董阳焕老师写曲子，刘海涛来配器。我已经演中年旦了，小旦偶尔顶一顶。小旦一般由年轻人来做。现在剧团挑大梁的是年轻人，三四十岁为主。考虑到大家的工作，尽量安排夜场和双休日演出。我们大多做经典戏。做团长要大气，心胸要宽广。

二、个人演出经历

我1964年出生，从小在爱好甬剧的母亲的耳濡目染下，对甬剧有强烈的表演欲望和热情。1982年姜山镇政府办起了甬剧团，我经过层层筛选终于从上百名学生中脱颖而出，考进了姜山甬剧团，开始接受甬剧表演的专业培训。自此之后，每天早上基本功训练、抬腿、下腰、练嗓子、走台步、学形体动作等，整整三十多年基本没离开过甬剧舞台，如今甬剧已经成为我生命中的一部分。

《拔兰花》剧照

为了把甬剧事业传承下去，2001年重建姜山甬剧团，为了把剧团办得更好，秉着"依托老演员，吸收新演员"的新老结合的精神，互帮互学，互尊互爱，积极参与配合镇里的各项文艺演出，多次代表镇里参加区、市、省戏曲、小品等比赛，取得了良好的成绩，为镇里获得了荣誉。2008年，我代表宁波鄞州艺术团去韩国进行文化交流演出，得到韩国观众的欢迎和好评。

曾被评为浙江省优秀文艺人才、宁波市文化先进个人，曾荣获浙江省甬剧大赛总擂主、鄞州区首届戏剧大赛金奖、鄞州区十佳明星等称号。2013年荣获宁波市甬剧业余剧团优秀剧目最佳主角奖；2014年荣获宁波市甬剧业余剧团最佳组织奖和最佳优秀演出奖；2015年荣获宁波市甬剧艺术节业余甬剧折子戏比赛一等奖；2017年参加鄞州区"梨园雅韵"自创自演节目荣获创作一等奖、演出一等奖；2018年带领剧团参加浙江省新农村题材小戏会演荣获金奖。现在是姜山甬剧团团长、姜山戏剧家协会主席、鄞州区戏剧家协会副主席。

三、对甬剧发展的看法

（1）要发展年轻人。团里大学生唱得好，外形年轻，有三四个人先从小角色做起，我们老演员带带他们，上、下半场分开来做。小生尽量男的来做。我们尽量达到专业剧团的水平。

（2）好的本子太少。本子大多从甬剧团或其他剧种移植过来的，也有排得不成功的。宁波市甬剧研究传习中心加盟后，道具、服装等可以共享。

（3）资金不足。虽然上面（市里）对地方剧种给予资金补助，但还是不够的，排戏费用没有，导演请不起，希望上面可以考虑按照成绩、排新戏的情况、添置新设备需要等给予一定的补贴。

为了对20世纪80年代成立的姜山甬剧团有更多的了解，笔者还于2018年7月17日下午采访了姜山甬剧团曾经的花旦、现在工作于宁波市甬剧研究传习中心的张海波，听她讲述在姜山甬剧团从事甬剧的经历。

张海波口述材料整理如下：

我是姜山人，我父亲是"知青"，我们就住在乡下。"文化大革命"时没有戏曲，后来有电视了，小时候看看电视，看到有戏曲，慢慢喜欢上了戏曲。1982年，姜山镇得到当地领导支持，成立甬剧团，招人时我考上了。姜山镇领导对姜山甬剧团很重视，还安排进行专业化训练。剧团专门请来原上海堇风甬剧团的范素琴老师来训练唱腔，从《拔兰花》开始教起。还有王宝云老师一直驻团指导，直到他过世前。上海的老滩簧味道更浓一些，小腔也多。请来教身段的是上海京剧院的关松安老师和陶素娟老师。我们和宁波甬剧艺训班一样进行培训，但他们有四年，而我们只有三个月。宁波市甬剧艺训班来姜山演出时，我们还一起搞联谊会，他们也（与我们）结对，一对一地教我们（折子戏《重逢》《挽桥》《杨淑英告状》）唱和演。招进来以后还要考试，再淘汰一批人，正式留下来的可以拿跟当时社办企业工人一样的工资，虽然不高，但当时也觉得不错了。听说上面曾经考虑成立鄞县甬剧团。当时我们一般在鄞县、奉化、宁海演出，以鄞县为主，有时在庙里的舞台，有时在大会堂，基本上是进村演出。我在剧团待了三年半，1986年初离开,去读书了。

　　我演花旦,曾经演过《借妻》中的沈赛花及其下半本《婚书祸》、《半把剪刀》中的金娥及其下半本《剪刀恨》、《杜鹃》中的杜鹃,以及现代戏《家庭公案》中的云霞、滑稽戏《喜怒哀乐》中的李娇娇。像《杜鹃》可以连演十几天。有时候日夜场连着演,一年可以演两百多场戏,除了夏天天气实在太热时不安排演出,一年到头就在团部排戏。

《借妻》剧照

　　我19岁时拜曹定英老师为师,当时曹老师刚好来姜山演出,就拜师了。曹老师排戏一丝不苟,有时让我重复十几遍来找感觉,我当时觉得很难为情。因为当时还年轻，对有些剧情缺少生活体验。有时从外面演出回来，我就会去曹老师家当面求教。我演过的印象最深刻的戏就是《半把剪刀》。这部戏是曹老师主演的，我可以模仿她。后来这部戏我一直在演。

我属于比较全面的，唱、做都可以。1986年我去读了中专财会专业，离开了剧团。

下应众兴甬剧团

下应甬剧演出团队的历史比较长。其中，20世纪60年代初曾经成立过下应甬剧团；1997—2000年，成立下应心连心甬剧团；2003—2006年成立下应甬剧团；2007年正式成立下应众兴甬剧团。现在该剧团是鄞州区特级文艺团队，被称为"草根样板团"。短短几年，剧团从台下唱到了台上，甚至一路高歌，唱进了上海，两度登上上海兰心大剧院的舞台，为上海观众带去了精彩的演出。2014年，剧团参加浙江省中青年戏曲大赛，以《扒垃圾》获得银奖；2016年中央电视台戏曲频道专门采访该剧团；2017年以甬剧小戏《情缘》获得鄞州区文化大礼堂戏曲大赛金奖。如今，剧团每年要演出100多场，自创的《婆媳和》《乡下贵发哥》等家庭伦理及道德教育剧反响极好。剧团的大型剧目《婆媳和》《坐错花轿嫁错郎》《连环案》《桂珍与桂英》《老爹泪》等轮流在各村庄宣传演出，观众人数达到十多万人次。剧团以从生活中提炼素材，采用群众喜闻乐见的主题，推出反映新农村、新风貌的具有强烈的时代精神和鲜明的地域特色的好剧、好戏，演出风格诙谐幽默而受到观众的热烈欢迎。

为了了解下应众兴甬剧团的发展状况和团员们对甬剧发展的建议，笔者于2018年7月21日采访了下应众兴甬剧团正、副团长史美福、郑诗芬夫妇。团长史美福也是团里的主要演员，自己还经营着一家公司；副团长郑诗芬虽然不参加演出，但她全力支持丈夫，专心管理着剧团的方方面面，是剧团不可或缺的存在。在采访中，笔者深深感受到他们对甬剧倾心的投入和深深的热爱，也更加感受到业余剧团维持和发展的不易。

郑诗芬口述材料整理如下：

一、下应众兴甬剧团发展状况

下应甬剧团成立于20世纪60年代初，那时我婆婆是团长，以前我老公还跟着父母去演出。我老公很喜欢甬剧，1997年办了下应心连心甬剧团。那时政府还没有那么支持，上面没有拨款。2000年后，老公下海做生意，没时间管。2003年，原来团里的王文宝得到有心人士资助，其中企业老板史美菊出钱五万元，应定芳借下营街道胜利村场地（三十平方米左右的会议室），俞志华老师做导演，做起了下应甬剧团，弄了三年。2007年又重新弄起来，而且正式成立下应众兴甬剧团，喊我们一起参加。2013年，王文宝年纪大了，感觉压力太大，叫我们接过去，当时剧团里还有三万元债务。因为当时儿子还没有结婚，经济上有顾虑，我们希望王文宝继续搞下去，王文宝坚持让我们接手，我们后来就接下来了。当时剧团里演戏的年纪大的人多，会演戏，我们接手后，年轻人多了起来，需要教戏。现在年轻人逐渐可以接下来了。以前团里以俞志华老师的戏为主，观众很喜欢他的戏，大都是草花戏。2013年起，得到王锦文老师的支持，又请了王红刚导演来导戏，剧团提升很快。现在每年演出一百多场，今年上半年已经演出了68场。

虽然人很累，出力出钱，从接手开始至今个人出资投入十万，但是老公爱好这个，家里生活过得去，儿子也成家了，就做下去吧，也给甬剧爱好者一个平台。我们剧团有专门的食堂人员做饭，出去有汽车接送，演员们也都很好。虽然演出一场只有80元的报酬，但大家都不计较。今年在桑洲社区演出，气温高达37摄氏度，又是日场，但三天工夫大家都坚持下来了，天热流汗到妆都花掉了。鄞州区的"天天演"惠民演出，指名要我们去的观众特别多，我们也都认真去完成。

剧团发展比较头痛的事情，一个是乐队，没有专门的乐队人员，要么是请甬剧团退休老师，因为业余剧团多，老师很受欢迎，演出时要"撞车"；一个是欠缺男小生。我们是只要他有爱好就行，不会可以教的。目前正在物色中。

我们剧团人员主要来自下应，也有潘火、姜山、宁波（市区）等地的。团里正旦舒一平是因为有同学在我们剧团，后来也过来的，她从一无所知到后来成为剧团挑大梁的演员。甬剧研究传习中心王锦文老师也亲自来教过大家，提高很快。只要有爱好，都可以培养的。乐队专门请来邵伟忠老师负责鼓板和主胡，对乐团帮助很大。老人年纪大了，有时我们还担心他们身体吃不消。他们不是为了钱，就是感动于我们对甬剧的执着，愿意支持我们。

我们本来可以安稳过日子了，有了甬剧团，多了无数的事情。业余剧团没有可以制约的东西，大家出于爱好在一起，也是人心换人心。以前也有产生误会的，如新演员、年轻人换了老的演员，老演员有想法。演员来自各行各业，时间上靠调度。戏多，可以调度，互相调动。年轻人多了，日场演出有困难，幕后调度很重要，有情况要一一落实，就像解方程一样。剧团有今天，也不单单靠我们两个，像副团长应定芳舞美管得很严，现在年轻人严杰在舞美方面也可以挑大梁了；演员都很支持，做物业工作的包君亚尽量调出时间支持演出；男小生殷洪颜五点钟下班，晚饭也来不及吃就赶着化妆上台表演了；管道具的陈国芬自己主动做道具，发现道具破损自觉把它修补好；管服装的郁金妹也很负责，主动修补服装；演员史佩琪在市场上卖猪肉，早上三点就要起床工作，还坚持参加日夜场演出，一般不请假；特别李勇到我们剧团以后，使我们剧团水平提高不少。他从我婆婆手里就搭对，参加过专业剧团，去过姜山甬剧团，现在请到我们这里，给我们进行艺术指导，导演过《杨乃武与小白菜》《半夜夫妻》《守财奴》等。团里面大家都会尽量克服家里的困难，安排好来参加演出。我们也充分理解大家的难处。

现在演出的报酬，自己接来的场次一般是7500~8000元/场，"天天演"的补贴是5000元/场，还要亏损，二者结合互相抵冲一下。市里、街道有时给些补贴，但只够挣设备，排新戏还要自己贴钱。我们是鄞州区特级文艺团队，邀请我们去演出的很多，"天天演"的演出地方路近还好，路远开销大，更不够了。

二、剧团演出等情况

现在剧团常年演出的有十八台大戏，加每年两部新戏，有二十部戏在演出。其中俞志华老师写的剧本有《婆媳和》《老娘泪》（又叫《慈母传》）《乡下贵发哥》《男婚女嫁》《嫁娘记》《坐错花轿》《有奶便是娘》《连环案》《寻儿记》《明媒正娶》等；演出的经典戏有《半把剪刀》《天要落雨娘要嫁》《春江月》《杨乃武与小白菜》《借妻》《借女冲喜》《雷雨》等；今年在排《半夜夫妻》《守财奴》。剧团每年都有新戏出来，服装没有拼用的，都是新置办的。演出前专门有人负责熨烫衣服，保证演出效果，走正规化路子。

每年七八月份和九月上旬没有演出，天气太热，一般都用来排戏。下应街道文化中心提供了排练厅，给了不少支持。双休日加平时的晚上，有时是下午，大家一起来排戏，有的人甚至从远路赶过来排戏。明年准备排新戏《清官要断家里事》，有空的话可能在下半年排，本子是俞志华老师写的。俞老师熟悉我们剧团的人，写戏有针对性。俞老师在20世纪60年代初就到下应甬剧团了。以前他还演戏，演过《上海大小姐》等，当时也很红的。20世纪80年代末，他们已经演过《婆媳和》，我婆婆演大媳妇，俞老师演阿婆。这个戏很受欢迎，观众百看不厌，现在是遍地开花，各个业余剧团都在演。《男婚女嫁》也是，其他剧团看演出的时候偷偷拍去，回去自己照着排。我不赞成这样的做法，这样容易把人家错的也学了去照样排，质量上有影响。我们对观众要有交代，观众的眼睛也很厉害的。我们还有专门的戏迷，有的人甚至从奉化带饭赶来看演出。看到有这么多人支持，我们也愿意把剧团坚持下去。演员、乐队的落实是我们最大的困难，好在现在乐队基本定了，比以前好很多了。有老的传下来，也有年轻人。主胡、鼓板人员也得到甬剧研究传习中心的支持。

业余剧团很少有像我们一样每年出新戏的。俞志华老师现在年纪大了，不亲自演了，主要指导排戏。俞老师对我们来说如兄如父。俞老师写剧本，再谱曲，兼导演，每个戏剧团给他一些补贴。加上服装等费用，排个新戏需要五六万经费，排两个至少十万，压力也很大。演员们也明白，有的人演出服装就自己做，化妆品、头饰都自己买，尽量减少剧团支出。

我们希望政府再重视点，"天天演"能增加点经费。现在因为给的经费不够演出开支，经费又不能在演出后马上到账，拖得时间长，只能自己先垫付，演得越多亏损越大。今年我们想办法做了一些更改，我们跟去演出的村里商量，在"天天演"的基础上再增加场次。因为"天天演"一场拨款4500元，而就一般开支来看，乐队要支出1500元，包车接送1000元，搭台4000元，装台2000元，到演员手里寥寥无几，因为搭台、装台费用是固定的，所以只有连续演个三天三夜才能"平平过"。

为了剧团发展，我们真是挖空心思。我们团里要求比较严格，不能对不起观众，走正规化的道路。2013年以来，排了10台新戏，请导演来排，有王红刚、俞志华老师，以前也请过市甬剧团的陈珺老师，很不容易。其中《借女冲喜》请王红刚老师导演的，演得很好。

我们剧团大多数在村里演出，其中菩萨生日请去做戏的很多。2018年5月2日到4日在同三村演出，村里说我们演得很好，不肯放我们走，让我们再多演几日，但是后面村子菩萨生日的日子已经定好了，必须要走了，后来给同三村的人说好话，说我们以后再来，才放我们走。演戏很辛苦，冬天演出《寻儿记》，露天舞台上穿着短袖、旗袍上台，很冷。大家都努力，我们也以身作则、无私奉献，大家也都理解我们。大家毕竟是因为爱好走在一起的。团里有从事自由职业的，有杀猪的，有企业的，有个体经营户，也有学校老师、物业会计等，年轻人肯定有工作。现在团里年轻人已经挑大梁了，老人主要做做后勤、管管道具等。

我们剧团的特色是以演出接地气的滑稽戏为主，属于草根剧团。演出不少草花戏，以丑角见长。像《慈母传》讲拆迁后家里的房子分配，《有奶便是娘》讲尊敬老人，《男婚女嫁》讲婚姻观，《乡下贵发哥》讲助人为乐，都是有教育意义的。《乡下贵发哥》演出后，演贵发哥的老公都走不下台来，观众纷纷上来跟他握手。我们剧团演出不怕没有观众。现在我们的观众越来越多，我们演出就有这样的魅力。观众的肯定，让我们忘记了所有的烦恼，这是顶开心的事情了。

《婆媳和》剧照

甬剧现在还是有市场的。我们曾经与越剧拼场演出，还是甬剧观众多。还有观众冒雨赶来看我们演出的，有时观众达到上千人。我们演出以邱隘、潘火、云龙、桑菊街道、中和街道、钟公庙、下应、茅山、樟水、陈家、建坳、鄞江、奉化为主，也就是以鄞州区里面为主。因为村里的文化礼堂场地太小，所以还是搭台为主。也有些村里有庙台，就在庙台演出。2018年6月8日到17日在云龙村演出，就在村里的庙台演的，这个庙是村里花了五百万新建的，在这里演了九天九夜，其中越剧团也演了几场，我们演了五天五夜，还请王锦文老师也去演了两场。

我们剧团现在被称为"草根样板团"。2014 年，我们参加浙江省中青年戏曲大赛，以《扒垃圾》这部戏获得银奖。2015 年成为宁波市甬剧研究传习中心加盟单位。2016 年中央电视台"戏曲频道"专门来采访过我们剧团。2017 年以甬剧小戏《情缘》获得鄞州区文化大礼堂戏曲大赛金奖。2017 年 5 月参演《甬港往事》。我们还是鄞州区天天志愿者协会下应分会的，每个月两次去下应敬老院义务演出。逢年过节还买了礼品，如毛毯、月饼等去看望那里的老人。2017 年，我老公还评上了浙江省优秀文化志愿者。

慰问敬老院的老人

在下应敬老院义务演出

我们自己家开了丧事一条龙服务公司，赚来的钱也有贴到剧团去的。说实话，在剧团花的心思比公司多多了。搞剧团主要是爱好，不考虑经济上的得失。想着演员提高点水平，观众肯定，不是为了赚钱，也是为社会作个贡献。剧团每年灯光等设备要更新，有的设备要添置，我们团里字幕机就有三台。现在剧团资产约莫有四五十万，固定戏台就要6.8万。

三、对甬剧发展的建议

（1）希望政府对"天天演"再支持点，提高演出补贴，至少不亏。特级团队至少能给补贴6500元/场，能保持收支平衡，保证演出质量。

（2）希望有个机构可以培养乐队、演员等。最好有培训班能吸收、培养人。现在是边排边学，当场教，录了音回去学，细节方面老演员带新演员，很快就青出于蓝而胜于蓝，也有的新演员比老演员还演得好。

我们诚心为了剧团的发展，一点没有私心的。

史美福口述材料整理如下：

我主要演丑角，现在也做老生，像《乡下贵发哥》中我演贵发哥。我这个人戏路广，演啥像啥。我演过《半把剪刀》中的曹锦棠、《男婚女嫁》中的胡踏踏等角色。我演甬剧是自己玩玩，顺着兴趣来。我大人以前也是做甬剧的。

我搞剧团是想作点贡献。我们已经做到业余中的专业了。上面扶持不够，光靠我们自己，实在做不好。下应街道现在的领导还算关心。"天天演"是个大家庭，我这个人的脾气是弄了一定要弄好。现在都是靠我们夫妻俩带头作表率给维持下去。我们总要把剧团弄好。现在做到这样，我们自己也觉得蛮骄傲的。我们能把戏送到山区等角角落落的地方，这些地方是甬剧研究传习中心、专业甬剧团等去不了也没有去的地方。

不仅仅是资金问题，我们就是希望领导来看看、关心关心。我们排的新戏有教育意义，受观众欢迎。做事情要讲实货，要弄出点成绩来。王锦文老师实实在在很支持我们，从剧团成立以来一直很支持，借东西从来不说钱。我们从甬剧研究传习中心学到了不少表演的东西，很感谢。传习中心王红刚导演也很好，薄团长也很好。有些我们要用而他们不需要的，也特意去买了来，供我们借用。设备只要传习中心有的，只管去拿，用好再还就行。王红刚导演指导，和沃幸康老师一起演戏等，我们收获都很大。

剧团经费实在不够，我们自己贴。我年轻时候喜欢唱歌，后来才唱甬剧的。搞剧团，一方面自己喜欢，另一方面主要是老婆支持，花钱、调度都很重要的。因为喜欢甬剧，所以搞剧团也很开心。现在剧团急需男小生。现有的男小生是李勇。目前剧团前途是有的，来邀请我们演戏的地方不少。"天天演"最好不要让我们蚀本。演个大戏需要60多个人，开支大。

剧团目前还在上升阶段，要用年轻人。三四十岁的上来了，六七十岁的要让位。我自己带头。李勇来了，我把小生角色让给他，虽然我自己也喜欢做的。我娘也很喜欢演戏，但还是要她把戏让给年轻人来做，我娘为此很生气，还跟我闹了很长时间的意见。

在业余剧团里，我们下应剧团已经算可以了，也有自己的东西可以拿出去了。虽然剧团是我们两人带队，但团里大家都很好，很支持我们的工作。而且这么多年下来，演员的实际水平也上来了，《春江月》《借女冲喜》等剧目一般业余剧团排不出来的。我们走到这个程度已经骑虎难下了，能不能继续往下走，有压力。最希望上面领导给我们推两把，我们是为了给甬剧多作点贡献，不是热闹热闹而已。

戏曲进校园

2015年7月，国务院办公厅印发《关于支持戏曲传承发展的若干政策》，明确戏曲传承发展总体目标："力争在'十三五'期间，健全戏曲艺术保护传承工作体系、学校教育与戏曲艺术表演团体传习相结合的人才培养体系，完善戏曲艺术表演团体体制机制、戏曲工作者扎根基层潜心事业的保障激励机制，大幅提升戏曲艺术服务群众的综合能力和水平，培育有利于戏曲活起来、传下去、出精品、出名家的良好环境，形成全社会重视戏曲、关心支持戏曲艺术发展的生动局面。"就戏曲传承、人才培养、体制机制建设、市场培育等提出了21条优惠扶持政策，并要求地方政府做好政策落地和督查工作。《关于支持戏曲传承发展的若干政策》的出台，确立了由政府扶持戏曲事业的方针，把戏曲的保护、传承和发展，提升到国家和社会发展的战略层面。

2017年5月27日，中宣部、文化部、教育部、财政部四部委联合印发《关于新形势下加强戏曲教育工作的意见》，提出优化戏曲专业结构布局、完善戏曲人才培养体系、创新戏曲人才培养模式、鼓励院团深度参与实践教学、积极推进招生与用人一体化、建立健全戏曲教育质量评价机制、搭建平台展示教育教学成果七项主要任务。2017年8月，中宣部、教育部、财政部、文化部联合出台的《关于戏曲进校园的实施意见》明确指出，到2020年戏曲进校园要实现常态化、机制化、普及化，基本实现全覆盖。戏曲从娃娃抓起无疑成为"戏曲突围"的添薪加柴之举。

在政府的重视和大力支持下，戏曲传承和教育工作在全国范围轰轰烈烈地开展起来。2017年底以来，宁波市甬剧团有限公司（简称宁波市甬剧团）和宁波市甬剧研究传习中心（简称传习中心）适逢其时，在政府政策利好和专项资金的支持下，先后开展"戏曲进校园"工作，让孩子从小熟悉甬剧、喜欢甬剧，为甬剧培育未来的演艺人才和观众，这是甬剧等戏曲未来发展的希望，其意义深远。

宁波市甬剧团有限公司

2017年，宁波市甬剧团有限公司在宁波市委宣传部下达任务后，立刻成立专项工作组，制定详细方案，决定以"讲座、折子戏、大戏"的形式开展，把这项工作当作重中之重。2017年12月8日，宁波市甬剧团的艺术家们走进宁波市六所小学、中学和大学，至此，宁波市委宣传部主办的"戏曲进校园"活动正式铺开。活动实施过程中，在各区县（市）当地宣传部的召集下，在当地教育局和文广局相关单位的大力支持下，截至2018年5月31日，在宁波市区、奉化区、慈溪市的中小学和职业学校共计举行"戏曲进校园"活动49场，参与活动的师生人数达到了2万多人次，行程2000多公里。

一、筹备充分，整合优势资源

（1）师资力量雄厚。为确保教学质量，甬剧团派出了国家一级演员沃幸康，国家二级演员陈雪君、陈珺、杨勤儿及优秀青年演员苏醒、贺磊、张欣溢、柯珂、刘英、周颖等进学校教学，派出的青年演员都曾在省、市各类大小比赛中获得过荣誉和奖项，在许多剧目中担任过重要角色，而且都是甬剧团精心重点培养的业务骨干及优秀人才。

（2）教材精心准备。为了把"虚拟"的戏曲艺术实体化，甬剧团在教材上用心做了准备，不仅特别制作了《叮咯咙咚呛——我们来学戏》的教学视频片头，还根据甬剧的特点制作了精美的PPT，并在里面插入了3～4个精心挑选的经典的戏曲片段供学生们观赏。在正式进学校讲课之前，专门进行了二次模拟的课堂活动，让每一个参与讲课的主讲人都上台讲演，对课件及内容进行检查审核。

（3）队伍科学编排。为了避免出现枯燥的"填入式"教学课堂，丰富活跃课堂氛围，"戏曲进校园"团队在人员配备上也十分用心。一般情况下，一个讲座剧团会派出4~6名成员，其中主讲人一名，乐队主胡演奏员一名，青年示范演员2~4名，也根据学校的实际情况来增加人员，确保讲课效果。

二、精心实施，打造丰富的戏曲课堂

（1）形式多样化。送讲座进校园是"戏曲进校园"活动中开展次数最多的活动。一个讲座，除了"听""观""赏""学"还能"体验"，不仅激发了学生对传统文化的喜爱，更是加深了学生对传统文化的认识。送折子戏进校园是"戏曲进校园"活动中的重点项目，也是让青少年接触戏曲文化最直观的教学形式，甬剧团已在奉化区演出折子戏七场，慈溪市演出折子戏九场。另外，奉化区有三所学校，约2400名学生观看了甬剧《田螺姑娘》，引起学生们的浓厚兴趣。

2018年5月11日，在慈溪保德实验学校，宁波市甬剧团开展戏曲知识普及讲座

（2）针对性强。考虑到不同年龄段学生的理解力和欣赏习惯，教学内容也因材施教，化繁为简、由易而难、循序渐进地培养学生学习戏曲文化的兴趣。虽然是同一个 PPT，但主讲人的课程内容却是不一样的。遇到中小学低年级的学生，理论知识相对来说就会少一些，主要以观赏经典片段和互动为主，会邀请学生上台模仿学习戏曲的身段、指法、唱腔，给学生化上美丽的戏曲妆，主要目的是培养学生们对戏曲文化的兴趣，让他们对戏曲有一个初步的了解。遇到高年龄段的学生，主讲人则会以同学们熟悉的戏曲中的人物为例来阐述戏曲特有的表达方式，浅入深出，使学生们从人物的一举一动、一颦一笑中感受中国传统文化的博大精深。

2018年4月19日，在奉化溪口中学，宁波市甬剧团开展戏曲进校园演出

（3）覆盖面广泛。宁波全市学校众多，上半年主要面向奉化和慈溪。在活动开展期间，尽量覆盖到更多的学校，不管是民工子弟学校，还是偏远地区的学校，他们都欣然前往。中国传统戏曲这块瑰宝不仅中国学生喜爱，连外国的学生也惊叹中国戏曲的精彩。

三、成效明显，传播培育戏曲种子

（1）锻炼青年演员。不论是讲座、折子戏还是大戏，对学生们来说都是一个了解、接触、欣赏的过程，对青年演员们来说则是一次次的学习实践的机会。他们不仅能跟着团里资深的艺术家们面对面交流沟通，吸取艺术养分，还能不断改进自身不足之处，精益求精，力求更加完美。青年演员贺磊在不久前还是国家一级演员沃幸康老师一组的身段示范老师，以前注重表演的他，经过几个月的不断学习，对甬剧有了更深层次的认识，现在已经成为了一名合格的主讲老师了。

（2）培养戏迷群体。培养扩大戏迷数量也是"戏曲进校园"活动一项重要工作。活动实施过程中发现，青少年并不是不喜欢戏曲，只是没有过多的机会接触戏曲，当看到演员们化着精致的戏曲妆、穿着艳丽的戏服、带着精美的头饰在舞台上表演的时候，不少同学都露出了惊讶之色，用羡慕的眼光欣赏着戏曲。当主讲人邀请学生上台学习指法、唱腔的时候，学生们都争先恐后、毫不犹豫地举起了手，产生了极大的好奇心。"戏曲进校园"活动给了学生们接触戏曲的机会，越来越多的青年学生渐渐喜欢上了戏曲，戏迷也正朝着低龄化趋势发展，戏曲文化的传承也需要年轻的戏迷们来守护。

（3）不断扩大影响。"戏曲进校园"活动实施过程中，每一个开展过活动的学校都会填写反馈表对本次活动进行评价，从反馈内容来看，学校老师们都对活动的开展表示了肯定，不仅让学生们接触了戏曲文化，丰富了课程，活跃了氛围，更让学生们学到了中国戏曲蕴含的"台上一分钟，台下十年功"这种精神。宁波鄞州区的各中小学更是主动联系宁波市甬剧团，希望能在鄞州区尽快开展"戏曲进校园"活动，让学生们早点接触文化瑰宝。

为了进一步了解宁波市甬剧团的甬剧传承工作，笔者于2018年7月24日下午在宁波天然舞台八楼甬剧排练厅利用排练间隙采访了演员陈雪君，了解其演艺经历和传承工作等。

陈雪君口述材料整理如下：

一、演艺经历

我是 1967 年出生、1986 年进剧团的，是特招生，与严耀忠同一批进来的。那时甬剧团招考，报名来考的有三百多人，后来招了五男四女，考试时看嗓音条件和形象。进来实习三个月以后，排折子戏，省里老师、劳动局的人来看戏，看了以后再最后定下来。于是最后女的只留下我一个，五个男的都留下了，现在在舞台上男的只剩下黄明了。我是属于比较用功的一类，就被留下了。做戏曲演员比较清苦。

陈雪君

刚进团的时候，金玉兰、邵孝衍老师带了我们一段时间。一年后，金玉兰老师不幸出车祸了，就靠我们自己学了。之后那段时间自己很迷茫，那时戏曲很低迷，我们也不用上班，一周报一次到，平时自己听带子学唱腔，这样差不多有十年时间。这十年没怎么演戏。2000年以后戏就集中了，我以演中老年旦为主，演过《好母亲》中的嵇蓉珍、《半夜夫妻》中的老夫人、《典妻》中的佣人，2003年《天要落雨娘要嫁》去香港演出，我在里面演林氏，还演过《杨乃武与小白菜》中的杨淑英，以及《守财奴》《龙凤杯》《药行街》《最美阿姨》中的主配，2015年排《雷雨》时我演鲁妈，还有《三县并审》中的夫人、《欺嫂失妻》中的三叔婆、《陆雅臣卖妻》中的大户人家太太等。现在演得比较少了，尽量让年轻人上。现在团里这个年纪还在演戏的同一批人，女演员只剩我一个了。

从《典妻》开始，甬剧是个复苏，现在形势不一样了，竞争很激烈，各种业余剧团就有二十几个。

我的表演特色是以演善良、朴素的女性为主。演过比较反派的角色只有《阿必大》中的婆婆，与以往演的角色完全不同，演起来很过瘾。我特别喜欢《雷雨》中的鲁妈。这个戏剧本好，人物很丰满。新版的跳跃性比较强，老版的很顺。这个戏演起来特别过瘾。那种想哭又不能哭出来，想说又不能说出来，有时候眼泪都不能掉下来，演起来很爽，下台后会长长地吁一口气。尤其是第四场，鲁侍萍得知儿女不正常关系的那场戏，那种撕心裂肺的感觉，那时唱腔用的是二簧，比较高亢，便于抒情。我以前在演员考核时和严耀忠配戏，就用的这个戏、这个角色。2017年又排了老版的《雷雨》，演出反响也很好，一票难求，场场爆满。之前新版的《雷雨》也是一票难求。这个戏好，观众都很喜欢，而且很适合演员表演、发挥。好剧本真的很难得。《雷雨》很适合甬剧。甬剧以清装戏、西装旗袍戏见长，因为甬剧唱腔有叙述性，表演中擅长内心戏，很适合演现代戏。甬剧比较接地气，能够根据时代来出新剧本，这是甬剧的特色和强项。

鄞州区的人特别喜欢甬剧。有一年在鄞州区演出甬剧经典戏《半把剪刀》，舞台都快被挤爆了，观众上万。今年春节前后，在五乡演出《天要落雨娘要嫁》，有观众被戏打动了,还上台来给演林氏的我塞钱,觉得这个人物太可怜了。去年去天宫庄园演出《田螺姑娘》中的谢母,有戏迷在台下大声喊"阿蛾姐",因为我演过的角色给他们留下了比较深刻的印象。现在也有一批我的戏迷。在《天要落雨娘要嫁》中练习林氏的跪步,练得膝盖都是血水,但晚上演出还得跪下去,当得到观众认可的时候,都忘了这些辛苦了,觉得都值了。

做演员辛苦,但也开心,可以演出各种各样的人物。我小时候特别喜欢、敬佩戏曲演员,演一场戏演好就过去了,有不好的也没法改,跟影视不一样,对戏曲演员的要求很高,我觉得戏曲演员很了不起,嗓子不好也得顶着上台。在做自己喜欢的工作,我觉得很幸福,所以排戏也不会觉得太累了。

二、甬剧传承工作

甬剧戏迷大多数是从越剧转过来的,他们觉得甬剧才是宁波地方戏,有亲切感。2007年左右开始培养甬剧戏迷,因为戏曲不景气,也有王锦文的戏迷提出来办个培训学校,于是后来在白云剧场办了个甬剧培训班,第一批我就去上课,教他们《半把剪刀》《天要落雨娘要嫁》《双玉蝉》的唱腔,在活动中指导他们排折子戏。我现在还带了个业余甬剧队——老年大学业余甬剧队,还带了艺校的学生。唱甬剧先有字,后有腔,讲究字正腔圆,抑扬顿挫。

从业余剧团到艺校的教学中,我自己也悟到很多东西。在教学生的同时,自己也在吸收、提高。我现在一周三次去艺校教学生唱腔。下学期学生要到剧团来实习,可以教折子戏了。现在招生主要是余姚、宁海、象山的,宁波很难招,现在宁波市区的学生只有一个。女生11个,男生10个,有的还比较努力。以前学生是"我要学",现在是"就怕你不要学"。戏曲演员比较清苦,外面的诱惑很大。

2017年12月份我第一次参加"戏曲进校园",今年奉化、慈溪都有。团里计划用三年时间把宁波市区所有学校都覆盖，主要是演出、讲课、带折子戏。有一次去奉化武林中学讲课，我还担心能不能上好，结果360多个学生没一个离场，大家都很喜欢，结束时鼓掌很热烈，他们的音乐老师还把讲座资料拷了去。互动很好，学生很爱听，这堂课上得特别开心。在奉化比较远的地方，有的校长问还有没有机会再来讲课。有些学校还是比较喜欢甬剧的，学生很踊跃，讲课有讲、有表演，互动很好，多去几次，学生会有感觉的。在江东实验小学讲过两学期的课，二三年级的学生喜欢，后来他们还专门去看演出。

宁波市甬剧研究传习中心

2018年，宁波市甬剧研究传习中心开始"戏曲进校园"工作。2018年上半年，一共开展"戏曲进校园"工作67场，参与学生共计5196人次，多次走进鄞江镇中心小学、爱菊艺校、宁波城市职业技术学院、宁波经贸学校、浙江大学宁波理工学院等院校。通过甬剧艺术讲座、甬剧艺术教学、创排首部甬剧课本剧、甬剧经典折子戏演出、化妆造型艺术培训课、引进大戏、带领学生出镜等方式，加强戏曲普及教育，增进青少年学生对戏曲艺术的了解和体验，为弘扬中华优秀传统文化营造良好的社会环境，为戏曲传承发展发挥重要的推动作用。

教学鄞江镇中心小学的小学生。在鄞江镇中心小学，传习中心的老师选出了30位热爱甬剧的小学生，成立甬剧培训班。每周两次派唱腔和身段老师教学甬剧的基本功，并选取小学生喜欢的内容改编成甬剧小片段，提高学生们的学习兴趣，提升学生们的学习热情。孩子们在鄞江镇"六月六"活动中精彩亮相，受到了观众的一致好评。浙江电视台的《流动大舞台》栏目为此专门进行了报道。

王锦文甬剧艺术讲座。甬剧研究传习中心主任、甬剧名家王锦文走进鄞江镇中心小学、爱菊艺校、宁波城市职业技术学院、宁波经贸学校、浙江大学宁波理工学院五所院校，为学生们作甬剧艺术讲座。王锦文现场示范戏曲身段、甬剧唱腔，结合播放经典戏曲片段，引导学生正确理解和欣赏戏曲艺术，提高学生的审美水平和鉴赏能力。王锦文的讲座，演讲结合演唱示范，让学生们对甬剧乃至戏曲有了直观的感受，现场气氛热烈。

2018年4月26日，传习中心在鄞江镇中心小学开设戏曲讲座

创排首部甬剧课本剧《孔子拜师》。《孔子拜师》由传习中心的陈也喆编剧，王红刚导演，甬剧作曲前辈刘思维的儿子刘海涛担任唱腔设计和作曲，表演者是爱菊艺术学校的小学生们。2018年3月，该剧开始剧本创作、唱腔设计、作曲。同年5月，甬剧研究传习中心导演王红刚正式进入爱菊艺校，为12位小演员排练该剧，一周两次，每次一个小时到一个半小时。甬剧研究传习中心的专业主胡李争鸣老师还花了大半个月的时间，一字一句地教孩子们唱腔。6月20日，甬剧课本剧《孔子拜师》参加由宁波市教育局主办的宁波市教育系统第十六届艺术节中小学生戏剧、朗诵比赛，并获得二等奖。接下来，还要进一步打磨剧本和表演，

计划参加2018年12月的甬剧艺术节开幕式，让"戏曲进校园"的成果在逸夫剧院的舞台上亮相。通过创排甬剧课本剧，让孩子们自己投入到熟悉的课本剧里去，真切地体会一把甬剧演员的唱、念、做、打，会使他们对甬剧有更深的了解和体悟，以更好地普及和传承甬剧。

甬剧经典折子戏演出。传习中心导演精心挑选了几出可以引发学生情感共鸣的甬剧经典折子戏：《借妻》选段、《典妻·回家路上》《双玉蝉·悲蝉》等。为学生展示戏曲艺术风貌，让学生接受艺术熏陶，简短精彩的折子戏，还方便学生自学表演，营造校园戏曲文化氛围。

化妆造型艺术培训课。2018年5月到6月，邀请了原宁波市小百花越剧团首席化妆师李美霞老师，向宁波城市职业技术学院的戏曲社团成员和戏曲爱好者开展甬剧化妆造型艺术培训。每周三下午培训，为期一个月。通过化妆造型艺术培训课，提高学生的审美能力，让学生们更好地感受戏曲的唯美和精致。

引进淮剧大戏《武训先生》。5月22日晚上，传习中心邀请上海淮剧团来到宁波城市职业技术学院，为学子们带来都市新淮剧《武训先生》。都市新淮剧《武训先生》是国家舞台艺术基金资助项目、上海文化发展基金会重大文艺创作选题资助项目。该剧由著名剧作家罗怀臻编剧，淮剧表演艺术家、"梅花奖"得主梁伟平主演，由国内一流主创团队倾力打造。将《武训先生》引进大学，正是希望将这样一出颇具教育意义的大戏与高校师生共勉，将尊师重道的中华民族传统美德和中华民族传统戏曲艺术的种子，播撒普及到校园学子的心中。

带领学生出镜展现戏曲风采。7月5日，王锦文带领爱菊艺校的小学生们，赴绍兴参加"璀璨梨园——大型戏曲演唱会江浙沪专场"活动，表演甬剧《田螺姑娘》选段，与尚长荣、茅善玉、方亚芬等戏曲名家同台演出，之后在央视戏曲频道播出。甬剧《田螺姑娘》的戏曲身段展示，是王红刚导演长期在爱菊艺校排练的成果，目前已经教授了五届学生。另外，该中心还与宁波电视台《讲大道》

栏目合作，带领一些甬剧好苗子上电视，由王锦文亲自点评辅导，运用电视媒体、自媒体等平台展示"戏曲进校园"的成果。

为了对传习中心的传承工作有更进一步的了解，笔者于2018年7月17日下午采访了在宁波市甬剧研究传习中心工作的张海波，了解她所从事的甬剧传承和普及工作及相关建议等。

张海波口述材料整理如下：

一、目前的传承和普及工作

2016年，我到宁波市甬剧研究传习中心做演员，也搞培训，这里的氛围很好。我在传习中心演过《呆大烧香》中的舅妈、《借妻》中的奶娘、《甬港往事》中的程安氏、《秀才过年》中的秀才娘子等。我还一周两次参与海曙区的惠民工程：百姓课堂，持续了有七八年，每年有8~16次课，学员以老年人为主，没有乐队就用伴奏带，学得好也可以演出一些甬剧片段。现在传习中心与电视台合作准备出甬剧伴奏带，拍MV，便于甬剧的推广。我平时也鼓励、带动不少年轻人到甬剧圈子里来，如钱后吟、张启航等。宁波有"甬剧艺术节"等平台。我还在鄞江镇中心小学甬剧培训基地搞培训，2017年4月3日首次开学，教唱腔和基本功，排了些基本的节目，6月份就参加浙江省"流动大舞台"的演出。2018年5月还带着孩子们走进宁波电视台《甬剧潮》栏目做了一期节目。以后准备排课本剧，小学生很喜欢，他们是自愿报名参加的。以后还考虑带学生去参加上海电视台《百姓戏苑》栏目等。我平时有空也喜欢写写。两年前移植改编了甬剧轻喜剧《秀才过年》这个剧本，是从福建芗剧移植过来的，这个剧目比较贴合当今社会的价值观，在移植过程中也做了不少改变，于5月5日—5月6日演出。我还做些为媒体提供音乐、图片和拍摄资料等的工作。

《秀才过年》剧照

与鄞江镇中心小学甬剧传承基地学生合影

二、对甬剧传承普及工作的建议

（1）应该从小学生开始学甬剧，学讲宁波话。可以向江苏锡剧学习。在江苏无锡，学校校歌用锡剧的调来填词谱曲，宁波也可以学习这一做法，学校的音乐老师也可以来学学甬剧，也可以考虑对会唱甬剧的学生在中考中适当地给予加分等。甬剧推广必须与中小学教育相结合，需要政府的重视和推动。

（2）学校要重视。对于"戏曲进校园"，传习中心是非常支持这一工作的，去爱菊艺校、鄞江小学辅导都是固定的，也正在增加其他学校，免费帮他们培训、排节目、提供服装、化妆等，同时也需要学校方面的支持和配合。

非遗保护视角中的甬剧传承与发展

"戏曲是中华文化的瑰宝，是中华民族的文化基因和遗传密码。保护、传承、发展好戏曲，对于弘扬社会主义核心价值观、传承中华民族传统文化、维护文化生态平衡具有重要意义。"（周汉萍、王华宇、陈曦《留住我们的文化基因——关于推动戏曲剧种发展的调研报告》）但是，随着我国从传统社会向现代社会，从农业社会向工业社会转型，戏曲处境艰难，剧种和流布范围不断萎缩，部分剧种消亡，大量剧种处于濒危状态。从文化部艺术司会同中国艺术研究院等单位完成的《关于推动戏曲剧种传承发展的调研报告》来看，1999年出版的《中国戏曲志》收集的各地、各民族的剧种有374种，现存286种（木偶、皮影不包含在内），大约40个剧种经常参加全国性艺术活动，74个剧种只有一家院团或班社保持演出。剧种消亡速度令人触目，保护和发展传统戏剧迫在眉睫。对此，我国政府给予了充分的重视，并采取积极的保护措施，尤其体现在非物质文化遗产（以下简称"非遗"）保护工作中。

十多年的中国非遗保护工作，开始于以昆曲为代表的中国戏曲保护，而这些年的中国非遗保护成绩也从中国戏曲保护工作中得到了具体而鲜明的呈现。中国的传统戏剧样式极其丰富，在已经公布的四批国家级非遗项目中，传统戏剧类项目共162项，涉及的戏剧样式总计306个，包括225个戏曲剧种、22个木偶艺术、33个皮影艺术、5个目连戏样式、15个傩戏样式，另外有3个剧种（豫剧、越剧、高甲戏）的戏曲流派位列其中，剧种形态的数量几乎是全国戏曲剧种和艺术样式的全部。在已经公布的四批国家级非遗项目传承人中，传统戏剧类传承人总计611

位，占全部国家级传承人的近三分之一。

2015年7月，国务院办公厅印发《关于支持戏曲传承发展的若干政策》（国办发〔2015〕52号），明确戏曲传承发展总体目标，就戏曲传承、人才培养、体制机制建设、市场培育等提出了21条优惠扶持政策，并要求地方政府做好政策落地和督查工作。这一政策的出台，确立了由政府扶持戏曲事业的方针，把戏曲的保护、传承和发展提升到国家和社会发展的战略层面。

2017年4月28日，中宣部、文化部、财政部三部委又联合印发了《关于戏曲进乡村的实施方案》，提出到2020年，在全国范围实现戏曲进乡村制度化、常态化、普及化，增加农村公共文化服务总量，解决农民看戏难的问题，形成政府、市场、社会协同推动农村文化建设的良好局面。

2017年5月27日，中宣部、文化部、教育部、财政部四部委联合印发了《关于新形势下加强戏曲教育工作的意见》，提出优化戏曲专业结构布局、完善戏曲人才培养体系、创新戏曲人才培养模式、鼓励院团深度参与实践教学、积极推进招生与用人一体化、建立健全戏曲教育质量评价机制、搭建平台展示教育教学成果七项主要任务。

2017年6月1日，文化部发布通知开展"中华优秀传统艺术传承发展计划"2017年度戏曲专项扶持工作，扶持的主要内容包括"名家传戏——当代戏曲名家收徒传艺"工程，昆曲传统折子戏的录制和地方戏曲院团文献、资料数字化、影像化的保存。

三项政策分别从教育、扶持和传播三个不同的层面推动戏曲的传承发展。而这三项政策的出台，都是贯彻落实2015年7月国务院办公厅印发的《关于支持戏曲传承发展的若干政策》的重要举措。

2017年1月，中共中央办公厅、国务院办公厅印发的《关于实施中华优秀传统文化传承发展工程的意见》中也提到，要实施戏曲振兴工程，做好戏曲音像录制工作，挖掘整理优秀传统剧目，推进数字化的保存和传播。

作为非遗的戏曲在一系列国家政策的扶持下，怎样加强保护和发展，怎样积极传承和努力创新，让自己走出濒危的困境，获得新的生机，这是大家所关注的，也是本文探讨的重点。本文对甬剧传承和创新的探讨，首先辨析其作为非遗所具备的基本特点，阐述其所面临的困境及其原因，然后重点分析其在国家一系列的扶持政策之下所采取的种种举措和取得的成果，以及进一步发展所必需的探索和创新及需要坚守的基本原则，力图为地方戏的振兴寻求可行之道。

一、作为非遗的甬剧的基本特点

甬剧艺术作为非物质文化遗产，具备以下特点：

（1）独特性。非遗一般"作为艺术或文化的表达形式而存在，体现了特定民族、国家或地域内的人民独特的创造力""具有各自的独特性、唯一性和不可再生性"。（王文章《非物质文化遗产概论》（修订版））甬剧是滩簧戏的一种，是由说唱嬗变为戏曲的一种汉民族表演艺术。它是目前仅有的保留纯正宁波话的戏曲形式，蕴含了浙东传统文化的诸多元素，体现当地人的信仰和价值观，具有其独特的艺术魅力和文化蕴含，是一个具有一定代表性的地方传统剧种。

（2）活态性。"非遗的表现、传承都需要语言和行为，都是动态的过程。"它的活态性还表现在"创生并传承它的那个民族（社群）在自身长期奋斗和创造中凝聚而成的特有的民族精神和民族心理，集中体现为共同的信仰和遵循的核心价值观"，"发展地看，还指它的变化。一切现存的非物质文化事项，都需要在与自然、现实、历史的互动中，不断生发、变异和创新，这也注定它处在永不停息的运变之中"。（孙家正《提高民族自觉，做好我国非物质文化遗产保护工作》）甬剧作为传统戏剧，在动态的表现中完成。它与近代宁波、上海两地的城市文化发展和城市人文精神密切相关，剧目反映了当地老百姓的审美心理和核心价值观，舞台艺术和剧目创作随着时代发展而不断变迁。1962年3月，上海堇风甬剧团首次进北京演出了《半把剪刀》《双玉蝉》《天要落雨娘要嫁》三剧，引起首都文艺界的注目，中共中央宣传部、文化部、全国剧协等的领导先后观看演出，戏剧评论家相继发表赞评，三个剧目被称为"三大悲剧"。宁波市甬剧团在新中国成立以来以擅长演现代戏而出名，如《两兄弟》《亮眼哥》《浪子奇缘》《爱情十字架》《秀才的婚事》《罗科长下岗》《风雨一家人》《典妻》《风雨祠堂》《宁波大哥》等剧目都曾经在不同时期产生较大的影响力。

（3）传承性。非遗的传承靠世代相传，甬剧也不例外。在新中国成立以前，甬剧的传承是师徒制，师徒订立关书，师傅对徒弟除了授艺学艺，还拥有全部经济权乃至部分人生权，授艺是口传心授，演剧资料都靠老艺人回忆口述。新中国成立以后，戏曲人才的培养人性化、规范化、科班化。1960年上海堇风甬剧团在静安区戏曲学校设甬剧班，由主要演员亲自上课授艺，边学习边演出，毕业班学员在老师的带领下组成青年团，演员成为了新文艺工作者，拥有完全的自主权。宁波甬剧团在主管部门的支持下，在1960年创办宁波市甬剧训练班，1980年创办甬剧艺术培训班，以及1990年之后的几届宁波市艺校甬剧班，都有前辈艺人和主要演员亲自教授，边学习边实践，保证了剧种的传承和发展。

（4）流变性。"非物质文化遗产的传播是一种活态流变，是继承与变异、一致与差异的辩证结合。在它的传播过程中，常常与当地的历史、文化和民族特色相融合，从而呈现出继承和发展并存的状况。""虽然有变化和发展，但仍然存在恒定性或基本的一致性。"（王文章《非物质文化遗产概论》（修订版））甬剧从"田头山歌""对山歌"发轫，逐渐结合"唱新闻""乱弹"等，发展成以说唱为主的艺术形式；18世纪末，在苏滩等的影响下，从曲艺形态过渡到戏曲艺术，在宁波及附近地区演唱，当时称为"串客"；1880年，"串客班"到上海演出后又称"宁波滩簧"；1924年，"宁波滩簧"在上海遭禁演后改称"四明文戏"继续演出；1938

年，上演时装大戏后又称"改良甬剧"。在从农村到城市，再到当时经济文化中心之一——上海的过程中，甬剧不断地吸收沪剧、姚剧、杭剧、锡剧、苏剧、文明戏及京剧、昆剧等剧种的艺术营养，舞台艺术日臻完善。1950年，这一剧种正式定名为"甬剧"。

（5）综合性。非遗往往是各种表现形式的综合。戏曲是一种综合艺术，包含了文学、音乐、舞蹈、美术等多种表现方式。甬剧剧目丰富，能表演现代戏、清装戏、古装戏，唱腔上板式和曲牌相结合，舞台美术上写意和写实相结合，也有少量的舞蹈动作，是一种具有较丰富内涵的地方剧种。非遗的综合性还体现在它的功能和价值的多样性，如具备认识、欣赏、历史、娱乐、消遣、教育等作用，具有历史文化价值、社会价值、审美价值、教育价值等。甬剧是一种民俗文化，早期题材多来源于"唱新闻"，时效性强，诙谐幽默，以反映当地老百姓的婚姻恋爱为主，追求婚恋自主，"小女子后花园偷私情"的戏码曾多次被清朝地方官府禁演，但屡禁不止；晚清时期进入上海大都市后，符合当时当地观众的审美需求，以西装旗袍戏、清装戏而闻名，受到欧美文化的影响，表现新的婚恋观；新中国成立后，因其擅长演现代戏，而在不同时期编演反映时代特色的剧目，体现新的思想和追求，与时俱进。从甬剧的变迁中可以看出，历史的变迁、社会的变化、民众生活方式的变化、审美需求的变化，以及剧目中反映的价值观给予观众的潜移默化的影响。

（6）地域性。非遗都是在一定的地域产生，它的产生和发展与所处的环境息息相关，包括自然生态环境、人文生态环境、经济生态环境。甬剧产生于东海之滨的宁波，那里气候湿润，雨水充沛，农俗文化发达，稻作历史悠久，唐代以后经济快速发展，市民阶层不断扩大，为当地戏曲的发展提供了基本条件，戏曲文化生态繁盛。甬剧生于农村而长于城市，以方言演唱，依字行腔，以方言押韵；剧目与当地的民间传说、时事新闻深度契合；擅长表现市井民俗、地方习俗，不管是表现题材、戏剧语言还是表演风格，甬剧都带有浓郁的江南地域风情，地域特征鲜明。

从上述基本特点来看，甬剧是一个很有特色的非物质文化遗产项目。

二、甬剧发展面临的困境及其原因

20世纪90年代以来，随着戏曲事业整体下滑的趋势，甬剧也难逃这种尴尬，甬剧市场日渐萎缩，尤其失去了很多年轻观众。20世纪90年代中期，甬剧几乎从城市的舞台上消失了，回到了农村舞台。退守乡间的甬剧的主打剧目还是传统戏，农村老年妇女成了甬剧最忠实的观众。而且就剧团本身来看，演员青黄不接，后备力量不足，整体演艺水平下滑，社会对甬剧的认识和热情很低，投身甬剧演艺事业的新生力量缺乏。甬剧艺术与时代脱节，不能适应时代的要求，脱离了民间土壤的滋养，也脱离了观众。最艰难的是到了1997年，甬剧在城市剧场的上演率大大下降，因为很少有观众会买票进戏院看甬剧演出。在市场开拓乏力的情况下，寻求更多政府与社会的资助成为剧团用以摆脱生存困境的有效途径。2000年以来，在政府的财政和政策支持下，甬剧终于得到了它的发展机遇，之后创排的几部大戏各有特色，反响不错，在一定程度上提振了这一剧种，缓减了它发展的颓势。

2000年以来，宁波市甬剧团还经历了体制和建制上的变革。2002年9月，宁波市甬剧团与宁波市小百花越剧团、宁波市歌舞团、民乐团、创作研究室、凤凰百花剧场、白云儿童艺术剧场等共同组建成宁波市艺术剧院，保持事业编制。2011年，根据国家和省市关于文化体制改革的要求，宁波市艺术剧院改建为宁波市演艺集团有限公司，逐步实行企业化转制，下辖宁波市甬剧团有限公司，以及宁波市小百花越剧团有限公司、宁波市歌舞剧团有限公司等，主要从事表演；另成立宁波市文化艺术研究院（甬剧传习中心），事业编制，主要从事剧本创作、艺术研究和甬剧传承保护等工作；2016年宁波市甬剧研究传习中心单独建制。这一转变对甬剧团的人、财、物都产生了压力，也因为失去事业编制的招牌而对招聘新人产生影响，在戏曲整体处境不容乐观的情况下，对剧团更是个严峻的考验。

从笔者对甬剧进行田野调查得到的资料分析，甬剧发展的危机，既有社会转型、政府管理不当等外部原因，也有剧种本身传承断档、创新乏力等内在原因。具体包括以下五个方面：

（1）现代社会发展对传统艺术的冲击。进入 21 世纪以来，人们的娱乐和休闲生活呈现多元化，新科技时代的速度与变化也正冲击着传统戏曲的生存空间，剧场里的古典节奏似乎与现实世界格格不入。许多现代人已经无法静下心来去感受其柔缓的艺术美，戏曲不再是观众唯一的选择。

（2）档案缺失，艺人传承断档。在调研过程中笔者也发现，因为政治运动、单位整合、搬迁等，艺术专业档案缺失；有些散落在宁波、上海不同的档案馆里，沟通、使用不畅。加上以前条件所限，缺少音像资料，有的连剧本也没有，只有一个幕表，唱腔更是难以恢复。因为口口相传，人亡艺绝，传承断档。

（3）表演创腔能力下降，作曲、编剧、音乐力量下降。老艺人普遍反映年轻一代的表演水平下降，尤其是在唱腔方面，老艺人具备自行创腔的能力，而越是年轻的一代越离不开乐谱，离开了就不会唱了，专业剧团有时反而比不上民间表演团体。地方剧种作曲难度高，后继无人。专业编剧缺失，外请编剧不懂方言。缺少熟悉戏曲音乐表演艺术的音乐人，戏曲音乐特征弱化。

（4）剧团建制和管理方式不尽合理。而专业剧团的唯一性，使演员缺乏合理流动的渠道，剧团也缺少竞争对手，缺少交流沟通提高的对象，不利于剧团的长远发展。

（5）政府管理导向不尽合理，人、财、物的调配有待完善。重创新、轻传统，重专业剧团、轻民间剧团，重外请"大咖"、轻本土人才培养，不利于剧种的可持续发展。

从这些分析中可以看出，根本原因归结为剧种的传承与创新问题，以及需要克服过度功利主义的倾向。下面笔者在分析作为非遗的甬剧的基本特点的基础上，对甬剧近几年来的传承和创新情况进行具体分析，梳理归纳为解决这些问题采取的具体举措，总结其中的经验和教训，以资借鉴。

三、甬剧传承主体和保护主体的积极作用

从非遗保护的理念出发，按照《中华人民共和国非物质文化遗产法》的精神，各界要本着"保护为主，抢救第一，合理利用，传承发展"的原则，为剧种今后的发展保存尽可能多的传统文化资源，即发展的种源。就甬剧而言，为了做好传承和保护工作，近十年来主要采取了以下做法。

（一）充分发挥传承主体的作用

对于甬剧的传承主体，笔者认为不能局限于甬剧的代表性传承人，因为戏曲是综合艺术，属于团体传承项目，所以传承主体还应包括被指定作为传承单位的宁波市甬剧团。另外，为了利于甬剧的民间传承，笔者把甬剧民间表演团体也列入传承主体中。

（1）充分发挥代表性传承人的作用，授徒传艺。甬剧现有国家级、省级、市级三位不同级别的代表性传承人。国家级传承人杨柳汀生于1947年，有48年表演艺术生涯，擅演风流小生，担任过几十部作品中的主要角色，多次在国家、省、市戏剧节获表演奖。目前虽已退休，但仍从事甬剧艺术研究，并担任甬剧学员的传授老师，负责剧目的排练。省级传承人王锦文生于1965年，曾任宁波市甬剧团团长、宁波演艺集团艺术总监，现任宁波市甬剧传习中心主任，旦角演员，曾在二十多部剧中担任主角，曾荣获中国戏剧梅花奖、第七届中国艺术节文华表演奖，两度荣获上海白玉兰戏剧表演艺术奖、第八届和第九届中国戏剧节优秀表演奖，多次荣获省戏剧节表演一等奖，是目前甬剧的领军人物，致力于甬剧的开拓发展

和甬剧接班人的培养。市级传承人汪莉珍生于 1939 年，1950 年参加工作，师承甬剧著名表演艺术家徐凤仙，在演员生涯中，曾在多部剧中饰演主要角色，在其后的导演生涯里，曾先后指导大小甬剧 60 余部，多次荣获省、市戏剧节导演奖，指导了几代甬剧演员。

由此可见，甬剧代表性传承人有年龄梯度，有丰富的表演技能和人生阅历及较大的影响力，有能力开展传承活动，指导授艺，让传承延续下去。目前，宁波市甬剧团专门举行拜师仪式，让有潜力的年轻演员拜他们为师，不断提高其演艺水平和创腔能力。这些年轻演员也先后在省、市相关比赛中取得不错的成绩。

当然，甬剧的传承不仅仅在于代表性传承人，作为团体传承的项目，它的发展有赖于团体每位成员共同的努力和付出。

（2）充分发挥传承基地宁波市甬剧团的作用，传承广大甬剧艺术。宁波市甬剧团除剧团本身外，还拥有 4780 多平方米的传承场所，基地的管理人员和传承老师 6 人，均拥有高级职称，其中有"中国戏剧梅花奖"获得者、国家一级和二级演员、国家二级演奏员等名师，必要时还可以从剧团中特邀一些业务骨干或名师现场指导。现有学员 27 人，均从全市招考中产生。基地有一整套科学、严谨、规范的人才培养和实践计划，开设了唱腔、声学发音、表演、剧目、基训、体形身段等系列理论与实践相结合的课程，年授课 1280 课时（按每课时 45 分钟计），年投入经费 130 万元，2006 年还在邱隘剧院建立了排练基地，以不断向剧团输送新的演职员人才。

此外，剧团和基地还参与编纂和收藏了 20 世纪后期至 21 世纪初先后出版的《戏曲志》《戏剧音乐集成》《戏曲音乐类种》《甬剧发展史述》等有关甬剧的典籍，录制了 10 首甬剧经典唱段，录制出版了《风雨一家人》等 6 部经典剧目。2006 年成立了甬剧研究会和甬迷俱乐部，在江北育才小学开设甬剧班，还创办了《宁波地方戏报》，用走出去、请进来的办法宣传和扩大甬剧的影响。

在上述基础上，力图建立起一整套完整的、永久性的甬剧艺术档案，让其长久传承和光大。

（3）充分发挥甬剧民间表演团体的作用，提升区域认同感。宁波甬剧在新中国成立以后的发展过程中，虽然专业剧团只有宁波市甬剧团一个，但以农村为主的业余甬剧团却一直活跃在宁波基层、农村、社区，包括市区及鄞县（现名鄞州区）、北仑、奉化一带。这些业余剧团虽然一开始是为了配合农村宣传工作的需要而建立的，但剧团数量多、活动地域广、群众基础好，也为专业剧团输送了人才。他们继承传统、勇于创新，请演艺水平高的上海、宁波甬剧老艺人亲手指导，在创、排、演方面都取得了不少成果。2012年12月，宁波市文化广电新闻出版局主办、宁波逸夫剧院承办的宁波市首届甬剧业余剧团优秀剧目展演活动启动，前来参加的有宁波老年大学甬剧社团、宁波市甬剧戏迷俱乐部、下应甬剧团、姜山甬剧团等八支业余甬剧表演团体；2013年12月，在宁波市第二届甬剧业余剧团优秀剧目展演时，参加的业余甬剧团队有十余支，这些队伍分别来自基层社区和农村街道，几乎涵盖了海曙、江东、江北、鄞州等全市各个区域。这些民间创演活动在适应时代和环境的过程中不断再创造，使周边社区和群众产生了持续的认同感，在一定程度上延续和增强了甬剧的生命力和创造力，也保证了剧种本身的多样性。

（二）充分发挥保护主体的作用

甬剧的保护主体，是以政府部门、非遗保护中心为主导，研究机构、教育部门、公共文化机构、新闻媒体、商界发挥各自的作用。同时，社区和民众的参与和认可，以及良好的文化空间的营造，是剧种持续发展的重要保障。

（1）充分发挥宁波市政府机构、非遗保护中心的主导作用，"三位一体"保障非遗传承。宁波市政府重视对非遗的保护，从20世纪80年代开始，宁波市文化部门就开始对全市境内的非遗项目进行保护。随着国家非遗保护项目的推进，宁波市文化部门对于市域内非遗的保护进入了实质性阶段。2009年，宁波市文化部门开始实施非遗传承保护"三位一体"的传承模式。具体而言，"三位一体"的保护模式是指在非遗传承过程中，将非遗项目、传承人和传承基地三者进行捆绑保护的特殊模式。"三位一体"的非遗保护模式将保护的主体落实到传承基地，并将传承人纳入传承基地的单位进行管理，明确了传承人的角色定位，即只有在传承基地中承担了传承义务的传承人才有资格成为代表性传承人，同时强化了对于非遗传承名录的考核，将同时拥有传承人和具备传承基地作为进入各级非遗名录的前提，并规定传承基地必须聘请代表性传承人开展传承活动。这一举措保证了非遗传承活动的可持续性。甬剧项目、传承人和传承基地三者也是捆绑互动发展的，具体可见前面的论述。

同时加强法规建设，除了执行《中华人民共和国非物质文化遗产法》《浙江省非物质文化遗产保护条例》《浙江省非物质文化遗产代表作申报与评定暂行办法》《浙江省非物质文化遗产代表作保护与管理暂行办法》《浙江省非物质文化遗产代表性传承人申报与认定办法》等国家、省级的法规条例，还结合本地实际细化出台《宁波市非物质文化遗产代表作申报评定暂行办法》《宁波市非物质文化遗产传承基地评选暂行办法》《非物质文化遗产"三位一体"传承基地建设规范》等，有力推动"三位一体"的非遗保护。

2016年，宁波与日本奈良、韩国济州同列东亚文化之都，开展国际性交流，弘扬宁波地域文化特色，进一步提升宁波城市文化底蕴、知名度和影响力，非遗巡展、演艺争秀是宁波"东亚文化之都"建设的重要构成板块，其中甬剧演出是非遗展演中不可或缺的一项内容，为甬剧发展带来新的契机和平台。

此外，宁波市还响应国务院办公厅印发的《关于支持戏曲传承发展的若干政策》，加强新剧场建设，改造凤凰剧场等老剧场，增加对民营剧团和业余剧团演出的资助等，"培育有利于戏曲活起来、传下去、出精品、出名家的良好环境"。

（2）充分发挥研究机构、高校的作用，加强调研和学术研究，挖掘、复活传统资源，为非遗保护提供实践例证和智力支持。宁波从 2011 年起单设宁波市文化艺术研究院，专门从事艺术创作和研究，包括非遗研究，尤其是甬剧的研究传承与剧本创作，甬剧传习部是其下的一个部门。甬剧传习部负责甬剧的研究、传承、培训和甬剧史料的整理编纂，组织实施与甬剧传承有关的业务活动。自成立以来，已经与地方高校合作组织实施了"甬剧老艺人抢救性保护工程"，寻找采访 60 余位老艺人，记录老艺人演艺生涯和艺术经验，进行录音录像、资料记录整理，明确传承谱系、行业规范和民间信仰，已经组织出版《甬剧老艺人口述史》等，为甬剧今后的进一步研究、传承和发展提供重要资源；同时收集老剧本、老唱片、老艺人手稿等，为成立甬剧博物馆作准备；还根据寻访到的老剧本，邀请老艺人指导，"复活"传统唱腔，在 2013 年组织展演具有代表性的早期甬剧小戏《双投河》《拔兰花》等，就是将传统戏剧资源活态化传承下去。

2016 年，宁波市甬剧研究传习中心单独建制，由甬剧代表性传承人王锦文负责，同年 9 月，用原汁原味的唱腔和宁波老话"活化"演出甬剧传统大戏《呆大烧香》。传习中心虽然成立时间不久，但在甬剧艺术研究、濒危剧目抢救性保护、博物馆建设、甬剧知识普及、新剧目开发等方面也已取得一系列成果。

同时，甬剧的传承保护工作还得到中国艺术研究院、浙江省艺术研究院、上海戏剧学院、中国传媒大学等研究机构、高校专家的指导，为保护工作提供智力支持。

（3）加强校园传承，培养文化自觉。在现代社会中，学校是现代文明最为重要的传承空间。非物质文化遗产的校园传承正是基于对学校教育的这一认知，在结合本地文化传统与教育发展水平的前提下，选择在本地区有着悠久文化底蕴的非物质文化遗产传承项目，并通过邀请传承人进入校园，将其纳入制度性的学校课程，实现非物质文化遗产在当前社会的活态传承。2013 年，江东第二实验小学东校区等成为甬剧传承基地；在甬多个高校在校园戏曲社团中纳入甬剧表演；浙江工商职业技术学院进行甬剧专题片制作；宁波广播电视大学由专职教师指导学生制作甬剧纪录片等，培养学生对甬剧的认同感，也培养学生对地域文化的文化自觉，增强文化自信。而"戏曲进校园"活动的全面铺开，更为甬剧的推广普及提供了基本保障。

（4）发挥社区与民众的作用，营造文化空间。非遗发展需要为所在区域的民众提供持续认同感，才能实现可持续发展。因此，对非遗所依托的环境的保护与文化空间的营造至关重要。甬剧在社区的发展和各方的大力支持下，在宁波福民街道得到很好的试点。2016年12月15日，宁波市鄞州区福明街道办事处凭借传统戏剧甬剧，荣获浙江省第三批传统戏剧特色街道（镇、乡）。近年来，福明街道致力于甬剧文化的传承保护工作，围绕"打造甬剧阵地、发展甬剧精品、形成文化规模"的总体发展目标，先后建成甬剧微型博物馆静态馆和动态馆；2013年成立了以甬剧名家王锦文为社长的锦文甬剧社，江东第二实验小学东校区等成为甬剧传承基地；2015年，根据最美宁波人黄莲芸为原型打造的现代甬剧《最美阿姨》在文化广场大剧院首演后，广受好评；2016年5月，街道还主办了"福明杯"宁波最美乡音——甬剧票友群星汇活动，评选"我最喜爱的剧团和票友"，进一步营造"甬剧之乡"的浓厚氛围。只有保护非遗生存的环境，才能让非遗持续传承。

（5）多方协力，保护传承甬剧。甬剧保护还包括发挥公共文化机构（图书馆、文化馆、博物馆等）的作用，在目前宁波图书馆甬剧资料保存、文化馆组织演出、宁波博物馆展品陈列剧种介绍的基础上，加强甬剧专题博物馆的建设；发挥新闻媒体的作用，加强甬剧等非遗的宣传推介，宣传弘扬非遗保护知识和理念；发挥商界的作用，发展旅游业，在民俗文化游中纳入甬剧小戏或折子戏表演，实现非遗的活态展示与利用等，多方协力，做好甬剧这一非遗的保存与保护，更利于其传承发展。

四、立足传统的甬剧艺术创新

戏曲要得到现代观众的接纳，在充分传承优秀表演技艺和丰富文化内涵的基础上，还需要创新，在保留剧种核心元素和基本审美特征的同时，让时代精神、现代科技和传统艺术相结合，在再创造的过程中融入现代元素，使其符合现代人的生活理念和审美需求。戏曲是活态的、流变的，它不可能一成不变，它只有不断与周边生态环境保持动态平衡，才能获得持久的生命力，获得可持续发展。这也是得到历史验证的戏曲发展的规律。

以甬剧来看，在20世纪30年代和90年代都曾遭遇市场困境，为了走出困境，它在编剧、表演、音乐、舞美等多个方面有过创新举措，尤其以其核心元素剧目和音乐的改革效果最为明显，具体如下：

（1）立足本土，面向现代，开发新剧目。甬剧剧目方面的一个重要特征是擅长现代戏，擅长展现当时当地人的生活，这一开放的思维使它能贴近时代，在不断的再创造中获得新的生命力。

20世纪30年代，面对上海租界的社会文化氛围、近代商业的崛起和戏曲的市场化，观众的价值理念和审美观念发生极大的变化，甬剧（当时称为宁波滩簧）必须进行变革才能获得生存的机会，于是，在保留滩簧戏基本调式和表演样式的基础上，甬剧从内容到形式，从剧目、表演到唱腔、音乐进行了全面变革，推陈出新。也正是通过这次变革，使甬剧从小戏嬗变成大戏，从乡村艺术走向城市艺术。在演出剧目上，大量演出西装旗袍戏、清装戏，如《四小姐》《合家欢乐》《风流少奶奶》《啼笑因缘》等与之前风格迥异的剧目，反映当时上海市民的生活和自由恋爱的思想，合乎市民审美趣味，颇受欢迎，令剧种起死回生。但仍保留剧种诙谐幽默的表演风格和以婚恋题材为主的创作风格。

20世纪90年代以来，经济飞速发展，社会急剧变化，带有强烈民族意识、区域风格和崭新审美观照的戏曲作品受到观众认可，甬剧在岌岌可危之时，创作演出了由柔石《为奴隶的母亲》改编的《典妻》，地域题材由地方剧团和地方剧种来表演，同时外请了强大的编导创作队伍，在深邃厚重的思想意蕴中融入当代人文理念，并以现代审美追求方式加以展现，在舞台美术上大胆融入现代科技和现代艺术元素来展现浓郁的江南地域风情，使该剧得到专家和年轻观众的一致好评，整体提升了甬剧艺术。

2004年7月，在《典妻》学术研讨会上，上海交通大学教授谢柏梁指出："民间小剧种要升华为具备现代气息、都市情味的大格局，在其地方情韵和传统特色的前提之下，必须实现人才的优化组合。《典妻》有全国著名艺术家的加盟，使该剧的成功得到保证。该剧从剧目创作、演出机制到人才培养、经济回报等诸多方面，给我们提供了成功经验，其中最重要的是立足本土、接续传统、面向现代、走进都市，以精品大作赢得知音。"这番话可谓切中肯綮。地方戏是地方文化的重要表现形式，"立足本土"是其立身之根本，而唯有"接续传统"才能延续剧种的特色，"面向现代""走进都市""精品大作"则是它可持续的重要保证，除了走进都市，农村市场仍是地方戏的"根据地"，二者决不可偏废。

（2）保持特色，改革唱腔，丰富音乐表现力。音乐和唱腔是体现剧种特色的最基本、最核心的元素，其形成与地域文化有密切的联系，与当地民歌小调、方言等息息相关，对其进行变革、完善，会直接影响到该剧种的基本面貌。从甬剧的发展历史来看，20世纪30~40年代的甬剧改革是个比较全面的变革，其音乐上的变化基本上奠定了甬剧后来的发展路向。时任堇风甬剧团团长的贺显民致力于甬剧音乐的改革，在熟知甬剧特点的基础上，改造原来不够品位的慈调、赋调，融汇四明南词中的慈调、赋调，使慈赋平曲调之间可以互相转换，还创造"新悲调"，发展"五更调"等民间小调，丰富甬剧唱腔旋律，适合西装旗袍戏演唱中抒情的需要。又将大提琴、小提琴、小号等引入乐队，中西合璧，以烘托舞台气氛，增强表现力。

宁波市甬剧团作曲人李微在 20 世纪 50～60 年代对甬剧所有曲调、唱腔进行整理、筛选，然后进行进一步的改革，确定甬剧以基本调为主，四明南词曲调为辅，乱弹曲调次之，民间小调再次之。并探索创建 ♭B 调系列唱腔，在上演剧目中试验取得良好效果。还改革主胡，定弦由 52 改为 26，扩充乐队，增加了剧目的音乐表现力和感染力。

现在甬剧团唯一的作曲人戴维，从事作曲四十多年，他提出："在现代甬剧创腔过程中，程式与内容发生了较大的矛盾，要解决这些矛盾，必然要对原程式进行改革，才能充分表达剧本所要表达的内容。""在这个复杂的变革过程中，有两个方面的理论是必须同时把握好的，一个是以艺术发展为中心的宏观理论，包括形式与内容、继承与革新、剧种风格与时代要求辩证统一的关系等；另一个是以作曲技法应用为中心的微观理论，包括创腔原则、多声部写作、曲式结构和现代作曲技法等。"在设计创作《典妻》的唱腔时，他以开放性创作思维纵向继承、横向借鉴，将剧种本体与外来元素有机结合，引入旋律素材，丰富板式，丰富了音乐的表现力，得到众多专家和观众的认可，也引起不少争议：这样的改革是不是会改变剧种的特色呢？

在接受采访时，他提出："对于甬剧音乐改革，我的思路一是老路子，二是多用小调。小调板腔，把原来的小调扩展开来；小调综合，把小调揉合到综合唱腔里去。""甬剧音乐已经在改革了，现在唱腔稳定在 C、F 调。宁波话比较硬，音乐性差，所以甬剧唱腔要加强旋律性，要好听。甬剧有 200 多种唱腔，现在要去伪存真，让其系统化。"通过改革，让甬剧更富有变现力，更符合现代观众的审美需求，但剧种的基本特色是不能改变的，不能让其他剧种的音乐、唱腔喧宾夺主，那就变成其他剧种了。

从上述分析可以看出，甬剧艺术的发展要遵循继承与创新的原则。继承，是保存传统甬剧艺术的一个重要方面；而创新，就是对甬剧艺术进行开拓性的发展。随着时间的推移，甬剧艺术不但要以崭新的内容和更加完善的形式来展现，而且要有鲜明的时代感和更强的感染力。李微在接受采访时曾提出："甬剧的历史经验就是'应时而生、顺时而变'，否则将出现危机。""应时而生、顺时而变"也正是非遗流变性特征的体现和发展变化的规律所在，在合乎时势的创造和再创造中，在传承和创新中，让剧种不断向前发展。

同时，在这个过程中，有三点是必须坚守的：

（1）剧种的基本面貌不能变。这意味着构成剧种的基本元素唱腔、剧目、表演、舞美的基本特征不能随意改变，如甬剧的音乐来源很丰富，曲调有九十多种，改革是在保持原基本调（核心元素）的基础上，对曲调进行灵活运用，适当融入外来元素（随机元素）和现代风味，绝不能连基本调都替换了。而且由于甬剧传承的特殊性造成剧种戏曲化特性的相对薄弱，在发展过程中还需根据剧目的类别进行不同程序的强化，使其戏曲表征更加完备。对优秀传统资源的挖掘和整理，是剧种发展创新的前提和基础。

（2）改革要符合剧种的基本发展规律。从甬剧发展的历史来看，"作为一种草根的艺术样式……在剧种形成时期，商品经济及其所带来的服务业的发展是其发展的外因，剧目内容契合民众内心自我解放的需求和表现形式的轻松诙谐及一定程度的时尚感是其发展的内因，内外因相结合，奠定剧种进一步发展的基础；在具备一定的基础以后，进入具有强烈的经济、文化辐射力并具有戏剧发展可能性的大都市，踏入更高更广的发展平台，在危机与竞争中迅速吸收多种文化的营养，在社会文化思潮和民众审美需求的孺养中实现自我的蜕变，实现对剧种的提升和完善……"。（庄丹华《甬剧与社会文化环境的互动性研究》）可见剧种的发展必须契合时代精神，符合当下"社会文化思潮"和"民众审美需求"，才能获得持续发展的生命力。

（3）培养剧种急需的各类人才。首先是人才严重缺乏的问题。从甬剧团来看，目前作曲、编剧、演员等专业人才都普遍缺乏，尤其是作曲，只有业已退休的老作曲人，没有接班人，而且由于地方戏曲的特殊性，其他剧种的作曲人也没有能力为甬剧来作曲，这成为剧种生存发展迫在眉睫的最大忧患；其次是人才素质和培养方式。据承担人才培养任务的学校及老师反馈，生源素质不断下降，教学要求和训练要求下降，以及专业师资的缺乏和业务档案的不足，带来的是整体水平下降的恶性循环。亟须加强政策扶持和人、财、物的投入，增强行业吸引力，提升人才素质，实现良性循环，以实现可持续发展。

结语

对于传统戏剧，一方面，我们需要挖掘戏曲文化的丰厚遗产，传承传统唱腔、表演技艺、剧目创作和人才培养方式，传承老艺人的良好艺德，体现艺术品位、演剧法则和地域个性；另一方面，我们要充分发挥艺人的积极性与创造性，找到传统文化与时代精神的契合点，在继承传统的平台上推陈出新，与时俱进，让传统戏剧在再创造中焕发出新的生命力，实现可持续发展。而国家对于非遗保护的种种政策，对其起到了积极的保护和推动作用。

参考文献

[1] 司马云杰. 文化社会学[M]. 北京：华夏出版社，2011：22, 157.

[2] 蒋中崎. 甬剧发展史述[M]. 杭州：浙江文艺出版社，1991：87, 79-80.

[3] 史鹤幸. 甬剧史话[M]. 上海：上海三联书店，2011：10-18, 32-36, 41, 43, 45.

[4] 陈速，张颖. 甬剧史略[M]. 油印本，1983：11-12, 15-19, 22-23, 25, 30-33, 40-43, 49-50.

[5] 徐凤仙，王宝生，潘安芳，徐国华. 甬剧探源. 中国戏剧家协会上海分会，油印本，1983：1-5, 8-13, 21.

[6] 姚国强. 上海甬剧志. 油印本，1993：1-5, 39-40, 50, 77-81, 83.

[7] 林树建，林旻. 宁波商帮[M]. 黄山书社，2007：45-46, 65.

[8] 周时奋. 宁波老俗. 宁波：宁波出版社，2008：3-4.

[9] 李微. 宁波甬剧及其音乐的演变[M]. 北京：中国戏剧出版社，2017：219-220.

[10] 薛若琳，史小华. 探索与追求——甬剧《典妻》评论集[M]. 北京：中国戏剧出版社，2004：31-33, 79-80.

[11] 庄丹华. 文化社会学视阈下的甬剧研究[M]. 杭州：浙江大学出版社，2015：16, 28, 30, 67-68, 83-87, 91.

[12] 庄丹华，沃幸康，友燕玲. 甬剧老艺人口述史[M]. 北京：中国文史出版社，2016：79, 81-82, 88, 90, 92-95, 109-116, 121-132, 183-190, 198-202, 237-246, 300-310, 332-338.

[13] 罗怀臻，王信厚．戏曲"现代化"和"都市化"的创新实践[J]．剧本，2003(3)．

[14] 傅谨．新中国戏剧史[M]．湖南：湖南美术出版社，2002：172,198-200．

[15] 唐雪莹．民国初期上海戏曲研究[M]．北京：北京大学出版社，2012：16．

[16] 孙家正．提高民族自觉，做好我国非物质文化遗产保护工作[J]．文艺研究，2005(10)．

[17] 王文章．非物质文化遗产概论（修订版）[M]．北京：教育科学出版社，2013：53-56．

[18] 苑利，顾军．非物质文化遗产学[M]．北京：高等教育出版社，2009：120-121．

[19] 韩成艳，张青仁．非物质文化遗产保护的宁波实践[J]．中国文化报，2016(4)．

[20] 庄丹华．甬剧与社会文化环境的互动性研究[J]．宁波广播电视大学学报，2015(1)．

[21] 周汉萍，王华宇，陈曦．留住我们的文化基因——关于推动戏曲剧种传承发展的调研报告[J]．光明日报，2014(3)．

后　　记

　　这是一本来自田野的书。从2009年涉足甬剧研究以来，除了寻觅钻研文献典籍旧物，我先后在宁波、上海、杭州等地联合或单独采访了八十余位甬剧艺人，既了解已经故去的前辈老艺人的生平经历、演艺成就和艺术经验，也倾听健在的老艺人谈他们的艺术生涯、艺术观点和对当下甬剧艺术发展的建议，还听听那些正活跃在舞台上的中年演员回顾他们的从艺经历、对后继人才培养的急迫，以及青年演员对当下的戏曲环境和他们所从事的甬剧事业的看法……渐渐地，一个个原来只知道名字或只见于纸上的人物，在我的脑海中都已经是活灵活现、有血有肉、有思想、有情感的了。透过历史的烟尘，一个个人物不断地在我的眼前晃过，每每令我感怀，也促使我想要把他们写出来，并从他们所处的时代和社会环境、他们个人成败得失的经历和对艺术发展的诚恳建议中探讨影响一个剧种生存和发展的深层原因。

　　2014年，课题"基于文化社会学视角的地方戏曲口述史研究：以甬剧为个案"的立项，促使我逐渐把这一设想化为行动，付诸笔头，最终形成了这一部书稿。艺术是靠人来创造的，活态传承的戏曲，它的发展变化鲜明地体现在构成口述史的传承人身上，所以，我相信基于传承人口述的研究和探讨不仅对于甬剧，对于其他地方剧种乃至整个戏曲的发展也具有积极的意义。

　　在这个研究的过程中，非常感谢宁波市文化艺术研究院、宁波市甬剧研究传习中心、宁波市甬剧团、姜山甬剧团、下应众兴甬剧团等单位和领导的大力支持，非常感谢各位被采访人及所有提供帮助的热心人，是你们使我对这个领域有了比较深入的认识和思考。由于本书的主题立足于"传承、嬗变和创新"，突出剧种的代际传承与创新举措，所以重点选取与之相关的艺人，也由于篇幅所限，本书只能选取每一代的个别传承人，还请未被列入书中的采访者见谅，同时，书中的观点和分析也仅代表我个人的观点，如有偏颇之处，恳请见谅并指正。

同时，还要感谢浙江省哲学社会科学规划办公室给予课题立项并允我一拖再拖，感谢工作单位浙江工商职业技术学院给予经费等的支持，感谢导师苑利研究员的肯定并为本书作序，感谢中国艺术研究院的老师们给予的启发和指导，感谢亲人的理解和支持，也感谢中国水利水电出版社编辑们的大力支持，使本书得以成书出版。由于见识和足迹所限，不足之处，还请读者见谅并不吝指教。

庄丹华

2018 年 10 月